兩漢魏晉南北朝正史西域傳研究

下冊

余太山 著

2019年·北京

目錄

下卷

一　兩漢魏晉南北朝正史"西域傳"所見西域諸國的人口 ... 397

二　兩漢魏晉南北朝正史"西域傳"所見西域諸國的人種和
語言、文字 ... 412

三　兩漢魏晉南北朝正史"西域傳"所見西域諸國的農牧業、
手工業和商業 ... 427

四　兩漢魏晉南北朝正史"西域傳"所見西域諸國的社會生活 ... 458

五　兩漢魏晉南北朝正史"西域傳"所見西域諸國的宗教、
神話傳說和東西文化交流 ... 481

六　兩漢魏晉南北朝正史"西域傳"所見西域諸國的制度和習慣法 ... 503

附卷一

一　荀悅《漢紀》所見西域資料輯錄與考釋 ... 525

二　《隋書·西域傳》的若干問題 ... 554

附卷二

一　樓蘭、鄯善、精絕等的名義
　　——兼說玄奘自于闐東歸的路線 ... 573

二　兩漢魏晉南北朝時期西域南北道綠洲諸國的兩屬現象
　　——兼說貴霜史的一個問題 ... 584
三　兩漢魏晉南北朝時期西域南北道的綠洲大國稱霸現象 ... 595

徵引文獻 ... 611

索引 ... 635

後記 ... 654

再版後記 ... 655

余太山主要出版物目錄 ... 656

下卷

一　兩漢魏晉南北朝正史"西域傳"所見西域諸國的人口

一

兩漢魏晉南北朝"正史"中，最早記載西域諸國人口的是《史記·大宛列傳》，可惜多語焉不詳。如稱大宛國"衆可數十萬"，烏孫國"控弦者數萬"，康居國"控弦者八九萬人"，奄蔡國"控弦者十餘萬"，大月氏國"控弦者可一二十萬"，條支國"人衆甚多"，大夏國"民多，可百餘萬"之類。這些應該都是張騫首次西使歸國後向漢武帝所作報告中的內容。張騫首次西使在前129年左右，這些數字在一定程度上反映了當時帕米爾以西中亞地區的人口情況，可以說是關於這一地區的最早的人口記錄。

西域諸國戶口以《漢書·西域傳》所載最爲詳備，一般都有精確的數字，祇有少數幾個"絕遠"之國的記錄是模糊的，如：罽賓、烏弋山離國"戶口勝兵多"，安息國"最大國也"，奄蔡國"控弦者十餘萬人"。有關資料可表列如下：

國名	戶	口	勝兵	戶口比	兵戶比	兵口比
婼羌國	450	1750	500	3.89	1.11	3.5
鄯善國	1570	14100	2912	8.98	1.85	4.84
且末國	230	1610	320	7	1.39	5.03
小宛國	150	1050	200	7	1.33	5.25
精絕國	480	3360	500	7	1.04	6.72
戎盧國	240	1610	300	6.70	1.25	5.37
扜彌國	3340	20040	3540	6	1.06	5.66
渠勒國	310	2170	300	7	0.97	7.23
于闐國	3300	19300	2400	5.85	0.73	8.04
皮山國	500	3500	500	7	1	7
烏秅國	490	2733	740	5.58	1.51	3.69
西夜國	350	4000	1000	11.43	2.86	4
蒲犁國	650	5000	2000	7.69	3.08	2.5
依耐國	125	670	350	5.36	2.8	1.91
無雷國	1000	7000	3000	7	3	2.33
難兜國	5000	31000	8000	6.2	1.6	3.88
大月氏國	100000	400000	100000	4	1	4
康居國	120000	600000	120000	5	1	5
大宛國	60000	300000	60000	5	1	5
桃槐國	700	5000	1000	7.14	1.43	5
休循國	358	1030	480	2.88	1.34	2.15
捐毒國	380	1100	500	2.89	1.32	2.2
莎車國	2339	16373	3049	7	1.30	5.37
疏勒國	1510	18647	2000	12.35	1.32	9.32
尉頭國	300	2300	800	7.67	2.67	2.88
烏孫國	120000	630000	188800	5.25	1.57	3.34
姑墨國	3500	24500	4500	7	1.29	5.44
溫宿國	2200	8400	1500	3.8	0.68	5.6
龜茲國	6970	81317	21076	11.67	3.02	3.86
烏壘國	110	1200	300	10.91	2.73	4
渠犁國	130	1480	150	11.38	1.15	9.87
尉犁國	1200	9600	2000	8	1.67	4.8

(续)

國名	戶	口	勝兵	戶口比	兵戶比	兵口比
危須國	700	4900	2000	7	2.88	2.45
焉耆國	4000	32100	6000	8.03	1.5	5.35
烏貪訾離國	41	231	57	5.63	1.39	4.05
卑陸國	227	1387	422	6.11	1.86	3.29
卑陸後國	462	1137	350	2.46	0.75	3.25
郁立師國	190	1445	331	7.61	1.74	4.37
單桓國	27	194	45	7.19	1.67	4.31
蒲類國	325	2032	799	6.25	2.46	2.54
蒲類後國	100	1070	334	10.7	3.34	3.20
西且彌國	332	1926	738	5.80	2.22	2.61
東且彌國	191	1948	572	10.20	2.99	3.41
劫國	99	500	115	5.05	1.16	4.35
狐胡國	55	264	45	4.8	0.82	5.87
山國	450	5000	1000	11.11	2.22	5
車師前國	700	6050	1865	8.64	2.66	3.24
車師後國	595	4774	1890	8.02	3.18	2.53
車師都尉國	40	333	84	8.33	2.1	3.96
車師後城長國	154	960	260	6.23	1.69	3.69

以上凡50國，戶446570，口2285091，勝兵549624；平均每戶5.12口、勝兵1.23人，每4.16口勝兵1人。

《漢書·西域傳上》稱："自宣、元後，單于稱藩臣，西域服從，其土地山川王侯戶數道里遠近翔實矣。"由此可知這些統計資料所反映的是宣、元以後的情況。而按之常理，統計戶口應該有一個截止期，祇是今天已無從獲悉。

西漢戶口主要見載於《漢書·地理志》。而據該志，京兆尹於"元始二年（公元2年）戶十九萬五千七百二，口六十八萬二千四百六十八"。顏師古注曰："漢之戶口當元始時最爲殷盛，故志舉之以爲數也。後皆類此。"但是，西域諸國的人口資料似乎不太可能繫於這一年。蓋自平帝卽位起，西漢在西域的統治已經漸趨瓦解。就在元始二年發生的車師王姑句叛入匈奴事件，可視爲西域諸國對西漢離心離德的標誌。[1] 因此，在這一年全面調查西域戶口的可能性微乎其微。

或說《漢書·西域傳》的戶口資料應是鄭吉任都護立府施政的第十年（宣帝甘露四年，公元前 50 年）所作的調查記錄。[2] 今案：鄭吉在其都護任期之內的任何一年都可能進行戶口調查，確指爲第十年，未識何據？卽使有證據表明這一年進行過戶口調查，其結果也未必就是見諸《漢書·西域傳》的記錄。蓋據《漢書·西域傳下》記載，甘露元年或二年（前 53 或 52 年）西漢爲烏孫扶立大小昆彌，分別其人民地界，"大昆彌戶六萬餘，小昆彌戶四萬餘"。可見此時對烏孫作了一次比較精確的戶口調查。然而直到此時烏孫的戶口尚未達到正式入載"烏孫條"的"戶十二萬，口六十三萬，勝兵十八萬八千八百人"。這至少表明《漢書·西域傳》所載西域諸國的人口記錄不可能全部基於甘露四年的戶口調查。何況鄭吉以後歷任都護也都有進行戶口調查之可能；甚至沒有證據表明傳文所載人口資料僅與鄭吉有關。

現有資料表明，屬都護諸國除貢獻方物外，均有服勞役和兵役的義務。如《漢書·西域傳上》載："樓蘭國最在東垂，近漢，當白龍堆，乏水草，常主發導，負水儋糧，送迎漢使。"又如同傳卷下載："開陵侯擊車師時，危須、尉犁、樓蘭六國子弟在京師者皆先歸，發畜食迎漢軍。""宣帝時，長羅侯常惠使烏孫還，便宜發諸國兵。合五萬人攻龜茲，責以前殺校尉賴丹。"《漢書·西域傳》詳載諸國戶口情況而無墾田細數，亦即重視人戶遠過於田土，這和漢縣鄉設置不以地域廣狹而以人戶多寡爲標準是一致的。[3] 蓋漢政府有事於西域時，諸國戶、口、勝兵多寡均與其承擔責任之大小有關。

二

《後漢書·西域傳》僅留下一十三國的戶、口、勝兵記錄：

	戶	口	勝兵	戶口比	兵戶比	兵口比
拘彌國	2173	7251	1760	3.34	1.23	4.12
于寘國	32000	83000	30000+	2.59	0.93	2.77
西夜國	2500	10000+	3000	4	0.83	3.33
子合國	350	4000	1000	11.4	2.85	4
德若國	100+	670	350	6.7	3.5	1.91
大月氏國	100000	400000	100000+	4	1	4
疏勒國	21000	——	30000+	——	1.42	
焉耆國	15000	52000	20000+	3.47	1.33	2.6
蒲類國	800	2000+	700+	2.5	0.88	2.86
移支國	1000+	3000+	1000+	3	1	3
東且彌國	3000+	5000+	2000+	1.67	0.67	2.5
車師前國	1500	4000	2000	2.67	1.33	2
車師後國	4000+	15000+	3000+	3.75	0.75	5

既然傳文序言稱"班固記諸國風土人俗，皆已詳備《前書》。今撰建武以後其事異於先者，以爲'西域傳'，皆安帝末班勇所記"，這些人口資料似乎可以繫於安帝末年即延光四年（公元125年），或者至少可以將這一年視爲調查上述十一國人口的年代之下限。今案：實際情況似乎要複雜得多，茲分析如下：

1. 上表所列一十三國中，移支國不見於《漢書·西域傳》，與後者所載無從類比。而所謂西夜國其實是漂沙國，所謂大月氏國其實是貴霜國，與《漢書·西域傳》所載人口數亦無從類比。可以同《漢書·西域傳》的記錄進行比較的祇有十國。十國中，子合國的戶口乃至勝兵數與《漢書·西域傳上》所載完全相同，剩下的九國又可以分爲四種情況：

第一種情況如拘彌國，對比《漢書·西域傳上》所見扜彌國，戶、口和勝兵數均大大減少，數值分別爲1167、16749和1780。

又如德若國，對比《漢書·西域傳上》所見烏秅國，戶數、口數和勝兵數分別減少390、2063和390。[4]

第二種情況如車師前國，對比《漢書·西域傳下》所見車師前國，戶數增多800，而口數反而減少2050，勝兵數則增多135。

又如，蒲類國，對比《漢書·西域傳下》所見蒲類國，戶數增多475，口數反而減少32，勝兵數減少99。

第三種情況見諸東且彌國，對比《漢書·西域傳》所見東且彌國，戶、口和勝兵數依次增加2809、3052和1428，可以說人口略有增長。

第四種情況見于闐、疏勒、焉耆和車師後國四者，對比《漢書・西域傳》，戶、口和勝兵數均有大幅度的增加，其增數和倍數列表如下：

國名	與《漢書・西域傳》比較					
	戶		口		勝兵	
于闐國	+28700	9.69	+63700	4.30	+27600	12.5
疏勒國	+19490	13.90	——		+28000	15
焉耆國	+11000	3.75	+19900	1.62	+14000	3.33
車師後國	+3405	6.72	+10326	3.14	+1110	1.59

應該著重指出的是，對於這四國來說，作表列的比較意義不大。因爲這四國均是曾經稱霸的南北道綠洲大國，這些報導的數字中顯然包括了被它們役使的鄰近小國的戶、口、勝兵數在內。

一則，據《後漢書・西域傳》：

> 會匈奴衰弱，莎車王賢誅滅諸國，賢死之後，遂更相攻伐。小宛、精絕、戎盧、且末爲鄯善所幷。渠勒、皮山爲于寘所統，悉有其地。郁立、單桓、狐胡、烏貪訾離爲車師所滅。後其國並復立。

有證據表明，這種綠洲大國稱霸的現象決不是偶然的，而是西域的地緣政治因素決定的。自西漢以降，這種情況翻覆出現。[5]

二則，由於東漢的西域經營遠不如西漢積極，東漢和西域的關係時斷時續，史稱"三絕三通"。每當東漢和西域斷絕關係時，這種大國稱霸現象便會死灰復燃。

三則，據《魏書·西域傳》，北魏時期的疏勒國有勝兵 2000 人。而據《新唐書·西域傳上》，唐代疏勒國"勝兵二千人"；焉耆國"戶四千，勝兵二千"；于闐國"勝兵四千人"。在北魏和唐代，疏勒國勝兵數與《漢書·西域傳上》所載並無不同。唐代焉耆國戶數與《漢書·西域傳下》所載亦同，僅于闐國勝兵數略多於《漢書·西域傳上》所載，焉耆國勝兵數甚至少於後者所載。這說明不能將《後漢書·西域傳》所載疏勒國的勝兵數理解爲《漢書·西域傳上》所載的 15 倍。

質言之，在當時的生產力水平條件下，于闐、疏勒、焉耆和車師後國的戶、口和勝兵數按照上列倍數增長決無可能。特別是地處天山以北的車師後國，一直是東漢和匈奴爭奪的重要對象，戰事不斷。在鄰近的車師前國人口下降、勝兵數增加的同時，車師後國的人口反而出現大幅度的上升是難以想象的。

鑑於這種綠洲大國稱霸的現象自西漢以來就爲中原王朝所不能容忍。因此，《後漢書·西域傳》中出現這些戶、口和勝兵數，唯一合理的解釋便是這些數字得自東漢初年。蓋王朝創立之初，無力經營西域，甚至西域諸國遣使内屬、請都護，光武帝也未能應允，西漢末死灰復燃的綠洲大國稱霸現象便一直延續下來。也就是說，祇有在東漢勢力進入西域之前出現的綠洲大國纔是東漢政府能夠接受的，它們的戶、口和勝兵數記錄纔有可能包括被它們役使的諸小國的戶、口和勝兵數。因此，于闐等四國的人口記錄很可能是班超首次西使時調查所得。

由此可見，或將于闐和焉耆的人口資料分別繫於和帝永元十二年（公元 100 年）和安帝延光四年（公元 125 年），[6] 是沒有堅實依據的。

2.《後漢書·班梁列傳》載："延光二年夏，復以勇爲西域長史，將兵五百人出屯柳中。明年正月，勇至樓蘭，以鄯善歸附，特加三綬。而龜茲王白英猶自疑未下，勇開以恩信，白英乃率姑墨、溫宿自縛詣勇降。勇因發其兵步騎萬餘人到車師前王庭，擊走匈奴伊蠡王於伊和谷，收得前部五千餘人，於是前部始復開通。還，屯田柳中。"延光三年班勇擊走匈奴伊蠡王於伊和谷時車師前部明明有"五千餘人"，延光四年班勇作"西域傳"時，卻將前部人口記成"四千餘"，這也是難以理解的。換言之，車師前國的人口資料不屬於班勇於安帝末所記之列。

3. 車師前國的人口資料有可能得自永建元年。蓋據《後漢書·班梁列傳》：

[延光] 四年秋，勇發敦煌、張掖、酒泉六千騎及鄯善、疏勒、車師前部兵擊後部王軍就，大破之。首虜八千餘人，馬畜五萬餘頭。捕得軍就及匈奴持節使者，將至索班沒處斬之，以報其恥，傳首京師。永建元年（126 年），更立後部故王子加特奴爲王。勇又使別校誅斬東且彌王，亦更立其種人爲王，於是車師六國悉平。

儘管大獲全勝，但這無疑是一場激烈的戰鬥，車師前國因此損失一千餘人是完全可能的，人口於是自延光三年的"五千餘人"降爲"四千餘"。

班勇在平定"車師六國"的同時，獲得較準確的車師前國的戶、口和勝兵數是合乎情理的，故蒲類、移支和東且彌三國的人口資料也無妨繫於這一年。

至於何故缺少卑陸和車師後國的人口資料，以致後者祇能採用班超留下的記錄，目前尚無法解釋。

或繫東且彌、車師後國的人口記錄於安帝延光四年，[7] 也是沒有根據的。雖然傳文"皆安帝末班勇所記"，確實是說"西域傳"所據都是班勇於安帝末任西域長史時的記錄，且據同傳：

> [永建] 二年，勇上請攻元孟，於是遣敦煌太守張朗將河西四郡兵三千人配勇。因發諸國兵四萬餘人，分騎爲兩道擊之。勇從南道，朗從北道，約期俱至焉耆。而朗先有罪，欲徼功自贖，遂先期至爵離關，遣司馬將兵前戰，首虜二千餘人。元孟懼誅，逆遣使乞降，張朗徑入焉耆受降而還。元孟竟不肯面縛，唯遣子詣闕貢獻。朗遂得免誅，勇以後期，徵下獄，免。後卒于家。

可知從順帝即位的第二年（永建二年）起班勇便被廢黜，他與西域有關的主要活動結束於安帝之末。但是，他所掌握的東且彌和車師後國的戶口、勝兵資料的時代下限難以斷定，未必是安帝末年的，不能排除他利用較早資料的可能性。

4. 囿於資料，西夜、子合、德若和大月氏（即貴霜）的人口記錄無法繫年。如果允許猜測，則四者的戶、口、勝兵數同樣可能是班超時代的記錄。

一則，西夜、子合、德若三國均係于闐鄰國。如果不是因爲于闐的關係，沒有理由在許多與東漢關係密切的城郭國家沒有留下人口記錄的《後漢書·西域傳》中留下它們的人口記錄。而據《後漢書·班梁列傳》，班超首次西使便與于闐發生過密切的關係。很可能在獲得于闐人口資料的同時，也獲得了這三個于闐鄰國的人口資料。

二則，已知所謂大月氏國與東漢的交往均發生在班超鎮守西域之時。[8]

至於《後漢書·西域傳》中有許多國家未見人口記錄，顯然不能簡單地歸結爲與前史沒有差異的緣故。一個明顯的例子是子合國，據載該國戶、口和勝兵數與《漢書·西域傳上》的子合國全同。換言之，《後漢書·西域傳》遺漏許多國家的人口記錄，可能有多方面的原因。真相也許永遠不能獲悉了。

三

《後漢書》以下諸史有關西域戶口的記載或簡略，或闕如。茲臚列僅有的幾則，以結束前文：

1.《梁書·西北諸戎傳》：末國"勝兵萬餘戶"。

2. 悅般國"衆可二十餘萬";嚈噠國"衆可十萬"。

3.《周書·異域傳》：波斯國"戶十餘萬"。[9]

由此可見，整個兩漢魏晉南北朝時期，祇有兩漢真正統治過西域，其餘各王朝既無可能也無必要調查、統計諸國人口。

四

以下就利用正史（主要是《漢書》和《後漢書》）"西域傳"人口資料解決西域史上重大問題的兩個案例略述己見。

其一，從人口推測大月氏、烏孫故地。其說之核心是根據《漢書·西域傳上》所載大月氏在嬀水流域的人口數推算該部在伊犁河流域乃至河西時期的人口數，再將這人口數和河西自然環境結合起來判定其故地位置。烏孫故地則從該部與月氏之關係推得。

上述推理過程的關鍵則在於依據《漢書·西域傳下》和《後漢書·西域傳》所載焉耆國人口數值之差，得出焉耆國自西漢宣帝甘露四年至東漢安帝延光四年175年間的人口增長率，[10]復按此增長率估算月氏人口的增長數，蓋無從直接得出月氏人口的增長率。

今案：此說之誤顯而易見。不僅《漢書·西域傳下》和《後漢書·西域傳》有關焉耆人口資料之繫年未必如說者所指，而且按照焉耆之增長率來推求月氏人口之增長也不可能得出正確結論。更何況月氏自河西西遷伊犁，復自伊犁西遷阿姆河流域之年代衆說極其紛紜，而爲說者所採納者（公元前 174—161 年之間遷至伊犂，復於前 161—160 年從伊犂遷至嬀水北）亦無充分之依據。[11] 再退一步說，即便說者推出的月氏在河西時之人口數不誤，這一數字與該遊牧部族故地位置之間亦無必然之聯繫。[12]

其二，從《漢書·西域傳》和《後漢書·西域傳》所載西域諸國人口數之差入手，說明佛教東傳中原先於西域（Serindia）之原因。[13]

據云，佛教是沿着西域南北道東傳中土的，今新疆地區充當了佛教傳播的通道。但考古和文獻資料提供的證據表明，公元一至二世紀佛教在中原安家落戶時，作爲通道的今新疆地區尚未接受佛教。其主要原因是僧伽是一種需要高度發達的經濟纔得以維持的寄生組織，而祇有到了東漢時期，今新疆地區的綠洲諸國纔具備了足以維持佛教傳播和發展的條件。證據便是《漢書·西域傳》和《後漢書·西域傳》所載人口統計資料所表明的綠洲農業發展的基本情況。

質言之，《漢書·西域傳》和《後漢書·西域傳》所載綠洲諸國人口資料中，有九國的人口數是可比的。據《漢書·西域傳》，這九國的人口總數是 14311 戶。一個世紀之後，《後漢書·西域傳》則報告這九國的人口達到 83123 戶，增長了 580%。同一時期的勝兵數也由 20066 人上昇到 93460 人，亦卽增長 470%。這九國，既有西域北道的，也有西域南道的。其中如于闐、焉耆、車師前後部、疏勒人口分別增長 969%、375%、424% 和 1390%。這些數字表明西域綠洲國家出現了人口爆炸。結論祇能是："在前工業時代，這樣的人口暴漲祇有在農業生產大幅度提高的條件下纔有可能，而對於依賴有限的水源從事生產的綠洲諸國來說，要農業大幅度提高，就必須引進能使耕地面積突飛猛進般擴大的高超的農業技術、先進的儲水方法和灌溉措施。"這種"高超的農業技術"的存在表明中國式的密集型灌溉農業通過軍事屯田傳到了中亞。

上述論證過程的前提是完全錯誤的，即使不指出其中存在的諸多具體問題，其不能成立也是顯而易見的。在此，需要強調的似乎僅僅是：這個案例生動地證明了文本研究的重要性。

■ 注釋

[1] 余太山《兩漢魏晉南北朝與西域關係史研究》，中國社會科學出版社，1995年，pp. 41-42。

[2] 陳良佐"從人口推測大月氏、烏孫故地"，《大陸雜誌》37～3（1968年），pp. 68-92。

[3] 王毓銓"'民數'與漢代封建政權"，《中國史研究》1979年第3期，pp. 61-80。

[4] 注2所引陳良佐指出這兩國以及車師前國戶口減少的原因是頻繁的戰爭。今案：一般說來，這樣認識是不錯的，但所舉證據均難以具體落實。事實上，導致人口增減的因素十分複雜，常常有例外情況發生。因此，本文不予討論。

[5] 見本書附卷二第三篇。

[6] 注2所引陳良佐文。

[7] 注2所引陳良佐文。

[8] 注1所引余太山書，pp. 91-92。

[9] 今本《魏書·西域傳》亦有類似記載，乃《北史·西域傳》襲自《周書·異域傳》者。

[10] 說者雖然也考慮了《後漢書·西域傳》所見焉耆國的人口記錄可能包括了被它役使的近旁小國的戶口和勝兵數在內。但由於照此推算出來的人口增長率祇有 0.25‰，而終於放棄。

[11] 關於月氏的故地以及遷徙時間，参看余太山《塞種史研究》，中國社會科學出版社，1992年，pp. 52-59。

[12] 注2所引陳良佐文。今案：本文僅限於指出此說在利用人口記錄時可能存在的問題，無意對此說進行全面的批判。

[13] 許理和"漢代佛教與西域"，《國際漢學》第2輯，大象出版社，1998年，pp. 291-310。

二　兩漢魏晉南北朝正史"西域傳"所見西域諸國的人種和語言、文字

兩漢魏晉南北朝正史"西域傳"關於人種、語言和文字的記載，集中在中亞地區，對於西亞、歐洲等地，祇是偶爾涉及。卽使中亞地區，明確的記述也少得可憐。本文旨在給出這一鱗半爪所蘊涵的可能性。

一

首先記載西域人種、語言的是《史記·大宛列傳》。據載："自大宛以西至安息，國雖頗異言，然大同俗，相知言。其人皆深眼，多鬚顏，善市賈，爭分銖。"對於這則記載，可以指出以下幾點：

1. 這是張騫首次西使歸國後向漢武帝所作報告中的內容。張騫這次西使主要的經歷在葱嶺以西，具體而言是大宛以西。這是當他談論人種、語言時，以大宛爲基準的原因。

2. 據《史記·大宛列傳》，張騫首次西使，"身所至者大宛、大月氏、大夏、康居，而傳聞其旁大國五六"。張騫傳聞的大國，據傳文可知是烏孫、奄蔡、安息、條枝、黎軒和身毒。這十國中，除烏孫"在大宛東北"外，其餘諸國均在大宛之西："大月氏在大宛西"，"大夏在大宛西南"，"康居在大宛西北"，"奄蔡在康居西北"，"安息在大月氏西"，"條枝在安息西"，"身毒在大夏東南"，黎軒在"安息北"。其中。黎軒實際上也是在安息之西。[1] 由此可見，上述人種、語言的情況所描述的是大月氏、大夏、康居、奄蔡、安息、條枝、黎軒和身毒八國的情況。這八國中，大月氏、大夏、康居三國是張騫親臨的，所述應該最爲可靠。

3. 據研究，張騫所傳聞諸國中，安息、條枝、黎軒和身毒分別指帕提亞朝波斯、塞琉古朝敍利亞、托勒密朝埃及 [2] 和西北次大陸，其人種、語言情況都是清楚的。據此，似乎至少可以由此推論大月氏、大夏、康居乃至奄蔡四國居民也可歸屬西歐亞族群，語言屬印歐語系。[3]

4. 據同傳，上述大月氏國"始月氏居敦煌、祁連間，及爲匈奴所敗，乃遠去，過宛，西擊大夏而臣之，遂都嬀水北，爲王庭"。"敦煌"和"祁連"分別指今祁連山和天山。這就是說，如果以上關於大月氏人種、語言的推論可以成立的話，在公元前177/前176年，月氏人被匈奴擊敗西遷之前，河西走廊至準噶爾盆地是在一個具有西歐亞體質特徵的遊牧部族的直接控制之下。

5. 在《漢書·西域傳上》中可以見到一則文字和上引《史記·大宛列傳》幾乎完全一樣的關於西域人種、語言的記載。這是《漢書·西域傳》抄襲《史記·大宛列傳》的結果。因此不能僅僅因爲《漢書·西域傳上》沒有對大宛以東諸國的人種、語言作出類似的概括，便得出當時大宛東西西域諸國的人種、語言完全不同的結論。

二

《漢書·西域傳上》有關"塞種"的記載對於今天研究西域人種意義頗爲重要。

1. 據載："昔匈奴破大月氏，大月氏西君大夏，而塞王南君罽賓。塞種分散，往往爲數國。自疏勒以西北，休循、捐毒之屬，皆故塞種也。"所謂"塞"，一般認爲是西史所見 Sakā 的對譯，但所謂 Sakā 其實是波斯人對其北方遊牧部族的泛稱，並非指稱一個人種單一的部族。《漢書·西域傳上》的"塞種"可能就是大流士貝希斯登銘文所載 Sakā，也很可能就是希羅多德所載 Issedones，主要由四個部落組成：Asii、Tochari、Sacarauli 和 Gasiani。這四個部落和前面提到的奄蔡、大夏和康居和大月氏是同源異流關係的可能性不能排除。[4] 果然，則《漢書·西域傳上》所載塞種，也以"深眼，多鬚顙"者爲主。

2. 同傳又載：休循國"民俗衣服類烏孫，因畜隨水草，本故塞種也"；捐毒國"衣服類烏孫，隨水草，依葱領，本塞種也"。既然"塞種"並非單一部落構成，則休循、捐毒人之族源和族屬未必是相同的。

又，《漢書·西域傳下》載：烏孫國"本塞地也，大月氏西破走塞王，塞王南越縣度，大月氏居其地。後烏孫昆莫擊破大月氏，大月氏徙，西臣大夏，而烏孫昆莫居之，故烏孫民有塞種、大月氏種云"。"烏孫"一名旣不妨視爲 Asii 之對譯，結合其登上歷史舞臺的時間、地點，烏孫和 Asii 或奄蔡是同源異流關係的可能性就不能排除。果然，則烏孫與《史記·大宛列傳》所傳宛西之國在體貌特徵上也應該沒有太大的差別。至於傳文將烏孫、大月氏和在它們之前佔有塞地的塞種區別開來，無非暗示三者因分道揚鑣，已形成了各自的特色。

《漢書·西域傳》顔注所謂"烏孫於西域諸戎其形最異。今之胡人青眼、赤須，狀類獼猴者，本其種"，或許不是完全沒有根據的。師古所遇自述族源的"今之胡人"或者恰好是烏孫之裔，以致師古將當時"青眼、赤須"的胡人皆指爲烏孫種。

三

《漢書·西域傳》於西域南北道城郭諸國的人種、語言疏於記載，但其中若干似乎可依據有關塞種的記載推知。

1.《漢書·西域傳上》載："蒲犁及依耐、無雷國皆西夜類也。西夜與胡異，其種類羌氏行國，隨畜逐水草往來。""西夜"一說乃 Sakā 的對譯。[5] 果然，則其種不應"類羌氏"。之所以被稱爲

"類羌氏",可能是因爲和氏羌混血的結果。

2.《漢書·西域傳上》又稱:蒲犂國"種俗與子合同";無雷國"俗與子合同"。"蒲犂"、"無雷"既然可以視爲同名異譯,似可認爲兩者族源相同;而傳文無雷國"俗與子合同"一句中"俗"字前應奪一"種"字。既然一般認爲"子合"可以視爲 čukupa 或 čukuban 之對譯,則其人民可能是藏族。[6]但是,並不能因此指"種俗與子合同"的蒲犂國和無雷國人都是藏族。

一則,"蒲犂"、"無雷"又得和"蒲類"視爲同名異譯,而蒲類作爲車師之一部,應該是塞種。

二則,《漢書·西域傳上》明載:"西夜國,王號子合王。"說明在《漢書·西域傳》描述的時代,王治呼犍谷的子合國曾被西夜人所控制。"西夜"既可視爲 Sakā 之對譯,則子合之"種俗"必受 Sakā 之影嚮無疑。儘管西夜之 Sakā 與車師有異,前者其實是 Massagatae,後者是 Gasiani,但可能在當時人心目中,並無太大差別,故被認爲"種俗"是相同的。

3.《漢書·西域傳》所載西域南北道諸其他城郭小國的名稱大多可以視作上述四個塞種部落名稱的異譯。這也許意味着西域南北道諸綠洲曾一度遍佈塞種的足蹟。[7]

四

《後漢書·西域傳》沒有直接涉及西域人種、語言的記載。祇有以下一則曾被利用來推斷車師的人種:"移支國居蒲類地。……其人勇猛敢戰,以寇鈔爲事。皆被髮,隨畜逐水草,不知田作。"研究者試圖從移支"被髮"之俗出發,在當時内陸歐亞各族髮式分佈的大背景下,討論其族屬。[8] 鑒於髮式可以傳播和摹做,因此,這則記載在人種研究上祇有旁證的價值。

以下兩則記載均出自《後漢書·班梁列傳》,也可以佐證依據國名、族名和王治名所作出的有關西域諸國族屬的推論,儘管無從據以得知東漢時期西域人種、語言的情況,亦一并臚列於下。

1.《後漢書·班梁列傳》載:"時龜茲王建爲匈奴所立,倚恃虜威,據有北道,攻破疏勒,殺其王,而立龜茲人兜題爲疏勒王。明年春,超從間道至疏勒。去兜題所居槃橐城九十里,逆遣吏田慮先往降之。勅慮曰:兜題本非疏勒種,國人必不用命,若不卽降,便可執之。"所謂"兜題本非疏勒種",至少説明在疏勒國人心目中,他們和龜茲國人族源不同。疏勒國可能是 Sogdiana 人所建,而龜茲國可能是 Gasiani 人所建。[9]

2.《後漢書·班梁列傳》又載:建初三年,超上疏請兵曰:"臣見莎車、疏勒田地肥廣,草牧饒衍,不比敦煌、鄯善間也,兵可不費中國而糧食自足。且姑墨、溫宿二王,特爲龜茲所置,既非其種,更相厭苦,其勢必有降反。"姑墨、溫宿兩國與龜茲種族不同,爲班超之計得逞的基礎。蓋姑墨國可能是 Comari(Comedie)人所建,而溫宿國應該是 Asii 人所建。

五

　　《魏略·西戎傳》："燉煌西域之南山中，從婼羌西至蔥領數千里，有月氏餘眾、蔥茈羌、白馬、黃牛羌，各有酋豪，北與諸國接，不知其道里廣狹。"除塞種之外，羌人是西域的另一個大族羣。和塞種一樣，被冠以"羌"名者，在人種上並不是單一的。

　　羌種不純的一個例證便是"婼羌"。婼羌可能是 Asii 與羌的混血種，但其中靠近陽關的一支，曾受 Tochari 人統治，故《漢書·西域傳上》稱其王"號去胡來王"。[10]

　　前面所述"類羌氏"的西夜，換一個角度看，就是與塞種混血的氏羌。

　　至於此處所謂蔥茈羌、白馬羌、黃牛羌和婼羌之間的確切關係雖不可得知，但從《漢書·西域傳上》記載西域南山曾一度遍佈婼羌這一點來看，[11] 這些名目繁多的羌人原來是婼羌或與婼羌有關亦未可知。

六

　　《晉書·西戎傳》沒有與人種、語言直接有關的記錄。但以下有關焉耆國的記載中卻透露了有關獪胡人種的重要信息：

> 武帝太康中，其王龍安遣子入侍。安夫人獪胡之女，姙身十二月，剖脅生子，曰會，立之爲世子。

這是因爲脅生傳說是印歐語系民族神話中的特有形態。[12] 既然此前沒有焉耆王族脅生的傳說，則此神話祇能來源於獪胡。而這正好佐證獪胡卽羯胡說。[13]

七

《周書·異域傳下》"于闐條"載："自高昌以西，諸國人等多深目高鼻，唯此一國，貌不甚胡，頗類華夏。"[14] 這是一則很重要的記載，說明了以下兩點：

1. 至遲在《周書·異域傳》描述的時代，高昌以西西域人的體貌特徵是"深目高鼻"者爲主。因此，這則記載可以旁證以上西域南北道一度遍佈塞種的假說。

2. 于闐一國"貌不甚胡"，可能是因爲與氐羌混血的緣故。[15]

八

《漢書·西域傳上》稱休循、捐毒皆係塞種，其實不能說是關於人種的記載，祇能說是關於族源的記載。在兩漢魏晉南北朝正

史"西域傳"編者的心目中,族源和族屬似乎並沒有嚴格的界限,有關記載因而帶有很大的隨意性。明顯的例證見於嚈噠:

1.《魏書·西域傳》載:嚈噠國,"高車之別種,其原出於塞北。……衣服類胡,加以纓絡。頭皆剪髪。其語與蠕蠕、高車及諸胡不同"。所謂"別種"本来也沒有一定的内涵,而已知嚈噠與高車並不同族,唯嚈噠之前身乙弗之一部曾依附高車,其語自然與高車不同。由此可見,所謂"高車別種"說,無非是因爲嚈噠與高車均起源於塞北、同樣經由金山南下而產生的聯想。[16]

2.《周書·異域傳下》稱:"嚈噠國,大月氏之種類。"但是,沒有證據表明嚈噠歷史上與大月氏有任何瓜葛。《周書·異域傳》之所以如是說,祇能認爲是因爲嚈噠西徙中亞後建國於曾被大月氏征服的地區。[17]

3.《梁書·西北諸戎傳》稱:"滑國者,車師之別種也。"這是因爲傳文取材於裴子野《方國使圖》,《方國使圖》的滑國卽車師別種說完全是作者裴子野想當然的結果。[18]

九

兩漢魏晉南北朝正史"西域傳"關於西域諸國語言、文字的記載較之人種更爲罕見。但是,有證據表明這段時間内西域的語言環境是非常複雜的。《漢書·西域傳》載西域諸國多設有譯長一職:有的祇有一人,有的則有二人(所謂"左右譯長"),

如莎車、龜茲國，則多達四人；便可爲證。以下列出僅有的幾則記錄：

1.《史記·大宛列傳》載安息國"畫革旁行以爲書記"。《漢書·西域傳上》所載略同，師古曰："今西方胡國及南方林邑之徒，書皆橫行，不直下也。革，謂皮之不柔者。"

2.《漢書·西域傳下》：元康二年，漢準備以解憂弟子相夫爲公主，妻烏孫昆莫，乃"置官屬侍御百餘人，舍上林中，學烏孫言"。由此可見，當時西漢政府設有專門的機構教習外國和外族語言。

3.《魏略·西戎傳》載："大秦國……其俗能胡書。"

4.《魏書·西域傳》載："波斯國……文字與胡書異。"一說這是指波斯文字與印度文字的差異。[19]

5.《魏書·西域傳》載："朱居國……語與于闐相類。"[20]

6.《魏書·西域傳》載："嚈噠國……其語與蠕蠕、高車及諸胡不同。"《梁書·西北諸戎傳》則載："滑國……與旁國通，則使旁國胡爲胡書，羊皮爲紙。……其言語待河南人譯然後通。"[21]

7.《周書·異域傳》載："焉耆國……文字與婆羅門同。"這是焉耆使用梵文的證明。[22]

8.《梁書·西北諸戎傳》載："高昌國……國人言語與中國略同。"《周書·異域傳》載："高昌……有《毛詩》、《論語》、《孝經》，置學官子弟，以相教授。雖習讀之，而皆爲胡語。"兩書所載不同，後者可能較近實際。

一〇

下面是幾點補充說明：

1. 本文意在指出兩漢魏晉南北朝正史"西域傳"本身所能够提供的可能性。實際上，這是在考慮和吸收了有關其他文獻和出土資料（人類學的和語言學的）的研究成果後提出的。

2. 以上提供的可能性祇是許多可能性之一種，換言之，這些史料可能暗示另外的意義。例如："深眼，多鬚顬"之類體貌特徵，不僅不是判定西歐亞族群的充要條件，甚至不是必要條件。嚴格說來，兩漢魏晉南北朝正史"西域傳"所載"深眼，多鬚顬"者祇是有可能屬于西歐亞族群，如此而已。

再如：名稱的勘同，是研究西域諸國族屬、族源經常利用的手段之一，但由於"西域傳"所見國名、族名等多係"重九譯"而得，譯者既非音韻學家，又未必通曉原語，加上對音的手段依然十分原始，勢必增加結論的不確定性。

又如：族名相同，並不等於人種相同。一個部族征服另一個部族，可以採用被征服者的族名，被征服的部族也可能採用征服者的族名。同一國中，統治者和被統治者的人種也可能是不同的。諸如此類。

3. 利用出土的人類學資料來研究西域各國的人種自然不失爲一種有效的手段。[23] 但是，應該看到，至少在目前，這種手段有很大的局限性。這是因爲古代中亞正處在東西文獻記錄覆蓋地區的邊緣，出土的人類學資料正是屬於文獻失載的某些部落或部族的可能性完全不能排除。這就是説，利用出土的人類學資料解開"西域傳"所載西域諸國人種之謎，尚有待中亞考古的全面展開以及就各種出土資料進行系統的分析。

4. 藉助現代語言學的成就和手段研究西域歷史和文化業已取得了很大成就，但也應該看到，對於探討南北朝以前西域的人種和語言收效不大。其原因主要有二：一是保留至今可供語言學分析的資料太少。二是不能排除一種語言引進另一種語言詞彙的可能性。一些專門名詞（史籍所傳多半屬於此類）往往被同時或後世操不同語言的部族使用。在一些國家中，還同時流行兩種以上語言和文字。[24] 例如：有的研究者因烏孫的官號又見於後來的突厥族，便斷烏孫爲突厥語族，[25] 就顯然有欠考慮。

———

儘管一些研究表明，無論屬於哪個種族，人類都共用一個古老、相同的基因密碼，一部份研究者卻堅信，不同的種族雖然擁有相同的基因，但其構成卻是不同的；基因的構成及其組合決定了人類種族的多樣性，基因在這方面是如何起作用的將隨着有關研究的進步越來越清楚。

另外，基因研究據説有力地支持這樣一種觀點：從解剖學角度所説的現代人是10萬年前在非洲出現的；他們取代了世界各地的早期人（包括亞洲的直立人），遺傳蹟象且表明這種替換是徹底的。果然,現有的人類學、語言學理論都應該重新檢討,作出相應的修正。可以想見,隨着分子考古學技術的進步,古代西域人種、語言的研究也將進入一個新時期。[26]

■ 注釋

[1] 參看余太山《塞種史研究》,中國社會科學出版社,1992年,pp. 182-209。

[2] 注1所引余太山書,pp. 182-209。

[3] 據《史記正義》(卷一二三)引萬震《南州志》,大月氏"在天竺北可七千里。……人民赤白色"。此處所謂"大月氏",按之年代應指貴霜帝國。

[4] 注1所引余太山書第一至九章中討論了這些問題。

[5] 本書中卷第一篇。

[6] 本書中卷第一篇。

[7] 本書中卷第一篇。

[8] 白鳥庫吉"亞細亞北族の辮髪に就いて",《白鳥庫吉全集·塞外民族史研究(下)》(第5卷),東京:岩波,1970年,pp. 231-301, esp. 273-280;嶋崎昌"姑師と車師前·後王國",《隋唐時代の東トゥルキスターン研究》,東京,1977年,pp. 3-58。

[9] 本書中卷第一篇。

[10] 本書中卷第一篇。

[11] 不僅《漢書·西域傳上》,《太平寰宇記·四夷一○·西戎二》引《土地十三州志》稱:"婼羌國濱帶南山,西有葱嶺,餘種或虜或羌,戶口甚多。"

[12] 饒宗頤"中國古代'脅生'的傳說",《燕京學報》新第 3 期（1997 年），北京大學出版社，pp. 15-28。

[13] 周一良《魏晉南北朝史劄記》，中華書局，1985 年，pp. 117-118。

[14] 今本《魏書·西域傳》亦有類似記載，其實是《北史·西域傳》襲自《周書·異域傳》之文。

[15] 白鳥庫吉"西域史上の新研究·大月氏考"，《白鳥庫吉全集·西域史研究（上）》（第 6 卷），東京：岩波，1970 年，pp. 97-227，esp. 204；羽溪了諦《西域之佛教》，賀昌羣漢譯，商務印書館，1956 年，pp. 197-201。

[16] 参看余太山《嚈噠史研究》，齊魯書社，1986 年，pp. 8-43。

[17] 参看注 16 所引余太山書，pp. 8-43。

[18] 本書上卷第三篇。

[19] 内田吟風"魏書西域傳原文考釋（中）"，《東洋史研究》30～2（1971 年），pp. 82-101。

[20]《洛陽伽藍記》卷五：朱駒波國"風俗言音與于闐相似，文字與婆羅門同"。

[21] 關於嚈噠的語言，参看余太山"嚈噠史若干問題的再研究"，《中國社會科學院歷史研究所學刊》第 1 集，社會科學文獻出版社，2001 年，pp. 180-210。

[22] 参看季羨林"龜茲研究三題"，《燕京學報》新第 10 期（2001 年），北京大學出版社，pp. 57-69。

[23] 有關情況可以参看徐文堪"新疆古屍的新發現與吐火羅人起源研究"，《文史集林》第 5 卷，上海遠東出版社，1995 年，pp. 304-314；"關於吐火羅語與吐火羅人的起源問題"，《亞洲文明》第 3 集，安徽教育出版社，1996 年，pp. 76-93；"'中亞東部銅器和早期鐵器時代民族'國際學術討論會綜述"，

《文史集林》第9卷，上海遠東出版社，1996年，pp. 262-279等綜述。

[24] 例如：尼雅出土的漢文和佉盧文簡牘表明，西域土著雖有自己的語言和文字，但漢語和漢字至少一度在南道東端鄯善、精絕諸地的上層社會十分流行；簡牘的形制和內地大同小異，同樣說明了漢文化在西域的影響。鄯善國的官方用語雖爲印度西北俗語，書寫用佉盧文，但漢語和漢文似乎同時流行。饒有趣味的是，考古工作者發現了寫有佉盧文的漢式木櫝，堪稱中西合璧的具體形象。

[25] 白鳥庫吉"烏孫に就いての考"，《白鳥庫吉全集·西域史研究（上）》（第6卷），東京：岩波，1970年，pp. 1-55, esp. 45-53。

[26] 參看徐文堪"一個重大的科學前沿問題——《人類基因的歷史與地理》讀後"，《文史集林》第14卷，上海遠東出版社，1998年，pp. 313-323。

三　兩漢魏晉南北朝正史"西域傳"所見西域諸國的農牧業、手工業和商業

兩漢魏晉南北朝時期西域特別是塔里木盆地周圍地區的經濟，已有人結合文獻、出土的文書和實物資料作了較深入的研究。[1] 本文的目的則是整理兩漢魏晉南北朝正史"西域傳"的有關記載，說明這些記載的性質。

一

《史記·大宛列傳》首先將葱嶺以西諸國按其經濟形態大別爲"土著"和"行國"兩類，並在此基礎上記載了這些國家的經濟情況。

一、大宛

《史記·大宛列傳》載："其俗土著，耕田，田稻麥。有蒲陶酒。"大宛雖是"土著"，但據同傳，其國"多善馬，馬汗血，其先天馬子也"。這說明該國是善馬產地。這與大宛國的上層貴族原來是遊牧部族似乎不無關係。[2] 同傳又載："宛左右以蒲陶爲酒，

富人藏酒至萬餘石，久者數十歲不敗。俗嗜酒，馬嗜苜蓿。""宛左右"云云無疑包括大宛在內，由此可知其作物除稻麥外，尚有蒲陶、苜蓿等。苜蓿，作爲馬飼料，也是一種經濟作物。此後，《晉書·西戎傳》於大宛也有類似記載："土宜稻麥，有蒲陶酒，多善馬，馬汗血。"

二、大夏

《史記·大宛列傳》載："其俗土著，有城屋，與大宛同俗。"又稱："大月氏王……既臣大夏而居，地肥饒，少寇，志安樂，又自以遠漢，殊無報胡之心。"大月氏臣大夏後便"志安樂"，也說明其地適宜農耕。由於大夏亡於大月氏，《漢書·西域傳》不再設大夏專條。

大夏之地至北魏時被稱爲"吐呼羅國"，《魏書·西域傳》載，其國"土宜五穀，有好馬、駝、騾"。又稱國中有"薄提城"，"薄提"應即同傳所見薄知（Balkh），據稱其地"多五果"。"薄提"亦即《梁書·西北諸戎傳》所見白題國，據稱："土地出粟、麥、瓜菓。"這些均可與《史記·大宛列傳》的有關記載參證。

《漢書·西域傳上》載大夏國有休密、雙靡、貴霜、肸頓、高附五翎侯，而不載其經濟情況。在《魏書·西域傳》中，原大夏國五翎侯的轄地，被記作伽倍、折薛莫孫、鉗敦、弗敵沙、閻浮謁；傳文僅載其人"居山谷間"。但同傳又引"宋雲行紀"，稱賒彌國人"山居"；稱鉢和國"其土尤寒，人畜同居，穴地而處。又有大雪山，望若銀峰。其人唯食餅麨，飲麥酒，服氈裘"。賒彌、鉢和應即折薛莫孫、伽倍。

三、安息

《史記·大宛列傳》載："其俗土著，耕田，田稻麥，蒲陶酒。"《漢書·西域傳上》則載："安息國……土地風氣，物類所有，民俗與烏弋、罽賓同。"而據同傳，罽賓國"種五穀、蒲陶諸果"。

此外，《後漢書·西域傳》稱安息"東界木鹿城，號爲小安息"。"木鹿城"應即《梁書·西北諸戎傳》所傳末國，據載該地"多牛羊騾驢"。

四、身毒

《史記·大宛列傳》載："其俗土著，大與大夏同。"《漢書·張騫李廣利傳》所載略同。

身毒，一名天竺，據《後漢書·西域傳》，"在月氏之東南數千里。俗與月氏同，而卑溼暑熱"。此處"月氏"指貴霜王朝，蓋漢人本其故號，稱之爲"大月氏"。

五、大月氏

《史記·大宛列傳》載："行國也，隨畜移徙，與匈奴同俗。控弦者可一二十萬。"《漢書·西域傳上》則在說"大月氏本行國也，隨畜移徙，與匈奴同俗。控弦十餘萬"的同時，又說："大月氏國，治監氏城……土地風氣，物類所有，民俗錢貨，與安息同。"[3]這說明到《漢書·西域傳》描述的時代，本來是行國的大月氏已經變成和安息國一樣的土著了。

六、烏孫

《史記·大宛列傳》載："行國，隨畜，與匈奴同俗。"又稱："烏孫多馬，其富人至有四五千匹馬。"《漢書·西域傳下》所載同，祇是說得更明確："不田作種樹，隨畜逐水草，與匈奴同俗。"[4]

《漢書·西域傳下》載烏孫大昆彌治赤谷城，知烏孫雖爲行國，但有自己的王治，祇是並沒有像征服大夏的大月氏一樣，從遊牧逐步走向定居。據《魏書·西域傳》，由於屢遭柔然的侵略，烏孫在五世紀初失去赤谷城，從此"西徙葱嶺山中，無城郭，隨畜牧逐水草"。[5]

七、康居

《史記·大宛列傳》載："行國，與月氏大同俗。控弦者八九萬人。"《漢書·西域傳上》則載："康居國，王冬治樂越匿地。到卑闐城。……與大月氏同俗。""冬治"云云，說明當時的康居人有冬夏兩個居地，這是典型行國的特徵。[6] 故所謂"與大月氏同俗"，不過是承襲《史記·大宛列傳》的記載。蓋《漢書·西域傳》描述的時代，大月氏已經與安息和大宛同俗，也成爲土著了。

《晉書·西戎傳》稱："康居國……風俗及人貌、衣服略同大宛。地和暖，饒桐柳蒲陶，多牛羊，出好馬。"似乎在《晉書·西戎傳》描述的時代，康居國已經從行國變成了土著。其實不然。今天我們見到的《晉書·西戎傳》的"康居傳"是"康居傳"和"粟弋傳"的混合物。"略同大宛"之類，應該是對粟特國的描述。[7]

八、奄蔡

《史記·大宛列傳》稱："奄蔡在康居西北可二千里，行國，與康居大同俗。控弦者十餘萬。"《漢書·西域傳上》所載略同。而據《後漢書·西域傳》，時"奄蔡國改名阿蘭聊國……民俗衣服與康居同"。奄蔡改名很可能是被阿蘭（Alans）征服的結果。因此，民俗與康居相同的其實是包括奄蔡在内的阿蘭族。[8]

《魏略·西戎傳》："北烏伊別國在康居北，又有柳國，又有巖國，又有奄蔡國一名阿蘭，皆與康居同俗。……其國多名貂，畜牧逐水草。"這是說康居西北諸國與康居同俗，皆爲行國。

九、條枝和黎軒

除以上諸國外，《史記·大宛列傳》還提到條枝和黎軒國。據載，前者"耕田，田稻"，就是說也是土著。關於後者，沒有經濟情況的記錄。《漢書·西域傳上》所載略同。

要之，《史記·大宛列傳》告訴我們，在葱嶺以西諸國中，安息"最爲大國"，安息的西面是條枝，其東南方、佔有印度河流域的是身毒。身毒、條枝和安息都是土著。在安息的北方，自黑海北部，經裏海、鹹海往東，直至楚河、伊犂河流域一帶草原上，活動著行國奄蔡、康居和烏孫。另一個行國大月氏佔領著阿姆河流域，征服了位於巴克特里亞地區的大夏；在大月氏或大夏的東北即今費爾幹納地區則是所謂大宛；大夏和大宛也是土著。

二

《漢書·西域傳》於西域諸國經濟續有記載。本節是傳文所見西域南道諸國的情況。

一、婼羌

據《漢書·西域傳上》，其人"隨畜逐水草，不田作，仰鄯善、且末穀"；知該國以畜牧爲主。

二、鄯善

據《漢書·西域傳上》，其國"地沙鹵，少田，寄田仰穀旁國。……民隨畜牧逐水草，有驢馬、多橐它"；知鄯善國亦以畜牧業爲主。

按之《史記·匈奴列傳》，冒頓單于遺漢書有曰："定樓蘭、烏孫、呼揭及其旁二十六國，皆以爲匈奴。諸引弓之民，幷爲一家。"由此可知樓蘭，作爲鄯善之前身，曾被歸入"引弓之民"一類。

值得注意的是，《漢書·西域傳上》稱：元鳳四年，該國質子被漢立爲鄯善王，將歸國，"王自請天子曰：身在漢久，今歸，單弱，而前王有子在，恐爲所殺。國中有伊循城，其地肥美，願漢遣一將屯田積穀，令臣得依其威重。於是漢遣司馬一人、吏士四十人，田伊循以填撫之。其後更置都尉，伊循官置始此矣"。這似乎說明鄯善國人"隨畜牧逐水草"，並非完全是由於"地沙鹵"的緣故，應該是習俗使然。

又，傳文稱鄯善國"寄田仰穀旁國"。顏師古注："寄於它國種田，又糴旁國之穀也。"[9]既然其國有人"寄於它國種田"，則似乎並非完全不知田作。又，前引傳文稱婼羌國仰鄯善穀，也說明這一點。鄯善國在仰穀旁國的同時，其穀亦爲婼羌所仰。

同傳又稱："樓蘭國最在東垂，近漢，當白龍堆，乏水草，常主發導，負水儋糧，送迎漢使。"這說明該國早在國號"樓蘭"時期已有農業。

不僅如此，據《史記·大宛列傳》，可知最遲在張騫首次西使之時，樓蘭國已"邑有城郭"。也許正因爲如此，"隨畜牧逐水草"的鄯善國得稱爲城郭之國。

三、且末以西諸國

據《漢書·西域傳上》，且末國"有蒲陶諸果"，而"自且末以往皆種五穀，土地草木，畜產作兵，略與漢同"。[10] 所謂"自且末以往"，按之傳文，乃指小宛國、精絕國、戎盧國、扜彌國、渠勒國、于闐國、皮山國七國。

諸國之中，唯于闐國的情況在後來的《梁書·西北諸戎傳》中有較明確的記載："氣溫，宜稻、麥、蒲桃"；而在《周書·異域傳下》，則僅有間接的記載，卽所謂于闐"風俗物產與龜茲畧同"。

四、烏秅

皮山之西，據《漢書·西域傳上》，有烏秅國，"山居，田石間。有白草。累石爲室，民接手飮。出小步馬，有驢無牛"。由此可知，此國亦以田作爲主，與且末諸國有所不同，蓋地理環境使然。

一說烏秅卽《後漢書·西域傳》所載德若國。[11] 據載，該國"與子合相接，其俗皆同"。

五、西夜、蒲犂、依耐、無雷

《漢書·西域傳上》稱："蒲犂及依耐、無雷國皆西夜類也。西夜與胡異，其種類羌氐；行國，隨畜逐水草往來。"這是上述四者的基本情況。同傳又稱蒲犂國"寄田莎車"，依耐國"少穀，寄田疏勒、莎車"，可以視爲上一則記載的注釋。

《後漢書·西域傳》稱："西夜國一名漂沙……《漢書》中誤云

西夜、子合是一國，今各自有王。"《漢書·西域傳上》既稱蒲犁"種俗與子合同"，則子合的情況亦可推知。

《魏書·西域傳》有朱居國，亦作"悉居半"，應即《後漢書·西域傳》之子合。據稱："其人山居。有麥，多林果。"

六、休循、捐毒

《漢書·西域傳上》稱休循國"民俗衣服類烏孫，因畜隨水草，本故塞種也"；又載捐毒國"衣服類烏孫，隨水草，依葱領，本塞種也"；知兩國皆畜牧爲生。

要之，南道諸國，大致東西兩端以畜牧爲主，中間以田作爲主。

三

本節是漢代西域北道諸國的大致情況。

一、渠犁

據《漢書·武帝紀》，天漢二年秋，曾"使使來獻"。但是，《漢書·西域傳下》稱："自武帝初通西域，置校尉，屯田渠犁。"至武帝征和中，搜粟都尉桑弘羊與丞相御史奏言有云："故輪臺東捷枝、渠犁皆故國，地廣，饒水草，有溉田五千頃以上，處溫和，田美，可益通溝渠，種五穀，與中國同時孰。"渠犁與捷枝皆被稱爲"故國"，似乎渠犁作爲一個獨立的城郭國家至武帝末已不復存在。《漢書·西域傳下》載渠犁、烏壘均有"城都尉"一人，可能都是漢官。

值得注意的是，桑弘羊提到捷枝、渠犁"有溉田五千頃以上"，且建議"益通溝渠"、"益墾溉田"等等，都說明當時西域的灌溉工程已經具有相當的規模。[12]

二、烏壘

《漢書·西域傳上》："都護治烏壘城，去陽關二千七百三十八里，與渠犁田官相近，土地肥饒，於西域爲中，故都護治焉。"可見以烏壘、渠犁這兩個故國爲中心，形成了蔥嶺以東當時最大的農耕區。這雖然是漢政府所經營，但對西域諸國的經濟發展應該有一些影響。

三、尉犁、危須、焉耆和山國

渠犁以東，有尉犁、危須、焉耆和山國。危須、焉耆的情況，《漢書·西域傳》中並沒有直接、明確的記載。在《漢書·西域傳下》中，我們祇被告知，山國"寄田糴穀於焉耆、危須"。由此似可推知焉耆和危須兩國均知田作。

尉犁的情況，傳文保持沈默。然據《漢書·西域傳上》，"匈奴西邊日逐王置僮僕都尉，使領西域，常居焉耆、危須、尉黎間，賦稅諸國，取富給焉"，將尉犁與焉耆、危須相提並論，傳文編者似乎認爲尉犁的情況與焉耆、危須相類。

應該指出，從鄯善的情況可以推知，焉耆等國雖知田作，並不等於沒有畜牧業。《後漢書·班梁列傳》載，東漢時，班超破焉耆國時，獲"馬畜牛羊三十餘萬頭"；[13] 可以佐證。

《周書·異域傳下》載焉耆國"氣候寒，土田良沃，穀有稻粟菽麥，畜有駞馬牛羊。養蠶不以爲絲，唯充綿纊"。這似乎表明直至南北朝，焉耆國仍兼有田畜。

四、龜茲

焉耆等三國之西是龜茲：龜茲早在西漢時期就是西域最大的城郭國家，但對於該國的經濟情況，《漢書·西域傳》沒有明確的記載，我們祇能根據後世記載中的一些蛛絲馬蹟來推測。

據《後漢書·班梁列傳》，延平元年（106年）"龜茲吏人並叛其王，而與溫宿、姑墨數萬兵反，共圍城。（梁）慬等出戰，大破之。連兵數月，胡衆敗走，乘勝追擊，凡斬首萬餘級，獲生口數千人，駱駝畜產數萬頭，龜茲乃定"。可知東漢時龜茲有較大規模的畜牧業。

《晉書·西戎傳》稱：龜茲國"人以田種畜牧爲業"。可知至遲在傳文描述的時代，龜茲也兼營田畜。據《晉書·呂光載記》，光自龜茲東歸，"以駝二萬餘頭致外國珍寶及奇伎異戲、殊禽怪獸千有餘品，駿馬萬餘匹"。其中當有很大一部份得自龜茲。

《魏書·西域傳》："世祖詔萬度歸率騎一千以擊之，龜茲遣烏羯目提等領兵三千距戰，度歸擊走之，斬二百餘級，大獲駝馬而還。"也表明龜茲有較大規模的畜牧業。《魏書·高祖紀上》載：太和二年"秋七月戊辰，龜茲國遣使獻名駝七十頭"。又載：太和二年九月丙辰，"龜茲國遣使獻大馬、名駝、珍寶甚衆"；可以參證。

《周書·異域傳下》載龜茲國"賦稅，准地徵租，無田者則稅銀錢。婚姻、喪葬、風俗、物產與焉支罽同"，特產則有"良馬、封牛"等。則可見該國在南北朝時期也是"以田種畜牧爲業",與《晉書·西戎傳》所描述時代的情況相同。

五、姑墨、溫宿和尉頭

龜茲之西是姑墨、溫宿和尉頭。姑墨的情況,傳文保持沈默。[14] 而據《漢書·西域傳下》:溫宿國"土地物類所有與鄯善諸國同"。鄯善國的情況既見前述,知溫宿國也以畜牧業爲主。

《漢書·西域傳上》則載尉頭國"田畜隨水草,衣服類烏孫"。烏孫既是典型的行國,尉頭人衣服類烏孫,生活、生産方式類似應是原因之一。卽使如此,該國仍有田作。

六、疏勒和莎車

《漢書·西域傳上》載:依耐國"少穀,寄田疏勒、莎車"。又稱:蒲犁國"寄田莎車"。由此可知疏勒、莎車情況類似。

《後漢書·班梁列傳》載班超之言曰:"莎車、疏勒田地肥廣,草牧饒衍,不比敦煌、鄯善閒也,兵可不費中國而糧食自足。"由此可見兩國田畜之規模。

四

本節是《漢書·西域傳下》首次記載的天山東端諸國:

一、車師諸國

車師諸國指車師前國、車師後國、車師都尉國、車師後城長國、卑陸國、卑陸後國、蒲類國、蒲類後國、西且彌國、東且彌國。其中,除車師前國外,諸國均在北山之北,又皆自姑師分出,故一併敍述。

兩漢以降,車師諸國,特別是車師前後國與中原各王朝關係比較密切,但是對於有關經濟情況的直接資料卻異乎尋常地少,祇能通過一些間接的記載加以推測:[15]

《漢書·西域傳下》沒有提到車師都尉國、車師後城長國和蒲類後國的王治。其餘車師諸國中,祇有車師前國的王治稱"城":"交河城"。其餘諸國王治均稱"谷":車師後國王治務塗谷、卑陸國王治乾當谷[16]、卑陸後國王治番渠類谷、蒲類國王治疏榆谷、西且彌國王治于大谷、東且彌國王治兌虛谷。既然前述諸國中王治稱"谷"者(如子合王治呼犍谷、蒲犁國王治蒲犁谷和尉頭國王治尉頭谷),均"隨畜逐水草往來",車師諸國中王治以"谷"命名者,也有可能以畜牧爲主。車師前國王治雖以"城"名,但其生産方式很可能也是畜牧爲主。《漢書·西域傳下》載單于大臣之言有曰"車師地肥美,近匈奴,使漢得之,多田積穀,必害人國,不可不爭也"云云,乃指漢之屯田,沒有證據表明前國以田作爲主。

《後漢書·西域傳》稱:"前後部及東且彌、卑陸、蒲類、移支,是爲車師六國。"而其中蒲類國"廬帳而居,逐水草,頗知田作。有牛、馬、駱駝、羊畜。能作弓矢。國出好馬"。移支國"隨畜逐水草,不知田作。所出皆與蒲類同"。東且彌國"廬帳居,逐水草,頗田作。其所出有亦與蒲類同。所居無常"。由此似可推知車師諸國在東漢時的情況。

兩漢多次與車師作戰，戰利品中多畜產，也可窺見其經濟狀況。例如《漢書·西域傳下》載：都護但欽斬車師後王須置離，"置離兄輔國侯狐蘭支將置離衆二千餘人，驅畜產，舉國亡降匈奴"。（《漢書·匈奴傳》所載略同）又如《後漢書·耿恭傳》所載：建初元年正月，漢軍擊車師於交河城，獲"駝驢馬牛羊三萬七千頭"；《後漢書·耿秉傳》所載永平十七年夏，耿秉擊車師後王"收馬牛十餘萬頭"。諸如此類。

《後漢書·西域傳》載，永興元年，車師後部王阿羅多亡走北匈奴中，敦煌太守宋亮上立後部故王軍就質子卑君爲後部王。後阿羅多復從匈奴中還，戊校尉閻詳"收奪所賜卑君印綬，更立阿羅多爲王，仍將卑君還敦煌。以後部人三百帳別屬役之，食其稅。帳者，猶中國之戶數也"。後部以帳計戶，亦可知該部以畜牧爲主。

二、高昌

車師前國之地有高昌壁，至北魏文成帝時始有名闞伯周者在柔然的支持下稱王，《魏書》、《周書》和《梁書》均爲立傳。《梁書·西北諸戎傳》稱高昌"備植九穀，人多噉麨及羊牛肉。出良馬、蒲陶酒、石鹽。多草木，草實如繭，繭中絲如細纑，名曰白疊子，國人多取織以爲布。布甚軟白，交市用焉"。《周書·異域傳下》則稱高昌"氣候温暖，穀麥再熟，宜蠶，多五果"。[17]

三、其他

《漢書·西域傳下》所載天山東部諸國尚有：烏貪訾離國（王治于婁谷）、郁立師國（王治内咄谷）、單桓國（王治單桓城）和劫國（王治丹渠谷）。既然諸國均在山北，且王治多以"谷"名，則經濟情況可能和車師後國等相同。

此外，可以一併敍述者，尚有一狐胡國。此國王治名"車師柳谷"，或者亦與上述車師諸國有某種淵源，其俗雷同亦未可知。

要之，天山以北諸國多以畜牧爲主。

五

《漢書·西域傳》還涉及不見載於《史記·大宛列傳》的南亞、西亞諸國的經濟情況。

一、難兜

據《漢書·西域傳上》載，該國"種五穀、蒲陶諸果"。

二、罽賓

據《漢書·西域傳上》載，罽賓"地平，溫和，有目宿、雜草奇木，檀、櫰、梓、竹、漆。種五穀、蒲陶諸果，糞治園田。地下溼，生稻，冬食生菜"。凡此，均見此國"土著"性質。

於"罽賓國"，《魏書·西域傳》亦有與《漢書·西域傳上》類似的記載，其實是錯誤地抄襲後者所致。《魏書·西域傳》的罽賓國位於今克什米爾，而《漢書·西域傳上》的罽賓國位於今喀布爾河中下游地區，兩處氣候、作物不可能完全相同。

三、烏弋山離

據《漢書·西域傳上》，該國"地暑熱莽平，其草木、畜產、五穀、果菜、食飲、宮室、市列、錢貨、兵器、金珠之屬皆與罽賓同，而有桃拔、師子、犀牛"。

六

本節是《後漢書·西域傳》首載諸國情況。

一、粟弋

《後漢書·西域傳》載該國"出名馬牛羊、蒲萄眾果，其土水美，故蒲萄酒特有名焉"。《晉書·西戎傳》則載其"地和暖，饒桐柳蒲陶，多牛羊，出好馬"。粟弋應即索格底亞那。

《魏書·西域傳》有粟特國，"粟特"應即粟弋，傳文並未涉及經濟情況。雖然，同傳於索格底亞那及其附近諸國依次有如下記載：色知顯國"土平，多五果"；伽色尼國"多五果"；牟知國"土平，禽獸草木類中國"；阿弗太汗國"土平，多五果"；呼似密國"土平……多五果"；諸色波羅國"土平，宜稻麥，多五果"；早伽至國"土平，少田植，取稻麥於鄰國，有五果"；伽不單國"土平，宜稻麥，有五果"。除早伽至國一國外，其餘大致是一派田作景象。即使早伽至國，也是"土平"，"有五果"；其"取稻麥於鄰國"或者是因為原來不是土著的緣故。

二、大秦

《後漢書·西域傳》載大秦國"人俗力田作，多種樹蠶桑"。《魏略·西戎傳》亦載其國"田種五穀，畜乘有馬、騾、驢、駱駝。

桑蠶"。《晉書·西戎傳》所載情況大致相同，唯獨沒有提到田作、蠶桑，或文字有奪脫。其後，《魏書·西域傳》傳大秦國"其土宜五穀桑麻，人務蠶田"。

七

本節是《魏書·西域傳》首載諸國。

一、悅般

據載"其風俗言語與高車同"。高車乃典型的行國，由此可以推見悅般的情況。

二、嚈噠

據載："衆可[有]十萬。無城邑，依隨水草，以氊爲屋，夏遷涼土，冬逐暖處。"由此可知嚈噠是典型的行國。此所以《周書·異域傳下》稱嚈噠國"風俗與突厥畧同"。"嚈噠"即"嚈噠"。

嚈噠或嚈噠在《梁書·西北諸戎傳》被記作滑國，據稱其"土地溫暖，多山川，[少]樹木，有五穀。國人以麨及羊肉爲糧"。既然《梁書·西北諸戎傳》"滑國條"載其時滑國"無城郭，氊屋爲居"，似乎不能認爲降至《梁書·西北諸戎傳》描述的時代嚈噠人已有農業。"有五穀"云云是指嚈噠治下中亞地區的情況。

三、波斯

《魏書·西域傳》似無有關波斯農業情況的記載。[18] 而據《周書·異域傳下》，該國"地多沙磧，引水溉灌。其五穀及禽獸等，與中夏畧同，唯無稻及黍秋。土出名馬及䮀，富室至有數千頭者"。

值得注意的是波斯的前身安息，前文引《史記·大宛列傳》稱安息國"田稻麥"，也就是說早在帕提亞時期已經種植稻麥，而此處卻說波斯之地"無稻及黍秋"。據研究，前者係張騫得自傳聞，故不確。[19]

四、渴盤陁

《魏書·西域傳》有渴盤陁國，然對於其經濟情況隻字未及。幸而《梁書·西北諸戎傳》載該國"地宜小麥，資以爲糧。多牛馬駱駝羊等，出好氊、金、玉"。

五、南天竺、疊伏羅和拔豆

以上三國，《魏書·西域傳》均稱"土宜五穀"。

六、其他

阿鉤羌："土有五穀諸果"；波路："土平，物產國俗與阿鉤羌同"；副貨："宜五穀、葡桃，唯有馬、駝、騾"；波知："土狹人貧，依託山谷"；烏萇："土多林果，引水灌田，豐稻麥"。除副貨國地望不明外，其餘均位於興都庫什山以南。

八

本節是"西域傳"所見西域諸國的手工業情況。

一、武器製造

《史記·大宛列傳》稱："自大宛以西至安息……其地皆無絲

漆，不知鑄錢器。及漢使亡卒降，教鑄作他兵器。"果然，則西域武器製造業的產生和發展，漢人起了一定的作用。此外，據《漢書·西域傳上》，烏弋山離、罽賓國也能自造兵器。《魏略·西戎傳》則載大秦國能"作弓矢"。[20]

除了上述大國外，城郭諸國也能自己製造武器。蓋據《漢書·西域傳上》，婼羌國"山有鐵，自作兵，兵有弓、矛、服刀、劍、甲"。[21] 鄯善國"能作兵，與婼羌同"。難兜國"有銀銅鐵，作兵與諸國同"。《後漢書·西域傳》載蒲類國"能作弓矢"。《魏書·西域傳》載阿鉤羌國"有兵器"。《周書·異域傳下》載高昌"兵器有弓、箭、刀、楯、甲、矟"。焉耆國"兵有弓、刀、甲、矟"。

可以相信，事實上能自作兵的決不止傳文提到的這幾個國家。但從這些記載，已可知這一行業的普及。

二、鑄冶

武器的需要無疑是鑄冶業發展的一個動力。西域諸國又多產金、銀、銅、鐵等金屬者，故鑄冶業必有一定規模。

《史記·大宛列傳》載："自大宛以西至安息……得漢黃白金，輒以爲器，不用爲幣。"《漢書·西域傳上》載罽賓國"其民巧，雕文刻鏤"，"有金銀銅錫，以爲器"；載烏弋山離國"以金銀飾杖"。《梁書·西北諸戎傳》載于闐國"國人善鑄銅器"等。凡此，均與鑄冶有關。獨《漢書·西域傳下》明載龜茲國"能鑄冶，有鉛"。[22]

又，前引《史記·大宛列傳》："鑄錢器"，《漢書·西域傳上》作"鑄鐵器"。一說此處文字當從《史記·大宛列傳》。"錢器"指錢幣與器物，《漢書·西域傳上》稱罽賓"有金銀銅錫，以爲器。

市列。以金銀爲錢", 可以爲證。[23] 今案：果然如此, 則與下文"得漢黃白金, 輒以爲器"相矛盾。因此, "錢器"很可能是"鐵器"之誤。冶鐵技術本來是漢人發明後逐步西傳的, 在張騫首次西使之際, 葱嶺以西尚不知"鑄鐵器"是完全可能的。[24]

三、其他

《魏書·西域傳》載大月氏國事情曰："世祖時, 其國人商販京師, 自云能鑄石爲五色瑠璃, 於是採礦山中, 於京師鑄之。既成, 光澤乃美於西方來者, 乃詔爲行殿, 容百餘人, 光色映徹, 觀者見之, 莫不驚駭, 以爲神明所作。自此中國瑠璃遂賤, 人不復珍之。"結合各傳有關大秦、波斯出琉璃或瑠璃的記載, 可知包括大月氏在內的西域地區有比較先進的玻璃製造工藝。

九

本節是各史"西域傳"所見西域諸國的商業情況。

一、《史記·大宛列傳》載自大宛以西至安息, 其人皆"善市賈, 爭分銖"。《漢書·西域傳上》所載同。這是說早在張騫首次西使之時, 葱嶺以西諸國均已是重商之國。

1. 大宛：《史記·大宛列傳》載, 張騫首次西使抵達大宛時, "大宛聞漢之饒財, 欲通不得, 見騫, 喜, 問曰：若欲何至？騫曰：爲漢使月氏, 而爲匈奴所閉道。今亡, 唯王使人導送我。誠得至, 反漢, 漢之賂遺王財物不可勝言。大宛以爲然, 遣騫, 爲發導繹，抵康居，康居傳致大月氏"。大宛王見騫而喜，顯然是因爲有意交往，旨在通商。《晉書·西戎傳》徑稱大宛"善市賈，爭分銖之利"。

2. 大夏：《史記·大宛列傳》明載，其人"善賈市。……其都曰藍市城，有市販賈諸物"。又載張騫之言曰："臣在大夏時，見邛竹杖、蜀布。問曰：安得此？大夏國人曰：吾賈人往市之身毒。"由此可見大夏國人亦擅經商。

3. 安息：《史記·大宛列傳》載，其國"以銀爲錢，錢如其王面，王死輒更錢，效王面焉"。《漢書·西域傳上》記述更爲明確：安息國"以銀爲錢，文獨爲王面，幕爲夫人面。王死輒更鑄錢。……其屬小大數百城，地方數千里，最大國也。臨嬀水，商賈車船行旁國"。[25]

4. 《史記·大宛列傳》稱："自烏孫以西至安息，以近匈奴，匈奴困月氏也，匈奴使持單于一信，則國國傳送食，不敢留苦；及至漢使，非出幣帛不得食，不市畜不得騎用。所以然者，遠漢，而漢多財物，故必市乃得所欲，然以畏匈奴於漢使焉。""必市乃得所欲"，亦可見諸國重商的傳統。值得注意的是諸國中包括烏孫。

《史記·大宛列傳》載："天子數問騫大夏之屬。騫既失侯，因言曰：……蠻夷俗貪漢財物，今誠以此時而厚幣賂烏孫，招以益東，居故渾邪之地，與漢結昆弟，其勢宜聽，聽則是斷匈奴右臂也。"同傳又載："騫既至烏孫，烏孫王昆莫見漢使如單于之禮，騫大慙，知蠻夷貪，乃曰：天子致賜，王不拜則還賜。昆莫起拜賜，其他如故。"又載:"烏孫使既見漢人衆富厚,歸報其國,其國乃益重漢。""蠻夷俗貪漢財物"云云,生動地說明包括烏孫在內的西域諸國的價值趣嚮。

二、《漢書·西域傳》、《後漢書·西域傳》以下對天山以北、帕米爾以西、興都庫什山以南諸國的商業續有記載。

1.《漢書·西域傳上》載:"至成帝時,康居遣子侍漢,貢獻,然自以絕遠,獨驕嫚,不肯與諸國相望。都護郭舜數上言:本匈奴盛時,非以兼有烏孫、康居故也;及其稱臣妾,非以失二國也。漢雖皆受其質子,然三國內相輸遺,交通如故,亦相候司,見便則發;合不能相親信,離不能相臣役。……而康居驕黠,訖不肯拜使者。都護吏至其國,坐之烏孫諸使下,王及貴人先飲食已,乃飲啗都護吏,故為無所省以夸旁國。以此度之,何故遣子入侍?其欲賈市;爲好,辭之詐也。"康居,在《漢書·西域傳》描述的年代依舊是一個行國。這則記載的意義在於有助於瞭解行國之間存在經商的情況。特別是康居與匈奴、烏孫三國"內相輸遺"。也說明,就康居而言,貢獻和遣子入侍,不過是賈市的一種手段。

2.《漢書·西域傳上》載大月氏國"錢貨與安息同"。此處所謂大月氏是業已征服了大夏的大月氏,不再是一個行國。此所以"錢貨"同於安息。

3.《漢書·西域傳上》載:罽賓國有"市列。以金銀為錢,文爲騎馬,幕爲人面"。[26] 又載,"成帝時,復遣使獻,謝罪。漢欲遣使者報送其使,杜欽說大將軍王鳳曰:……有求則卑辭,無欲則嬌嫚，終不可懷服。凡中國所以爲通厚蠻夷，愿快其求者，爲壞比而爲寇也。今縣度之阨，非罽賓所能越也。其鄉慕，不足以安西域；雖不附，不能危城郭。前親逆節，惡暴西域，故絕而不通；今悔過來，而無親屬貴人，奉獻者皆行賈賤人，欲通貨市買，以獻爲名"。凡此說明不僅康居，罽賓國奉獻的目的也是"通貨市買"。中原王朝正是利用這一點，維持外國來朝的局面。

4.《漢書·西域傳上》載烏弋山離國"宮室、市列、錢貨、兵器、金珠之屬皆與罽賓同。……其錢獨文爲人頭，幕爲騎馬"。烏弋山離國在 Drangiana 和 Arachosia。[27]

5.《後漢書·西域傳》載：高附國"善賈販，內富於財"。高附國在今喀布爾附近。

6.《後漢書·西域傳》載：大秦國"以金銀爲錢，銀錢十當金錢一。與安息、天竺交市於海中，利有十倍。其人質直，市無二價。穀食常賤，國用富饒。鄰國使到其界首者，乘驛詣王都，至則給以金錢。其王常欲通使於漢，而安息欲以漢繒彩與之交市，故遮閡不得自達"。《魏略·西戎傳》亦載大秦"常欲通使於中國，而安息圖其利，不能得過。……數與安息諸國交市於海中"。又載："大秦道既從海北陸通，又循海而南，與交趾七郡外夷比，又有水道通益州、永昌，故永昌出異物。"大秦即羅馬帝國。雖然從《後漢書·西域傳》和《魏略·西戎傳》所載該國盛大的規模，顯然不僅指本土，也包括其屬土在內，但此處"王都"應指羅馬，所謂"從海北陸通，又循海而南"[28]，也都是指從本土出發的貿易活動。

7.《魏書·西域傳》載粟特國"其國商人先多詣涼土販貨,及克姑臧,悉見虜。高宗初,粟特王遣使請贖之,詔聽矣"。這是索格底亞那人善於經商在漢文史籍中的最早記載。

8.《魏書·西域傳》載小月氏國"其俗以金銀錢爲貨"。所謂"小月氏國"應即寄多羅貴霜,時佔有乾陀羅等地。[29]

9.《魏書·西域傳》載阿鈎羌國"市用錢爲貨"。

以上表明,自西漢以降,天山以北、帕米爾以西、興都庫什山以南諸國大多從事經商活動。

三、與此相對,有關塔里木盆地諸國商賈活動的報導特別稀少。《漢書·西域傳下》稱:"故輪臺東捷枝、渠犁皆故國……其旁國少錐刀,貴黃金采繒,可以易穀食,宜給足不乏。"似乎表明當時商品經濟尚未發達。以下是僅見的幾則報導:

1.《漢書·西域傳上》僅載疏勒國"有市列,西當大月氏、大宛、康居道也"。

2.《後漢書·西域傳》:元嘉元年于闐侯將輸僰斬西域長史王敬,"懸首於市"。似乎于闐也有市列。《梁書·西北諸戎傳》稱該國王治"有屋室市井",亦可爲證。

3.《晉書·西戎傳》載焉耆國"好貨利,任姦詭"。這當然是晉代的情況。《魏書·西域傳》載:"焉耆爲國,斗絕一隅,不亂日久,獲其珍奇異玩殊方譎詭不識之物,橐駝馬牛雜畜巨萬。""珍奇異玩殊方譎詭不識之物"正是"好貨利"的注腳。

4.《梁書·西北諸戎傳》高昌國:"多草木,草實如蠒,蠒中絲如細纑,名曰白疊子,國人多取織以爲布。布甚軟白,交市用焉。"這似乎表明，在《梁書·西北諸戎傳》描述的時代，高昌國尚以物物交換爲主。

一〇

本節略述對上述記載的一些認識。

一、《史記·大宛列傳》首先將西域諸國按照經濟形態大別爲兩類：行國和土著。行國隨畜，兵强。土著耕田，有城郭屋室。《史記·大宛列傳》這一認識來自張騫首次西使歸國向漢武帝所作的報告，這個報告所涉及的西域國家主要位於葱嶺以西，這是張騫首次西使的目的和當時的形勢決定的。

據同傳，張騫首次西使身臨的西域國家有大宛、康居、大月氏和大夏；此外，還"傳聞其旁大國五六"，應即烏孫、奄蔡、安息、條枝、黎軒和身毒。其中，康居、大月氏、烏孫和奄蔡四者，是典型的騎馬遊牧國家，其餘六國亦即大宛、大夏、安息、條枝、黎軒和身毒則是典型的農耕國家。因此，張騫這樣劃分是合理的。

應該指出的是，西漢最初的西域經營策略在很大程度上是建立在上述認識基礎之上的。蓋據《史記·大宛列傳》，"天子既聞大宛及大夏、安息之屬皆大國，多奇物，土著，頗與中國同業，而兵弱，貴漢財物；其北有大月氏、康居之屬，兵彊，可以賂遺設利朝也。且誠得而以義屬之，則廣地萬里，重九譯，致殊俗，威德徧於四海。"此時確定的這一策略對後世的西域經營有深遠影響。

二、隨著西域經營的展開，西漢對西域諸國經濟情況的認識逐步加深，"行國"、"土著"這兩個概念顯然已不足以用來概括西域諸國的經濟形態。雖然《漢書·西域傳》沿用了"行國"和"土著"兩者，但其內涵已經有所不同。傳文稱大月氏爲"行國"，不用說是承襲了《史記·大宛列傳》；而稱氐羌以及"類羌氏"的西夜爲"行國"，則說明"行國"這一概念的內涵已經產生了變化。氐羌和西夜固然也"隨畜逐水草往來"，與《史記·大宛列傳》所載所謂騎馬遊牧國家烏孫、康居等畢竟不同。

"土著"這一概念，在《漢書·西域傳》中，祇被使用過一次："西域諸國大率土著，有城郭田畜，與匈奴、烏孫異俗，故皆役屬匈奴。"（見《漢書·西域傳上》）這裏所謂"西域"，據同傳，"本三十六國，其後稍分至五十餘，皆在匈奴之西，烏孫之南。南北有大山，中央有河，東西六千餘里，南北千餘里。東則接漢，阸以玉門、陽關，西則限以葱嶺"，大致就是今天的南疆地區。如前所列，上述地區諸國大多兼營田畜，故稱之爲"土著"，與其說是承襲了《史記·大宛列傳》所用"土著"這一概念，毋寧說改變了這一概念的內涵。[30]

對於上述諸國，《漢書·西域傳》在不少地方稱之爲"城郭諸國"，這是該傳編者創造的一個概念。所謂"城郭諸國"的主要特徵可歸結爲"有城郭田畜"，其實多是一些以城郭爲中心的綠洲小國，兼營田畜。

《漢書·西域傳》留意"城郭諸國"的經濟，無非是因爲它們是西漢西域經營的主要對象。

三、《後漢書·西域傳》以下，祇是就各國的具體情況進行描述，"行國"和"土著"乃至"城郭諸國"這些概念不復出現。這也許可以認爲是中原王朝對西域諸國經濟形態的複雜性有了足夠的認識的表現。

四、關於手工業，從以上記載可以推知"西域傳"的編纂者們對於鑄冶業的關心首先在武器製造，其次是鑄幣。對於西域諸國手工業的另一重要的部門——紡織的關心顯然是非常不夠的。至於《魏書·西域傳》間接提及大月氏即貴霜人的玻璃製造技術，無非是出自對外國"奇貨"的興趣。[31]

五、與手工業相同，各傳編纂者對於西域各國商業的關心也是十分有限而且是間接的。有關記述有以下幾個特點：

1. 對於商業，各傳對葱嶺以西諸國也著墨較多，著眼點與其說是貿易和商品，毋寧說是朝獻和貢品。

2. 關於塔里木盆地諸國的商業情況記載最少，這可能表明了當時這些綠洲國家以自給自足、物物交換的自然經濟爲主，以及這些綠洲本身資源貧乏的客觀事實。在一般情況下，這些綠洲祇能作爲東西貿易的中轉站，進行一種所謂的過境貿易。當然，這樣的貨物集散市場形成的重要條件之一是地處交通樞紐。早在《漢書·西域傳》描述的時代，"西當大月氏、大宛、康居道"的疏勒國已經有"市列"或者並非偶然。後來，似乎至遲在《後漢書·西域傳》描述的時代，于闐也有了類似的集市。

3. 《晉書·西戎傳》關於焉耆國人"好貨利"以及《魏書·西域傳》關於該國和龜茲國集聚財富的報道似乎不能作爲這些綠洲

本身商業發達的證據，而祇能說明東西貿易的興旺。

六、有關西域諸國經濟情況的記載總的說來是十分疏略的，一些綠洲小國的經濟各傳均未提及。卽使龜茲這個最大的綠洲國家，經濟情況也居然沒有直接的記載。又如兩漢以降，與中原王朝關係密切的車師諸國的經濟情況也是如此。這突出地表明了"西域傳"編纂者對於經濟缺乏應有的重視。

《史記·大宛列傳》和《漢書·西域傳》涉及烏孫的情況、《魏書·西域傳》涉及悅般的情況。中原王朝對天山以北遊牧部族的關心決定了這一點。在這一帶建立的政權，歷來是中原王朝對抗塞北遊牧部族的天然盟友。[32] 後者對於嚈噠的情況有較詳細的記載也與這個遊牧部族自西向東發展進入天山南北有密切關係。

《漢書·西域傳》以下承襲《史記·大宛列傳》的傳統，繼續記載葱嶺以西諸國的情況，但出發點與《史記·大宛列傳》不盡相同，後者是所謂"重致遠人"的結果。

《後漢書·西域傳》以下各傳一方面承襲前史，一方面又省略前史雷同的情況。例如，鄯善國的經濟情況不載於《後漢書·西域傳》以下各傳，很可能是因爲這個原因。

《晉書·西戎傳》以下對於西域諸國經濟情況的記載更爲簡略，主要原因是西晉以下西域經營的規模遠不如兩漢。中原王朝對西域的控制削弱，對西域經濟發展情況的瞭解也勢必出現許多空白。樓蘭、高昌就是很好的例子。《梁書·西北諸戎傳》僅載高昌國以棉布"交市"，對於後來這一地區出現的金屬貨幣經濟就沒有留下記載。[33]

■ 注釋

[1] 例如：殷晴"古代新疆農墾事業的發展"，《新疆開發史研究》（上冊），新疆人民出版社，1992年，pp. 5-42；"古代新疆商業的發展及商人的活動"，上引書（上冊），pp. 191-218；"新疆古代畜牧業的發展"，上引書（下冊），1995年，pp. 1-32。

[2] 大宛國最初也是塞人部落所建，說見余太山《塞種史研究》，中國社會科學出版社，1992年，pp. 70-86。

[3] 由於相同的原因，《漢書‧西域傳上》又稱：大宛國"土地風氣物類民俗與大月氏、安息同"。

[4] 關於烏孫的經濟情況，詳見王明哲、王炳華《烏孫研究》，新疆人民出版社，1983年，pp. 55-58。

[5] 說詳余太山《嚈噠史研究》，齊魯書社，1986年，pp. 196-199。

[6] 白鳥庫吉"西域史上の新研究"，《白鳥庫吉全集‧西域史研究(上)》（第6卷），東京：岩波，1970年，pp. 57-227, esp. 58-59。

[7] 說詳注2所引余太山書，pp. 102-104。

[8] 參見注2所引余太山書，pp. 118-119。

[9] 《宋書‧索虜傳》："赫連氏有名衛臣者，種落在朔方塞外，部落千餘戶。……苻堅時，衛臣入塞寄田，春來秋去。"可以參看。

[10] 《洛陽伽藍記》卷五稱左末（即且末）"土地無雨，決水種麥，不知用牛，耒耜而田。……城傍花果似洛陽"，則可知南北朝時且末一地的情況。

[11] 白鳥庫吉"條支國考"，《白鳥庫吉全集‧西域史研究(下)》（第7卷），東京：岩波，1971年，pp. 205-236, esp. 209-210。

[12] 關於古代塔里木盆地周圍地區的水利，參看盧勳、李根蟠《民族與物質文化史考略》，民族出版社，1991年，pp. 143-147。

[13] 《魏書·食貨志》："其後復遣成周公萬度歸西伐焉耆，其王鳩尸卑那單騎奔龜茲，舉國臣民負錢懷貨，一時降款，獲其奇寶異玩以巨萬，駝馬雜畜不可勝數。"

[14] 《漢書·西域傳下》稱，小昆彌烏就屠死後，其子拊離代立，爲弟日貳所殺。日貳亡走康居，"漢徙己校屯姑墨，欲候便討焉"。負責屯田的己校"屯姑墨"可能意指屯田姑墨。果然，其時姑墨也有可耕之地。

[15] 關於車師諸國的生產和生活方式，詳見嶋崎昌"姑師と車師前·後王國"，《隋唐時代の東トゥルキスターン研究》，東京，1977年，pp. 3-58。孟凡人《北庭史地研究》，新疆人民出版社，1985年，pp. 38-40。

[16] 《漢書·西域傳下》原文作"乾當國"，似爲"乾當谷"之訛。

[17] 這些文字今本《魏書·高昌傳》作："氣候溫暖，厥土良沃，穀麥一歲再熟，宜蠶，多五果。"

[18] 今本《魏書·西域傳》的有關記載似爲《周書·異域傳下》之文。

[19] 勞費爾《中國伊朗篇》，林筠因漢譯，商務印書館，1964年，pp. 197-199。

[20] 《晉書·呂光載記》所載呂光與獪胡之戰可以參證："胡便弓馬，善矛矟，鎧如連鎖，射不可入，以革索爲羂，策馬擲人，多有中者。衆甚憚之。"

[21] 《太平寰宇記·四夷一〇·西戎二》引《土地十三州志》載："婼羌國……兵長于山谷，短于平地，不能持久，而果於觸突，以戰死爲吉利，病終爲不祥。"

[22] 《水經注·河水二》："釋氏《西域記》曰：屈茨北二百里有山，夜則火光，

書日但煙，人取此山石炭，冶此山鐵，恒充三十六國用。故郭義恭《廣志》云：龜茲能鑄冶。"

[23] 吳仁傑說，王先謙《漢書補注》（卷九六上）引，中華書局影印，1983年，p. 1622。

[24] A. F. P. Hulsewé & M. A. N. Loewe, *China in Central Asia, the Early Stage: 125B.C.-A.D.23*. Leiden, 1979, p. 137, note 348. 汪寧生"漢晉西域與祖國文明"，新疆社會科學院考古研究所編《新疆考古三十年》，新疆人民出版社，1983年，pp. 194-208。

[25] 關於安息卽帕提亞波斯的錢幣見 E. Yarshater, ed., *The Cambridge History of Iran*, vol. 3-(1), *The Seleucid, Parthian and Sasanian Periods*. Cambridge University Press, 1983, pp. 279-298。

[26] 《魏書·西域傳》也提到罽賓國"市用錢"。關於罽賓國的錢幣，參看注2所引余太山書，pp. 150-151。

[27] 參看注2所引余太山書，pp. 168-181。

[28] 參看注2所引余太山書，pp. 182-209。

[29] 寄多羅貴霜的錢幣見 M. F. C. Martin, "Coins of Kidāra and the Little Kushāns." *Journal of Asiatic Society of Bengal*, Series 3, 3 (1937), pp. 23-50。

[30] 這些城郭國家，在《漢書·西域傳》描述的時代，有的是基本定居的，有的可以說是半遊牧半定居的。但有些定居者，更早的時候可能也是遊牧。如《洛陽伽藍記》卷五引"宋雲行紀"載于闐"婦人袴衫束帶，乘馬馳走，與丈夫無異"，似乎表明于闐人原來也是遊牧的。參看注1所引殷晴文（esp. 8）。

[31] 《魏書·西域傳》稱：北魏大臣以爲經營西域"可以振威德於荒外，又可

致奇貨於天府"。

[32]《魏書·高車傳》對於高車情況的記載，性質相同。

[33] 武敏"5世紀前後吐魯番地區的貨幣經濟"，注1所引書（上冊），pp. 219-238。

四　兩漢魏晉南北朝正史"西域傳"所見西域諸國的社會生活

關於西域諸國的衣食住行，正史"西域傳"祇有極其簡略的記載。茲輯錄有關記載，並略述這些記載涉及的一些問題。

一　衣冠服飾

一、塞種和烏孫

1.《漢書·西域傳上》載："休循國……民俗衣服類烏孫，因畜隨水草，本故塞種也。"又載："捐毒國……衣服類烏孫，隨水草，依蔥領，本塞種也。"這似乎說明烏孫之衣服有類塞種。蓋據同傳：

昔匈奴破大月氏，大月氏西君大夏，而塞王南君罽賓。塞種分散，往往爲數國。自疏勒以西北，休循、捐毒之屬，皆故塞種也。

《漢書·西域傳下》載:"烏孫國……本塞地也,大月氏西破走塞王,塞王南越縣度,大月氏居其地。後烏孫昆莫擊破大月氏,大月氏徙,西臣大夏,而烏孫昆莫居之,故烏孫民有塞種、大月氏種云。"既然在《漢書·西域傳》描述的年代,烏孫的居地是原來的塞地,烏孫之民包括原來的塞種,則烏孫的衣服受塞種影響以致類塞種是完全可能的。更何況,"烏孫"與塞種諸部之一的 Asii 不妨視爲同名異譯,烏孫和 Asii 本來可能是同源異流的關係。

2.《漢書·西域傳》又載:無雷國"衣服類烏孫,俗與子合同"。這似乎說明無雷國也與塞種有關。蓋據同傳:"蒲犁及依耐、無雷國皆西夜類也。""西夜"與"塞"其實是同名異譯。[1]《漢書·西域傳》所謂"西夜與胡異,其種類羌氐行國",應該是種類融合的結果。

3.《漢書·西域傳上》又載:尉頭國"衣服類烏孫"。這可以視爲尉頭國與塞種有關的一條證據。蓋"尉頭"與塞種諸部之一 Gasiani 不妨視爲同名異譯。[2]

4.《後漢書·西域傳》載:奄蔡國"民俗衣服與康居同"。據《史記·大宛列傳》,奄蔡與康居均爲行國,逐水草遷徙,民俗衣服應該相同。[3] 不僅如此,兩者都曾經是塞種部落,一度共居塞地,相互影響是難免的。[4]

《晉書·西戎傳》載:康居國"衣服略同大宛"。這似乎表明其時康居已經土著化,其實不然。這是傳文混淆康居傳和粟弋傳而造成的誤解。"衣服略同大宛"的應該是粟弋,而不是康居。[5]

二、車師諸國

車師諸國在古代西域史上扮演著重要角色，遺憾的是對於他們的衣冠服飾可以說沒有什麼記載。唯一的一條是《後漢書·西域傳》所載移支國人"皆被髮"。蓋同傳記載："前後部及東且彌、卑陸、蒲類、移支，是爲車師六國。"而"移支國居蒲類地。……隨畜逐水草，不知田作。所出皆與蒲類同"。由此可知所謂移支與蒲類一樣，原來也是車師之一支。一說傳文僅僅記載移支人"被髮"，說明其餘車師部落皆不"被髮"。[6] 今案：此說未必然。[7]

一則，所謂"被髮"其實很可能指"辮髮"。《周書·突厥傳下》："其俗被髮左衽"；而其實突厥是辮髮的。不管移支作爲車師的一支，原來的族屬如何，他們"被髮"或"辮髮"乃接受北方遊牧部族影響的可能性不能排除，車師諸部多在天山以北，同樣可能接受這種影響。

二則，《梁書·西北諸戎傳》載高昌國（前身爲車師前國高昌壁）人"辮髮"，說明山南的車師人尚且可能接受北方民族的影響，何況山北。

三則，《後漢書·西域傳》編者稱所撰乃"建武以後其事異於先者"。既然《漢書·西域傳》未及車師諸國髮式，按理《後漢書·西域傳》應該敘及。隻字不提，祇能認爲是編者沒有有關的資料，否則，便是移支的髮式可以視作車師的代表。因此，沒有理由從移支"被髮"而推論其餘車師諸國爲"剪髮"。

三、其他城郭諸國

《漢書·西域傳》於西域南北道諸國的衣冠服飾幾乎沒有留下記載。《晉書·西域傳》也祇有以下簡單的幾則：

1. 焉耆：《晉書·西戎傳》載："其俗丈夫翦髮，婦人衣襦，著大袴。"《周書·異域傳》則載："丈夫竝剪髮以爲首飾。"

2. 龜茲：《晉書·西戎傳》載："男女皆翦髮垂項。"

3. 于闐：《梁書·西北諸戎傳》載："王冠金幘，如今胡公帽。與妻並坐接客。國中婦人皆辮髮，衣裘袴。"[8]

4. 渴盤陁：《梁書·西北諸戎傳》載：其人"衣古貝布，著長身小袖袍，小口袴"。[9]

5. 高昌：《梁書·西北諸戎傳》載：其人"辮髮垂之於背，著長身小袖袍、縵襠袴。女子頭髮辮而不垂，著錦纈纓珞環釧"。《周書·異域傳下》則載：其國"服飾，丈夫從胡法，婦人畧同華夏"。

按此，西域南北道各國主要的髮式有二：辮髮和翦髮。

于闐之辮髮，一般認爲乃受藏族之影響，高昌之辮髮，乃受北方遊牧部族之影響。

翦髮，一般認爲是伊朗之風，焉耆、龜茲等翦髮之人，若非本身有伊朗人之血統，便是受其影響。

焉耆、于闐、渴盤陁、高昌諸國均著袴也是值得注意的。儘管式樣各不相同，但都是遊牧風俗無疑。

四、悅般和嚈噠

《魏書·西域傳》載，悅般國"[或做] 胡俗剪髮齊眉，[10] 以醍醐塗之，昱昱然光澤"。"做"字非常重要，應該補入。由此可知悅般習俗中伊朗之風並非原有，而是西遷後所染。

《魏書·西域傳》又載：嚈噠國"衣服類 [胡]，加以纓絡。頭皆剪髮"。《周書·異域傳下》則載：嚈噠國"其俗又兄弟共娶一妻，夫無兄弟者，其妻戴一角帽；若有兄弟者，依其多少之數，更加帽角焉"。《梁書·西北諸戎傳》載：滑國"人皆善射，著小袖長身袍，用金玉爲帶。女人被裘，頭上刻木爲角，長六尺，以金銀飾之"。這一服飾與嚈噠一妻多夫婚俗有關。[11] 至於剪髮，無疑是其人西遷後受薩珊波斯影響使然。

又，《梁書·西北諸戎傳》載："呵跋檀國，亦滑旁小國也。凡滑旁之國，衣服容貌皆與滑同。"今案：據同傳，被稱爲"滑旁小國"的，除呵跋檀外，尚有周古柯和胡蜜丹兩國。胡蜜丹應即《魏書·西域傳》所見鉢和，據載，其人"服氈裘"。

五、波斯

1.《梁書·西北諸戎傳》載波斯婚姻法曰："下聘訖，女壻將數十人迎婦，壻著金線錦袍，師子錦袴，戴天冠[12]，婦亦如之。"

同傳還記載位於波斯東界的末國"土人剪髮，著氈帽，小袖衣，爲衫則開頸而縫前"。

今案：《梁書·西北諸戎傳》所載波斯國很可能不是薩珊波斯，[13] 所述衣冠服飾自然也可能與薩珊波斯無關。

2.《周書·異域傳下》載："王姓波斯氏。坐金羊床，戴金花冠，衣錦袍、織成帔，皆飾以珍珠寶物。其俗：丈夫剪髮，戴白皮帽，貫頭衫[14]，兩廂近下開之，並有巾帔，緣以織成[15]；婦女服大衫，披大帔，其髮前爲髻，後被之，飾以金銀華，仍貫五色珠，絡之於膊。"

今案："坐金羊床，戴金花冠"，據考證應是貴霜－薩珊朝统治者的服飾，此處誤以爲是薩珊國王的服飾。[16] 金花一說是蓮華，[17] 一說是 artichoke（Cynara scolymus）。[18]

六、大秦

兩漢魏晉南北朝正史西域傳於所謂大秦國有非常詳細的記載，但是於該國人民的衣冠服飾幾乎沒有留下有價值的記錄。僅有《後漢書·西域傳》所載"皆髡頭而衣文繡"，以及《魏略·西戎傳》"似中國人而胡服"寥寥數句而已。"衣文繡"或"胡服"皆籠統之言。"髡頭"似與當時羅馬人習俗不合。[19]

二　飲食

按之《史記·大宛列傳》，西域諸國可大別爲土著和行國，其飲食習慣似也可隨之分爲兩大類。前者以穀類爲主，後者以畜產爲主。

《史記·大宛列傳》以下記"土著"諸國時多稱"田稻"、"田稻麥"或"種五穀"。《漢書·西域傳下》載細君公主歌稱烏孫"以肉爲食兮酪爲漿"，則是行國典型的飲食。

土著之國不僅需要穀食，也需要食肉飲乳，故諸國也多有"畜產"；同樣，畜牧爲主要生計的諸國也不能沒有穀食。故《漢書·西域傳上》載"隨畜牧逐水草"的鄯善國"寄田仰穀旁國"。又據《梁書·西北諸戎傳》，定居的高昌"備植九穀，人多噉麨及羊牛肉"；遊牧的滑國"有五穀，國人以麨及羊肉爲糧"。[20]

至於西域諸國的飲料，《史記·大宛列傳》以下記載最多的是蒲陶酒：

《史記·大宛列傳》載：大宛國"有蒲陶酒"。又載："宛左右以蒲陶爲酒，富人藏酒至萬餘石，久者數十歲不敗。俗嗜酒。"同傳還載安息國有"蒲陶酒"；知所謂"宛左右"包括安息在內。

蒲陶酒的主要原料是蒲陶。《漢書·西域傳上》載且末國、難兜國、罽賓等國有"蒲陶諸果"。《後漢書·西域傳》則載粟弋國出"蒲萄衆果，其土水美，故蒲萄酒特有名焉"。據《梁書·西北諸戎傳》，高昌國出"蒲陶酒"、于闐國產"蒲桃"。就現有的記載而言，種植蒲陶、飲蒲陶酒者均爲定居民，無一例外。《晉書·西域傳》稱，康居國有葡萄，其實這是傳文混淆有關粟弋國的記載導致的錯誤。

最後，《漢書·西域傳上》載罽賓國"冬食生菜"，所謂"生菜"無非是新鮮蔬菜而已，蓋據同傳罽賓國氣候"地平，溫和"，冬季亦不乏供應。[21]

三　城郭、宮室和住宅

一、據《史記·大宛列傳》，大宛國"有城郭屋室，其屬邑大小七十餘城"；安息國"城邑如大宛。其屬小大數百城"；[22]大夏國"有城屋，與大宛同俗"。《漢書·西域傳》和《漢書·張騫李廣利傳》所載大宛、安息、大夏諸國城邑情況與《史記·大宛列傳》

略同。大宛等國都是土著。

《後漢書·西域傳》載同爲"土著"的天竺即身毒國"有別城數百"。《魏書·西域傳》則載：南天竺國"有伏醜城，周币十里，城中出摩尼珠、珊瑚。城東三百里有拔賴城，城中出黃金、白真檀、石蜜、蒲萄"。

《後漢書·西域傳》又載："大秦國……地方數千里，有四百餘城。……以石爲城郭。……所居城邑，周圜百餘里。"《晉書·西域傳》載：大秦國"有城邑，其城周迴百餘里"。《魏書·西域傳》"大秦條"僅載："其王都城分爲五城，各方五里，周六十里。"[23]

《魏書·西域傳》載："伏盧尼國，都伏盧尼城……累石爲城。"一說伏盧尼城應即安條克城。[24]但"累石爲城"云云可與《後漢書·西域傳》關於"條支國城在山上，周回四十餘里"的記載參看。換言之，伏盧尼城實際上是安條克城的外港 Seleucia 亦未可知。[25]

《周書·異域傳下》稱："波斯國……治蘇利城……城方十餘里。"[26]結合《魏書·西域傳》和《隋書·西域傳》的有關記載，此處所載應即薩珊波斯之都城。《梁書·西北諸戎傳》載波斯所謂"國有城，周迴三十二里。城高四丈，皆有樓觀。城內屋宇數百千間，城外佛寺二三百所"云云，則未必指薩珊波斯都城。[27]

按照《史記·大宛列傳》的標準，天竺、大秦和波斯，都是土著。

關於西域諸國城郭的建制，各史"西域傳"多語焉不詳。唯據《史記·大宛列傳》，李廣利伐大宛之際，"圍其城，攻之四十餘日，其外城壞，虜宛貴人勇將煎靡。宛大恐，走入中城"，可知大宛都城有內城和外城。[28] 這則記載還說明當時大宛國的城郭十分堅固，已經有較高建築水平。

但是，直至李廣利伐宛之際，大宛人尚不知掘井。《史記·大宛列傳》載："宛王城中無井，皆汲城外流水，於是乃遣水工徙其城下水空以空其城。"於是李廣利"決其水源，移之，則宛固已憂困"。而據同傳，大宛國後因"得秦人，知穿井"。"秦人"一般認爲指中國人。

二、據《史記·大宛列傳》，烏孫"與匈奴同俗"，自然包括居住情況。具體而言，就是《漢書·西域傳下》所謂"穿廬爲室兮旃爲牆"。

和烏孫一樣，嚈噠卽滑國也是典型的行國。《魏書·西域傳》載：嚈噠國"無城邑，依隨水草，以氈爲屋，夏遷涼土，冬逐暖處。分其諸妻，各在別所，相去或二百、三百里。其王巡歷而行，每月一處，冬寒之時，三月不徙"。《梁書·西北諸戎傳》亦載滑國"無城郭，氊屋爲居，東向開戶"。

然據《漢書·西域傳上》，康居國內有卑闐城；《漢書·西域傳下》則載：烏孫"大昆彌治赤谷城"。這說明《史記·大宛列傳》所謂行國同樣有城郭。

騎馬遊牧部族一旦進入農耕區，就很可能走向定居，於是有定都之類舉措。明顯的例子如大月氏。當它剛剛遷入阿姆河流域之際，設王庭於河北，顯然沒有都城，其廬帳而居的情形可以想見。但到《漢書·西域傳》的時代，據載已有王治曰"監氏城"

了。嚈噠的情況也一樣。據《周書·異域傳下》，"嚈噠（即嚈噠）國條"："其王治拔底延城，蓋王舍城也。其城方十餘里。"[29]

但是，一旦遭外敵入侵，已有的城郭也可能失去，例如《魏書·西域傳》載：烏孫國因屢遭柔然侵擾，不得已西徙蔥嶺山中，"無城郭，隨畜牧逐水草"，赤谷城顯然已經放棄。

三、塔里木盆地周圍所謂"城郭諸國"，或以田作爲主，或以畜牧爲主，然多有城郭。

《史記·大宛列傳》首載"樓蘭、姑師邑有城郭"。在《史記·大宛列傳》描述的時代，姑師和樓蘭無疑以畜牧爲主。

樓蘭卽後來的鄯善，《漢書·西域傳上》載其"王治扜泥城"。《周書·異域傳下》載"所治城方一里"。

姑師爲車師之前身，蓋其人後來自鹽澤北遷，分爲數國，佔有天山南北一些綠洲。《漢書·西域傳下》載其中的車師前國王治"交河城"。

據《史記·大宛列傳》，"貳師將軍軍既西過鹽水，當道小國恐，各堅城守，不肯給食。攻之不能下。下者得食，不下者數日則去。"知不僅大宛國貴山城十分堅固，綠洲諸國的城郭也未必不堪一擊。同傳所載漢臣之言："皆有城邑，兵弱易擊"，不完全正確。《魏書·西域傳》稱："于闐去京師幾萬里，蠕蠕之性，惟習野掠，不能攻城，若爲所拒，當已旋矣。雖欲遣使，勢無所及。顯祖以公卿議示其使者，亦以爲然。"這也可說明同樣的問題。

《漢書·西域傳》所傳塔里木盆地周圍諸國王治大多稱"城"。

王治是綠洲諸國的政治、經濟中心。據《晉書・西戎傳》，龜茲國"俗有城郭，其城三重"。[30]《梁書・西北諸戎傳》也說龜茲"城有三重，外城與長安城等"；《周書・異域傳下》載龜茲國"所治城方五六里"，均見城郭之規模。

值得注意的是綠洲國的城郭往往還不止一個。明顯的例子如《周書・異域傳下》載于闐國"所治城方八九里，部內有大城五，小城數十"；焉耆國"部內凡有九城"。前國之地有高昌壁，後來發展成高昌國，《周書・異域傳下》又載高昌"國內總有城一十六"。[31]

四、《漢書・西域傳下》載有一些王治以"谷"爲名的小國，如：蒲類國（王治疏榆谷）和東西且彌國（王治于大谷和兌虛谷），很可能並無城郭可言。《後漢書・西域傳》載東且彌國"廬帳居，逐水草……所居無常"，又載蒲類國"廬帳而居，逐水草"；似可爲證。

然《漢書・西域傳上》所載山居之國亦有城郭。如：烏秅國"山居"，"王治烏秅城"。《漢書・西域傳下》稱山國"民山居"，而據《水經注・河水二》，可知其王"治墨山城"。[32]

據《魏書・西域傳》，其人"居山谷間"、"山居"或"依託山谷"者有伽倍、折薛莫孫（賒彌）、鉗敦、弗敵沙、閻浮謁、朱居、波知等國。前五國據同傳，亦均有都城。其詳情不得而知，傳文提到的僅僅是鉢和卽伽倍"其土尤寒，人畜同居，穴地而處"。[33] 後兩國中，朱居卽悉居半，其前身爲《漢書・西域傳上》之子合，據稱王"治呼犍谷"，則當時似乎並無都城。[34] 至於波知，據傳文"土狹人貧",有無都城,不得而知。

五、以畜牧爲主的綠洲國卽使有城郭,也可能還保留著氈帳而居的習俗。如《後漢書·西域傳》載:永興元年,因更立阿羅多爲王,廢黜前此而立的車師王卑君,"以後部人三百帳別屬役之,食其稅。帳者,猶中國之戶數也"。

土著則多有居室,如《漢書·西域傳上》載罽賓國"其民巧,雕文刻鏤,治宮室",而烏弋山離國亦有與罽賓相似的"宮室"。卽使山居之烏秅國人,同傳也稱其"累石爲室"。

南北道城郭諸國中,宮室之莊麗首推龜茲國。《晉書·西戎傳》載其"王宮壯麗,煥若神居";《梁書·西北諸戎傳》稱其"室屋壯麗,飾以琅玕金玉"。

此外,《魏書·西域傳》載阿鉤羌國"居止立宮室";副貨國"國中有副貨城,周帀七十里。……國王有黃金殿,殿下金駝七頭,各高三尺"。

又,《梁書·西北諸戎傳》載高昌國"其地高燥,築土爲城,架木爲屋,土覆其上";于闐國"有屋室市井。……王所居室,加以朱畫"。

至於《後漢書·西域傳》載大秦國"城中有五宮,相去各十里。宮室皆以水精爲柱";《魏略·西戎傳》載大秦國"其王治濱側河海,以石爲城郭。……以水晶作宮柱及器物";《晉書·西域傳》亦載大秦國"屋宇皆以珊瑚爲梲栭,琉璃爲牆壁,水精爲柱礎";似乎傳說的成份居多。[35]

四　交通工具

一、馬：西域產善馬，不言而喻，無論行國、土著，主要交通工具都應該是馬。各傳屢見諸國產馬的記載，如《史記·大宛列傳》載大宛國"多善馬"；《漢書·西域傳下》載烏孫國"多馬"；《周書·異域傳下》載波斯國"土出名馬及驢，富室至有數千頭者"等等；乃至里程也以"馬行"天數計算。如《漢書·西域傳下》載姑墨國"南至于闐馬行十五日"之類。

值得注意的是《晉書·西戎傳》關於大宛國"與人馬乘不調墜死者，馬主出斂具"的記載。這似乎說明馬作爲交通工具可以租用。

二、馬之外，應是驢和橐它之類家畜。例如：《漢書·西域傳上》鄯善國"有驢馬、多橐它"；《魏書·西域傳》載嚈噠國"多駝馬"，又載萬度歸伐龜茲國，"大獲駝馬而還"。

有趣的是《魏書·西域傳》載烏萇國"西南有檀特山，山上立寺，以驢數頭運食，山下無人控御，自知往來也"。

三、乘象：《後漢書·西域傳》載天竺國"乘象而戰"；又載東離國"乘象、駱駝，往來鄰國。有寇，乘象以戰"。《魏略·西戎傳》則載車離國"乘象、橐駞以戰"。《周書·異域傳下》載波斯國"戰立乘象"。

四、車：《史記·大宛列傳》載安息國"臨媯水，有市，民商賈用車及船，行旁國或數千里"。

《後漢書·西域傳》載大秦國"乘輻輧白蓋小車，出入擊鼓，建旌旗幡幟"。《魏略·西戎傳》、《晉書·西戎傳》所載略同。

《魏書·西域傳》載嚈噠國"其國無車有輿",似乎應該是"無車輿"或"有車無輿"之訛。錄以備考。

五、船:如前所引,臨媯水的安息國用船經商。《漢書·西域傳上》載:"自車師前王廷隨北山,波河西行至疏勒,爲北道。"旣然"波河",或許用船。

臨海之國,自然更需要船。《漢書·西域傳上》稱:"自條支乘水西行,可百餘日,近日所入云。"雖然有濃厚的傳說色彩,當時已有可用於遠航的海船,似無可疑。《後漢書·西域傳》載:"和帝永元九年,都護班超遣甘英使大秦,抵條支。臨大海欲度,而安息西界船人謂英曰:海水廣大,往來者逢善風三月乃得度,若遇遲風,亦有二歲者,故入海人皆齎三歲糧。海中善使人思土戀慕,數有死亡者。英聞之乃止。"亦可爲證。

六、其他交通工具:繩索和鐵鎖。

《漢書·西域傳上》載:"縣度者,石山也,谿谷不通,以繩索相引而度云。"《魏書·西域傳》則載:阿鉤羌國,"國西有縣度山,其間四百里中,往往有棧道,下臨不測之淵,人行以繩索相持而度,因以名之"。又載:賒彌國,"東有鉢盧勒國,路嶮,緣鐵鎖而度,下不見底"。[36]

七、驛傳:《史記·大宛列傳》載張騫首次西使,抵大宛,大宛"爲發導繹,抵康居,康居傳致大月氏"。這是有關西域驛傳的最早記載。

《史記·大宛列傳》又載:"自烏孫以西至安息,以近匈奴,匈奴困月氏也，匈奴使持單于一信，則國國傳送食，不敢留苦；及至漢使，非出幣帛不得食，不市畜不得騎用。所以然者，遠漢，而漢多財物，故必市乃得所欲。"這也是同一時期西域有驛傳的證據。

明確的驛傳記錄見諸《後漢書・西域傳》：大秦國"列置郵亭，皆堊墍之……鄰國使到其界首者，乘驛詣王都"。又載"從安息陸道繞海北行出海西至大秦，人庶連屬，十里一亭，三十里一置，終無盜賊寇警"。《魏略・西戎傳》則載："其制度，公私宮室爲重屋，旌旗擊鼓，白蓋小車，郵驛亭置如中國。從安息繞海北到其國，人民相屬，十里一亭，三十里一置，終無盜賊。但有猛虎、獅子爲害，行道不羣則不得過。"一說雖然羅馬、安息均有驛傳，設 Serai 供隊商止宿，但並非"十里一亭，三十里一置"。這些具體的描述大致是以漢土的制度爲藍本加以理想化的，不可全信。[37]

五　醫藥

一、《後漢書・西域傳》載："西夜國……地生白草，有毒，國人煎以爲藥，傅箭鏃，所中即死。"今案：此"白草"應即"獨白草"。[38]

二、《後漢書・西域傳》又載：于闐國有"胡醫"，能使毒藥致人死命。

三、《魏書・西域傳》載：龜茲國"西北大山中有如膏者流出成川，行數里入地，如餳餬，甚臭，服之髮齒已落者能令更生，病人服之皆愈"。同傳又載悅般國"南界有火山，山傍石皆燋鎔，流地數十里乃凝堅，人取爲藥，卽石流黃也"。案：龜茲西北大山中所出，應卽悅般國人取以爲藥之石流黃。[39]

四、同傳又載：悅般於"真君九年，遣使朝獻。幷送幻人，稱能割人喉脈令斷，擊人頭令骨陷，皆血出［淋落］[40]，或數升或盈斗，以草藥內其口中，令嚼咽之，須臾血止，養瘡一月復常，又無痕瘢。世祖疑其虛，乃取死罪囚試之，皆驗。云中國諸名山皆有此草，乃使人受其術而厚遇之"。此幻術輔以醫術。

六　娛樂

一、《史記·大宛列傳》載條枝國"善眩"。又載安息國曾"以大鳥卵及黎軒善眩人獻于漢"。《漢書·西域傳上》所載略同。"眩人"應卽《後漢書·西南夷傳》所載大秦"幻人"。蓋據《魏略·西戎傳》，大秦國"俗多奇幻，口中出火，自縛自解，跳十二丸巧妙"。今案：眩人或幻人應來自黎軒卽埃及的亞歷山大城。[41]在《後漢書·西南夷傳》和《魏略·西戎傳》描述的時代，黎軒是大秦屬地，故黎軒幻人亦被稱爲大秦幻人。

又如前引《魏書·西域傳》所載悅般國亦有幻人，與海西幻人異曲同工。

二、珍玩：《魏書·西域傳》載萬度歸破焉耆國，"獲其珍奇異物及諸委積不可勝數"。[42]

三、音樂:《周書·異域傳下》載:焉耆國"俗尚蒲桃酒,兼愛音樂"。[43]

四、女市:《魏書·西域傳》載:龜茲國"俗性多淫,置女市,收男子錢入官"。

七 節日

一、《周書·異域傳下》載:焉耆國"俗事天神,並崇信佛法。尤重二月八日、四月八日,是日也,其國咸依釋教,齋戒行道焉"。《荊楚歲時記》載:"二月八日,釋氏下生之日,迦文成道之時,信捨之家建八關齋戒,車輪寶蓋、七變八會之燈,平旦,執香花繞城一匝,謂之行城。"《荊楚歲時記》又載:"四月八日,諸寺設齋,以五色香水浴佛,共作龍華會。"兩者均佛教節日。[44]

二、《周書·異域傳下》又載:波斯國"以六月爲歲首,尤重七月七日、十二月一日,其日,民庶以上,各相命召,設會作樂,以極歡娛。又每年正月二十日,各祭其先死者"。今案:波斯新年在夏至日,即六月二十一日。又,"七月七日"和"十二月一日"之節日可能指乞寒戲。此戲分別在夏季和冬季舉行。慧琳《一切經音義》卷四一載:"蘇莫遮,西戎胡語也。正云颯麈遮。此戲本出西[域]龜茲國,至今由有此曲,此國渾脫、大面、撥頭之類也。或作獸面,或象鬼神,假作種種面具形狀。或以泥水霑灑行人,或持絹索、搭鈎捉人爲戲。每年七月初，公行此戲，七日乃停。土俗相傳云：常以此法攘厭馺趁羅刹惡鬼食啗人民之災也。"[45]而據《舊唐書·中宗紀》，景龍三年（709年）十二月"乙酉，令諸司長官向醴泉坊看潑胡王乞寒戲"。所述龜茲乃至中國的乞寒戲源出波斯。[46]"七月初"或者就是"七月七日"，"十二月乙酉"雖非十二月一日，但無妨視兩者同源。至於正月二十日"祭其先死者"，是什麼性質的節日，有待考證。[47]

八　結語

一、各史"西域傳"關於西域諸國衣食住行等的記載頗爲疏略，但多可印證。

二、有關記載著眼點與其說是西域諸國衣食住行本身，不如說是與華夏的異同。

三、有關葱嶺以西諸國的記載較葱嶺以東爲詳，這也許和中原王朝徠遠人、致殊俗的西域經營觀念有關。

■ 注釋

[1] 參看本書中卷第一篇。

[2] 參看本書中卷第一篇。

[3] 康居西北爲奄蔡，亦係行國。《後漢書·西域傳》稱，奄蔡後改名"阿蘭"。《魏書·吐谷渾傳》載："[吐谷渾]北又有阿蘭國。與鳥獸同，不知鬭戰，忽見異人，舉國便走。土無所出，大養羣畜。體輕工走，逐之不可得。"

[4] 參看余太山《塞種史研究》，中國社會科學出版社，1992年，pp. 118-130。

[5] 參看注4所引余太山書，pp. 102-104。

[6] 白鳥庫吉"亞細亞北族の辮髮に就いて"，《白鳥庫吉全集·塞外民族史研究（下）》（第5卷），東京：岩波，1970年，pp. 231-301, esp. 273-280。

[7] 參看嶋崎昌"姑師と車師前·後王國"，《隋唐時代の東トゥルキスタン研究》，東京，1977年，pp. 3-58。

[8] 《洛陽伽藍記》卷五："從捍麼城西行八百七十八里，至于闐國。王頭著金冠，似雞幘，頭後垂二尺生絹，廣五寸，以爲飾。威儀有鼓角金鉦，弓箭一具，戟二枝，槊五張。左右帶刀，不過百人。其俗婦人袴衫束帶，乘馬馳走，與丈夫無異。"

[9] 王國維"胡服考"，《王國維學術隨筆》，社會科學文獻出版社，2000年，pp. 154-165，指出："魏周之間，又以袴褶之大口廣袖者爲不便，而復狹小之，以爲戎衣。"

[10] 據《通志·四夷三》（卷一九六）、《太平寰宇記·四夷十五·西戎七》（卷一八六）改補。參見內田吟風"魏書西域傳原文考釋（中）"，《東洋史研究》30～2（1971年），pp. 82-101。

[11] 這一服飾與嚈噠一妻多夫婚俗有關。關於嚈噠的一妻多夫婚俗，見余太山《嚈噠史研究》，齊魯書社，1986年，pp. 26-27，155-156。

[12] 天冠，一說即通天冠。《後漢書·輿服志下》："通天冠，高九寸，正豎，頂少邪卻，乃直下爲鐵卷梁，前有山，展筩爲述，乘輿所常服。"波斯人

之"天冠"或許因其高度而得名。

[13] 參看本書中卷第五篇。

[14] 貫頭衫,《漢書·地理志下》:"民皆服布如單被,穿中央爲貫頭。"顔注:"著時從頭而貫之。"或者便是所謂"貫頭衫"。

[15] "織成"之後應據《太平御覽》卷七九四補"錦"字。

[16] 關於金羊床,詳見田邊勝美"ローマと中國の史書に秘められたクシャノ・ササン朝",《東洋文化研究所紀要》124(1994年),pp. 33-101。

[17] E. Herzfeld, *Kushano-Sasanian Coins*. Memoirs of the Archaeological Survey of India No. 38, Calcutta, 1930.

[18] A. D. H. Bivar, "The Kushano-Sassanian Coin Series." *Journal of the Numismatic Society of India* 18 (1956), pp. 13-42.

[19] D. D. Leslie and K. H. J. Gardiner, *The Roman Empire in Chinese Sources*. Roma, 1996, pp. 48, 113.

[20]《洛陽伽藍記》卷五載:朱駒波國"五穀甚豐,食則麵麥,不立屠煞。食肉者,以自死肉"。飲食似乎受宗教信仰的影響。

[21]《舊唐書·西戎傳》稱:罽賓國"草木凌寒不死"。徐松《漢書西域傳補注》卷上引以詮釋"生菜";然《舊唐書·西戎傳》與《漢書·西域傳上》之"罽賓"似非一地。

[22]《史記·大宛列傳》稱:"初,漢使至安息,安息王令將二萬騎迎於東界。東界去王都數千里。行比至,過數十城,人民相屬甚多。"

[23] 白鳥庫吉"大秦傳に現はれたる支那思想",《白鳥庫吉全集·西域史研究(下)》(第7卷),東京:岩波,1971年,pp. 237-302, esp. 271-278, 以爲分爲"五城"之類說法均出諸漢人的想象,並無事實爲依據。

[24] 關於伏盧尼國，參看白鳥庫吉"拂菻問題の新解釋"，《白鳥庫吉全集·西域史研究（下）》（第7卷），東京：岩波，1971年，pp. 403-596，esp. 433-438。

[25] 注4所引余太山書，pp. 187-191。

[26] F. Hirth, "The Mystery of Fu-lin." *Journal of the American Oriental Society*, 33 (1913), pp. 197-198, note 3, 4；注23所引白鳥庫吉文，esp. 434-435；宋峴"弗栗恃薩儻那、蘇刺薩儻那考辨"，《亞洲文明》第3集，安徽教育出版社，1995年，pp. 193-201。

[27] 參看本書中卷第五篇。

[28] 《釋名·釋宮室第一七》（卷五）："郭，廓也，廓落在城外也。"

[29] 參看余太山"嚈噠史若干問題的再研究"，《中國社會科學院歷史研究所學刊》第1集，社會科學文獻出版社，2001年，pp. 80-210。

[30] 《晉書·呂光載記》載：呂光見破龜茲，"見其宮室壯麗，命參軍京兆段業著'龜茲宮賦'以譏之"。

[31] 關於高昌國的城邑，參見嶋崎昌"高昌國の城邑について"，注7所引書，pp. 113-147；侯燦"麴氏高昌王國郡縣城考述"，《高昌樓蘭研究論集》，新疆人民出版社，1990年，pp. 73-84。

[32] 至於《後漢書·西域傳》所載被匈奴迫徙而"逃亡山谷間"的原蒲類國人，大概就不會有城郭了。

[33] 《洛陽伽藍記》卷五載："九月中旬入鉢和國，高山深谷，嶮道如常。國王所住，因山爲城。人民服飾，惟有氈衣。地土甚寒，窟穴而居。風雪勁切，人畜相依。國之南界有大雪山，朝融夕結，望若玉峰。"又載：朱駒波國即朱居國"人民山居"。

[34] 據《大唐西域記》卷一二，斫句迦"國大都城周十餘里，堅峻險固"。斫句迦，一般認爲應即悉居半。或者《魏書·西域傳》沒有關於悉居半國都城的明確記載（僅言"治呼犍谷"），說明在傳文描述的時代還沒有如此規模之都城。玄奘所見"堅峻險固"的都城可能是就地取材，累石而成。

[35] 參見注 23 所引白鳥庫吉文，esp. 285。

[36]《洛陽伽藍記》卷五載："十一月中旬入賒彌國。此國漸出葱嶺，土田嶢峘，民多貧困。峻路危道，人馬僅通。一直一道，從鉢盧勒國向烏場國，鐵鎖爲橋，懸虛而度，下不見底，旁無挽捉，倏忽之間，投軀萬仞，是以行者望風謝路耳。"

[37] 注 23 所引白鳥庫吉文，esp. 280-282。

[38] 獨白草藥效見《本草綱目·草之六》卷一七下。

[39] 石流黃藥效見《本草綱目·金石之五》卷一一。

[40] 據《太平御覽》卷七三七補。

[41] 注 19 所引 D. D. Leslie & K. H. J. Gardiner 書，pp. 150-152，222-223。

[42]《魏書·食貨志》："其後復遣成周公萬度歸西伐焉耆者，其王鳩尸卑那單騎奔龜茲，舉國臣民負錢懷貨，一時降款，獲其奇寶異玩以巨萬，駝馬雜畜不可勝數。度歸遂入龜茲，復獲其殊方瓌詭之物億萬已上。"

[43]《北齊書·恩倖傳》亦提及"西域醜胡、龜茲雜伎"。

[44]《俱舍論疏》卷一："略有二理，一以立正異故，婆羅門國以建子立正，此方先時以建寅立正。建子四月，即建寅二月，故存梵本者而言四月，依此方者，即云二月，根本一也。"《大正新脩大藏經》T41, No. 1822, p. 453。

[45]《大正新脩大藏經》T54, No. 2128, p. 576。

[46] 向達《唐代長安與西域文明》，三聯書店，1957 年，pp. 71-75；岑仲勉

《隋唐史》，中華書局，1982年，p.676；韓儒林"潑寒胡戲與潑水節的起源——讀史隨筆"，《向達先生紀念論文集》，新疆人民出版社，1986年，pp. 100-103；姜伯勤《敦煌藝術宗教與禮樂文明》，中國社會科學出版社，1996年，pp. 537-539。

[47] 關於薩珊波斯的節日，參看 E. Yarshater, ed., *The Cambridge History of Iran*, vol. 3 (2), *The Seleucid, Parthian and Sasanian Periods*. Cambridge University Press, 1983, p. 813。

五　兩漢魏晉南北朝正史"西域傳"所見西域諸國的宗教、神話傳說和東西文化交流

一

兩漢魏晉南北朝正史"西域傳"有關西域宗教的記錄中，佛教最爲豐富。

一、天竺和南亞諸國

1.《後漢書·西域傳》首先明確記載了天竺即印度人信仰佛教："脩浮圖道，不殺伐，遂以成俗。""浮圖"即 Buddha。

2.《魏略·西戎傳》則載有佛誕生故事："臨兒國（Lumbini），《浮屠經》云其國王生浮屠（Buddha）。浮屠，太子也。父曰屑頭邪，母云莫邪。浮屠身服色黃，髮青如青絲，乳青毛，蛉赤如銅。始莫邪夢白象而孕，及生，從母左脅出，生而有結，墮地能行七步。此國在天竺城中。天竺又有神人，名沙律。"[1]"屑頭邪"（Śuddhodana），後通譯作"淨飯王"或"白淨王"，亦音譯作"首圖馱那"，相傳爲迦毗羅衛國國王。"莫邪"（Māyā），意爲"幻"，後通譯作"摩耶"；"沙律"（Śāriputra），釋迦牟尼十大弟子之一，

後通譯作"舍利弗"或"鶖露子"。

3.《魏略·西戎傳》又載："昔漢哀帝元壽元年，博士弟子景盧受大月氏王使伊存口受《浮屠經》曰復立（Buddha）者其人也。《浮屠》所載臨蒲塞（"臨"字乃"伊"字之訛，"伊蒲塞"應爲 upāsaka 之對譯）、桑門（śramaṇa）、伯聞、疏問、白疏閒（三者無考）、比丘（bhikṣu）、晨門（應即桑門），皆弟子號也。……不能詳載，故略之如此。"[2] 此處所謂"大月氏"應指征服了大夏的大月氏，並非貴霜。[3]

4.據《魏書·西域傳》，"小月氏國，都富樓沙城。……其城東十里有佛塔，周三百五十步，高八十丈。自佛塔初建，計至武定八年，八百四十二年，所謂'百丈佛圖'也"。所謂"小月氏國"，應即寄多羅貴霜。"百丈佛圖"，應即同傳所見乾陀國之佛塔；據載："乾陀國……所都城東南七里有佛塔，高七十丈，周三百步，即所謂'雀離（Sula）佛圖'也。"[4]

5.《魏書·西域傳》還載："烏萇國……事佛，多諸寺塔，事極華麗。"[5]

二、塔里木盆地周圍綠洲諸國

1.《晉書·西戎傳》首載西域南北道城郭諸國的佛教："龜茲國……俗有城郭，其城三重，中有佛塔廟千所。"[6]

2.此後，《魏書·西域傳》載疏勒國佛事："高宗末，其王遣使送釋迦牟尼佛袈裟一，長二丈餘。高宗以審是佛衣，應有靈異，遂燒之以驗虛實，置於猛火之上，經日不然，觀者莫不悚駭，心形俱肅。"又載朱居國"咸事佛"；[7] 又載渴槃陀國"亦事佛道"。[8]

3.《周書·異域傳下》載："焉耆國……俗事天神，竝崇信佛法。尤重二月八日、四月八日，是日也，其國咸依釋教，齋戒行道焉。"又載："于闐國……俗重佛法，寺塔僧尼甚衆，王尤信向，每設齋日，必親自洒掃饋食焉。城南五十里有贊摩寺（Tasar-ma Saṃghārāma 大伽藍），即昔羅漢比丘（bhikṣu）、比盧旃（Vairocana）爲其王造覆盆浮圖（stūpa）之所，石上有辟支佛（Pratyekabudaha）趺處，雙跡猶存。"[9]

三、《後漢書·西域傳》載："世傳明帝夢見金人，長大，頂有光明，以問羣臣。或曰：西方有神，名曰佛，其形長丈六尺而黃金色。帝於是遣使天竺問佛道法，遂於中國圖畫形象焉。楚王英始信其術，中國因此頗有奉其道者。後桓帝好神，數祀浮圖、老子，百姓稍有奉者，後遂轉盛。"一般認爲這是佛教入華最早的記載。[10]

對於這些記述，有以下兩點應該指出：

（一）《後漢書·西域傳》論曰："佛道神化，興自身毒，而二漢方志莫有稱焉。張騫但著地多暑溼，乘象而戰，班勇雖列其奉浮圖，不殺伐，而精文善法導達之功靡所傳述。"這是說，二漢方志有關佛教的記載僅僅停留在表面。其實，如果對照《法顯傳》和《洛陽伽藍記》之類記載，不難發現兩漢魏晉南北朝正史"西域傳"有關西域佛教的記載均甚粗疏，不獨兩漢方志。例如：北魏時期，扜彌國事佛，則未見記載。[11] 又如，高昌國亦有佛教信仰，但不見於各史"西域傳"；[12] 諸如此類。

（二）既然《後漢書·西域傳》以下對於西域佛教的記載遠未

能反映西域佛教的全貌，年代更早的《漢書·西域傳》不載西域佛教事情不能成爲傳文描述時代佛教尚未傳入西域之默證，而且不排除《漢書·西域傳》客觀上包含着一些關於西域佛教的信息，例如：

1.《漢書·西域傳上》載烏弋山離國"俗重妄殺"，客觀上很可能是對該國佛教的描述。

2.《漢書·西域傳下》載車師後國王治名"務塗谷"。"務塗"一說是"浮屠"或"浮圖"的音轉。該地後來是可汗浮圖城的所在地。[13] 西漢甚至更早時期，車師國人於佛教已有模糊的認識，乃致以"浮圖"命名其王治不是完全不可能的。

二

佛教之外，各史"西域傳"記載較多的是祆教。

一、《魏書·高昌傳》載高昌國"俗事天神，兼信佛法"。所謂高昌國的"天神"究竟是否祆教之神，抑或天體自然崇拜、道教的天帝神，學界曾翻覆討論，囿於資料，目前尚未得出一致結論。[14]

二、《周書·異域傳下》載波斯國"俗事火祆神"。又載焉耆國"俗事天神，並崇信佛法"。祆教之神既稱"火祆神"，《周書·異域傳下》之"天神"究竟與祆教有無關係，也還是不清楚的。

三、《梁書·西北諸戎傳》載："滑國……事天神、火神，每日則出戶祀神而後食。"一般認爲此處"天神"旣與"火神"連稱，應爲祆教之神。果然，滑國人信仰祆教，當在其人西遷中亞、與波斯人接觸之後。[15]

與佛教相比，"西域傳"關於祆教的記載，更加粗疏和模糊。学界就高昌國人所事"天神"進行討論，根本原因在於"西域傳"的記載含混不清，未能指出其特徵。

另外，應該指出，由於直到《魏書·西域傳》纔出現關於祆教的記錄，長期以來，學界一直認爲"中國之祀胡天神，自北魏始"。[16] 最近，結合伊朗語文獻以及其他文獻資料的研究表明，祆教在公元四世紀初已傳入中國，而西域之有祆神崇拜當不遲於這一年代。[17]

三

在兩漢魏晉南北朝這一時段，西域的重要宗教，除以上各種外，還有婆羅門教、摩尼教和景教等。雖然這些宗教的發源地均在"西域"，但在"西域傳"中沒有得到反映。

不僅如此，摩尼教早在公元三世紀末已經進入中亞，而後便在該地廣爲傳播。[18] 另外，有證據表明，嚈噠人中就有景教徒，[19] 但《魏書·西域傳》以下均無隻字提及。

與佛教一樣，"西域傳"中也可能包含若干有關祆教、景教、婆羅門教的隱性記錄，應該在今後的研究中給予注意。[20]

又，《魏書·西域傳》載"烏萇國……婆羅門胡爲其上族。婆羅門多解天文吉凶之數，其王動則訪決焉"。或許會有人認爲這是有關婆羅門教的記述。[21] 值得注意的是前引同傳的記載表明北魏時期的烏萇國主要是信佛的。同傳所載賒彌國"不信佛法，專事諸神"。[22] "諸神"或者也是婆羅門教神祇。

四

除上述宗教外，"西域傳"還記載了西域諸國一些神話傳說。

一、西王母傳說。《史記·大宛列傳》載："安息長老傳聞條枝有弱水、西王母，而未嘗見。"西王母，一說其原型可能是 Anatolia 的大神母 Koubaba 即 Cybele，而與前十四至前十二世紀存在於敍利亞地中海沿岸的都市國家 Ugarit 所崇拜的 Anat 等神祇亦有淵源。[23]

今案：西王母，在漢文史籍（如《穆天子傳》）中，一直被置於極西之地，至《史記·大宛列傳》始明確這位神祇在地中海東岸，這似乎正與西王母即 Cybele 說暗合。蓋最初 Cybele 祇是諸神之一，前 1180 年左右赫梯帝國滅亡之後，被 Anatolia 新的征服者腓尼基人接受爲族神，地位開始尊顯，影響漸及整個地中海地區，爲希臘羅馬世界接受。

又，繼《史記·大宛列傳》之後，《魏略·西戎傳》有載："大秦西有海水，海水西有河水，河水西南北行有大山，西有赤水，赤水西有白玉山，白玉山有西王母。"這也可以視爲西王母與地中海文明有關的證據。

退一步說，即使其他漢文史籍的西王母另有淵源，上引《史記·大宛列傳》和《魏略·西戎傳》不過是在客觀上將中國的西王母附會於地中海的地母神，仍無妨視這些記錄爲地中海文明影響其以東地區的漢文證據。

二、烏哺狼乳——烏孫的始祖傳說。《史記·大宛列傳》載："是後天子數問騫大夏之屬。騫既失侯，因言曰：臣居匈奴中，聞烏孫王號昆莫，昆莫之父，匈奴西邊小國也。匈奴攻殺其父，而昆莫生弃於野。烏嗛肉蜚其上，狼往乳之。單于怪以爲神，而收長之。"狼應該是烏孫的圖騰獸。

三、脅生傳說。《晉書·西戎傳》"焉耆條"載："武帝太康中，其王龍安遣子入侍。安夫人獪胡之女，姙身十二月，剖脅生子，曰會，立之爲世子。"據研究，脅生是印歐語系特有的神話傳說。[24]

今案：雖然焉耆國人屬印歐語系的可能性不能排除，但此前並無其人脅生的傳說。因此，此時出現的脅生傳說可能得諸獪胡。關於獪胡之淵源，主要有二說，一說與羯族同源，[25] 一說爲悅般之前身。[26] 如果脅生確爲獪胡的傳說，則前說優於後說。

四、龍王傳說：《魏書·西域傳》"波知條"載："有三池，傳云大池有龍王，次者有龍婦，小者有龍子，行人經之，設祭乃得過，不祭多遇風雨之困。"[27]

五

一般認爲，西域的核心地區是漢文化、印度文化、波斯文化、希臘羅馬文化和遊牧文化薈萃之地。而印度、波斯乃至希臘、羅馬在兩漢魏晉南北朝正史"西域傳"中都是作爲"西域"的一部份被記載的；活躍於天山以北遊牧部族從一開始就是西域舞臺上的重要角色，且不說西域諸國與北亞遊牧部族關係之密切。但是，各史"西域傳"有關上述各種文化相互交流影響的記載卻極少見。在茲祇能就字裏行間透露出來的信息作一概略的歸納。

一、漢文化

1. 西漢與西域的交往開始後，特別是西漢開始在西域屯田以後，中國內地先進的生產技術（例如灌溉、鑄冶技術）不斷輸入西域，促進了西域各地經濟的發展。《史記・大宛列傳》載，大宛都城因得秦人而始知掘井，便是一例。[28]

據《漢書・西域傳上》，宛西諸國本"不知鑄鐵器"，"及漢使亡卒降"，始"教鑄作它兵器"。[29]

2. 西漢與烏孫的聯姻，也是漢文化西傳的一個契機。據《漢書・西域傳下》，"漢元封中，遣江都王建女細君爲公主，以妻焉。賜乘輿服御物，爲備官屬宦官侍御數百人，贈送甚盛"。這無疑是一次較大規模的漢文化輸入。[30]

歷代中原王朝均注意聯合天山以北遊牧政權諸如悅般、高車等，以抗衡塞北遊牧部族，這種政治關係必然有利於推動漢文化對西域的輸入，祇是常常被"西域傳"忽略而已。

3. 除聯姻外，西域諸國所納質子回國繼位，往往也伴隨著漢文化的輸入，西漢扶立鄯善國質子尉屠耆便是這方面的一個典型。據《漢書·西域傳上》載，漢殺樓蘭王嘗歸，"乃立尉屠耆爲王，更名其國爲鄯善，爲刻印章，賜以宮女爲夫人，備車騎輜重，丞相［將軍］率百官送至橫門外，祖而遣之"。其實，隨尉屠耆歸國的不僅是上述贈品，更重要的是他作爲質子在中原所接受的漢文化影響。

4. 漢文化的先進性則是西域諸國向往中原王朝的根本原因。《漢書·西域傳》載：宣帝時，龜兹王絳賓娶解憂公主之女爲妻，"元康元年，遂來朝賀。王及夫人皆賜印綬。夫人號稱公主，賜以車騎旗鼓，歌吹數十人，綺繡雜繒琦珍凡數千萬。留且一年，厚贈送之。後數來朝賀，樂漢衣服制度，歸其國，治宮室，作徼道周衛，出入傳呼，撞鐘鼓，如漢家儀。外國胡人皆曰：驢非驢，馬非馬，若龜兹王，所謂蠃也。絳賓死，其子丞德自謂漢外孫，成、哀帝時往來尤數，漢遇之亦甚親密"；可以爲證。

5. 由於地處交通要衝，高昌地區終於成爲北方遊牧文化和中西文化交匯點，但所受各種影響中還是以漢文化的影響最爲深刻。蓋自西晉開始在高昌設立郡縣，諸涼因襲之，後雖稱王獨立，且一度受制於柔然等北方遊牧部族，但漢文化影響已經根深蒂固。官制、刑法、風俗、婚姻、喪葬均與中原大同小異，甚至設學官教授《毛詩》、《論語》、《孝經》等。民間在信仰佛教、祆教的同時，亦有道教信仰，形成諸教並行的情況。[31]

6. 除高昌外，這一時期受漢文化影響較深的西域國家見諸記載的尚有焉耆等。據《晉書·西域傳》，焉耆國"婚姻同華夏"。《周書·異域傳下》所載略同。

7. 由於西域綠洲諸國（即使其中的大國）畢竟勢單力薄，往往在役屬漢的同時又役屬塞北或蔥嶺以西的強大政權，即所謂"兩屬"。[32] 加上地緣因素，在文化上也受到來自塞北或蔥嶺以西的影響，這些影響有時和漢文化結合起來，蔚為奇觀，可惜"西域傳"罕見記載。[33]

二、遊牧文化

天山以北，主要是伊犁河、楚河流域，公元前七世紀以降先後被塞種、大月氏和烏孫佔領，再往西，錫爾河流域則有另一個強大的遊牧部族康居。五世紀以降，伊犁河、楚河流域有悅般、高車等繼烏孫之後興起。這些部族都是典型的遊牧部族，遊牧經濟決定了他們的生活、生產方式、文化面貌。由於這些部族對於天山以南西域地區的遷徙、入侵、控制與佔領，遊牧文化對塔里木盆地綠洲諸國自然也會產生影響。[34]

1. 塞種和大月氏：塞種的習俗和文化，祇在西方史籍中留下一鱗半爪。

據阿喀美尼朝波斯大流士一世（前521—前486年在位）的貝希斯登銘文記載，大流士一世即位後不久，便渡過錫爾河征服了Sakā人，當時塞種不僅佔有伊犁河、楚河流域，還佔有這兩河流域直抵錫爾河的廣大地區。[35] 在貝希斯登記功碑上，鐫刻有作為波斯人俘虜的塞人形象：留著濃密的鬍鬚，戴著又高又尖的帽子。這和希羅多德有關的記載可以互相印證。[36] 有理由認為上述與波斯人爲敵的 Sakā 便是《漢書·西域傳上》所載"塞種"。

塞種佔有伊犂河、楚河流域的歷史可以上溯到公元前七世紀末，他們可能也就是希臘詩人阿里斯鐵阿斯在他描寫其中亞旅行見聞的長詩《獨目人》中提到的伊塞頓人。而據希羅多德記載，伊塞頓人有一種髑髏崇拜的風俗，[37]這種風俗在古代各不同民族之間流傳甚廣。阿里斯鐵阿斯的記載是這種風俗的最早記錄。

至於佔領伊犂河、楚河流域時期的大月氏的文化、習俗，我們所知少得可憐。在《史記·大宛列傳》和《漢書·西域傳》描述的時代，大月氏人已自天山以北遷往阿姆河流域，不過前者仍稱當時的大月氏爲"行國"，由此可以推知，他們在天山以北時，一定以遊牧爲生。

匈奴老上單于（前 174—前 161 年在位）曾打敗伊犂河、楚河流域的大月氏，《史記·大宛列傳》載老上單于殺月氏王，"以其頭爲飲器"，[38]類似的風俗亦見於希羅多德所載斯基泰人。[39]這種風俗與上述伊塞頓人的髑髏崇拜很可能是互爲表裏，或者說是同一風俗的正反面。既然匈奴以此施之月氏王之首，月氏又可能和塞種諸部之一 Gasiani 同源，則月氏人亦染此俗也未可知。[40]

2. 烏孫：天山以北遊牧文化對天山以南城郭諸國的影響，似可以烏孫爲例。蓋據《漢書·西域傳上》，無雷國"衣服類烏孫"；休循國"民俗衣服類烏孫，因畜隨水草，本故塞種也"；捐毒國"衣服類烏孫，隨水草，依葱領，本塞種也"；尉頭國"田畜隨水草，衣服類烏孫"。但無雷、休循、捐毒、尉頭與烏孫很可能有相同的淵源，[41]彼此之間其實並不存在真正意義上的文化交流亦未可知。

3. 悅般：據《魏書·西域傳》載，悅般國於太平真君九年遣使朝魏，"言其國有大術者，蠕蠕來抄掠，術人能作霖雨狂風大雪及行潦［水之池］[42]，蠕蠕凍死漂亡者十二三"。如果結合《梁書·西北諸戎傳》所載芮芮的風俗"能以術祭天而致風雪，前對皎日，後則泥潦橫流，故其戰敗莫能追及。或於中夏爲之，則曀而不雨，問其故，以暝云"，從中不難發現彼此的相似之處。這似乎可以看作塞北與天山以北地區遊牧文化相互影響之一例。

4. 高昌：《梁書·西北諸戎傳》載，其人"辮髮垂之於背，著長身小袖袍、縵襠袴。女子頭髮辮而不垂，著錦纈纓珞環釧"。《周書·異域傳下》亦載高昌"服飾，丈夫從胡法"。此處"胡法"可能指塞北遊牧部族的風俗，"辮髮"之類便是證據。[43]這也是西域受塞北遊牧文化影響的實例。當然，天山以南各國中有許多田畜兼營，而且有的可能原來也是遊牧部族，其服飾與北方部族類似不足爲怪。

三、印度文化

《史記·大宛列傳》載張騫首次西使時在大夏亦即巴克特里亞發現邛竹杖、蜀布。詢問得知乃大夏國賈人"往市之身毒"。這是漢文史籍對於張騫首次西使之際中亞吐火羅斯坦一帶與南亞次大陸來往的最早的報導。

印度文化對西域最重要的影響是佛教的傳播。一般認爲，佛教是經由所謂絲綢之路亦即經由西域南北道傳入中原，但佛教在西域東部亦即塔里木盆地流傳卻晚於中原，[44]時間可能已在東漢中後期。在此之前，衹有一些蛛絲馬蹟可循。

佛教傳入南北道後，逐步形成了若干個中心，最主要的有龜茲、疏勒、于闐、焉耆、鄯善、高昌等，如前文所列。

此外，據《後漢書·西域傳》，東漢之初，匈奴曾"立龜茲貴人身毒爲龜茲王"。[45] 龜茲貴人取名"身毒"，似乎亦可視爲接受印度文化影響的結果。[46]

四、波斯文化

《史記·大宛列傳》載："自大宛以西至安息，國雖頗異言，然大同俗，相知言。"《漢書·西域傳上》稱大月氏國"土地風氣，物類所有，民俗錢貨，與安息同"，安息卽帕提亞波斯。凡此均可視爲早期波斯文化對波斯以外西域地區影響之證據。如前文所列，最主要的影響自然是祆教的傳播。

此外，《魏書·西域傳》載："先是，朝廷遣使者韓羊皮使波斯，波斯王遣使獻馴象及珍物。經于闐，于闐中于王秋仁輒留之，假言慮有寇不達。羊皮言狀，顯祖怒，又遣羊皮奉詔責讓之。"于闐王留波斯馴象及珍物，蓋珍視之。這也許可以視作波斯文化波及于闐之一例。

《魏書·西域傳》又載："嚈噠國……高車之別種，其原出於塞北。自金山而南，[至高宗時已八九十年矣]。……衣服類胡，加以纓絡。頭皆剪髮。"此處所謂"胡"，一般認爲指波斯，蓋"剪髮"乃伊朗之風，嚈噠西遷後始染此風。

除嚈噠外，剪髮之民，據《晉書·西戎傳》，有焉耆和龜茲；[47] 據《魏書·西域傳》，有悅般。今案：《周書·異域傳》既稱波斯人有剪髮之俗，而《梁書·西北諸戎傳》又載波斯附近之末國亦有類似習俗，則指剪髮爲波斯之風，不爲無據。

五、希臘羅馬文化

《史記·大宛列傳》於塞琉古敍利亞和托勒密埃及這兩個希臘王國有簡單的記載。《史記·大宛列傳》以下各傳則對此後興起的羅馬勢力有較多的描述。但是就希臘羅馬文化對東部西域，主要是所謂中亞地區的影響則語焉不詳，可以指出者，僅僅以下數處。

1.《史記·大宛列傳》稱："安息長老傳聞條枝有弱水、西王母，而未嘗見。"[48] 西王母果指Cybele，則可視爲地中海文化影響波斯在漢文史籍中留下的痕蹟。

2.《史記·大宛列傳》載條枝國"善眩"，又稱安息國"以大鳥卵及黎軒善眩人獻于漢"。[49] 這是見諸漢文史籍的希臘化埃及與波斯交往的記載，蓋黎軒卽托勒密埃及王國。[50]

3.《漢書·西域傳上》載：武帝時，漢使文忠曾"與容屈王子陰末赴共合謀"，攻殺罽賓之塞王，立容屈王子陰末赴爲罽賓王。一說陰末赴可比定爲希臘王Hermaeus。[51] 果然，這不僅是漢人和希臘人的最早接觸，也是希臘人在南亞次大陸活動的重要記錄。

4.《後漢書·西域傳》、《晉書·西戎傳》（以及《魏略·西戎傳》）以下均以較大的篇幅記載了所謂大秦國的盛況。所謂大秦，應卽羅馬帝國。這些有關大秦的傳記雖說是漢人的記錄，但多得諸西域諸國。蓋《後漢書·西域傳》有載："至桓帝延熹九年，大秦王安敦遣使自日南徼外獻象牙、犀角、瑇瑁，始乃一通焉。其所表貢，並無珍異，疑傳者過焉。"從這些不無誇飾的敍述中，不難看出當時羅馬帝國在當時西域人心目中的地位。《魏書·西域傳》所謂："其人端正長大，衣服車旗擬儀中國，故外域謂之大秦。"這與其說是羅馬文化與漢文化有某些類似之處，不如說表明在"外域"人心目中羅馬文化堪與漢文化媲美。[52]

六

兩漢魏晉南北朝正史"西域傳"所載西域諸國之間，以及諸國與中原王朝、塞北遊牧部族之間的種種矛盾、衝突往往有文化的色彩。這是異種文化交流乃至融合的一種表現形式。以下僅舉見諸《漢書·西域傳下》的一則較直接而明確的記錄，以見一斑：西漢聯姻烏孫，以公主妻昆莫。"公主至其國，自治宮室居，歲時一再與昆莫會，置酒飲食，以幣帛賜王左右貴人。昆莫年老，語言不通，公主悲愁，自爲作歌曰：吾家嫁我兮天一方，遠託異國兮烏孫王。穹廬爲室兮旃爲牆，以肉爲食兮酪爲漿。居常土思兮心內傷，願爲黃鵠兮歸故鄉。天子聞而憐之，間歲遣使者持帷帳錦繡給遺焉。"其實，給遺帷帳錦繡何嘗能夠消除語言、文化隔膜給漢公主帶來的寂寞和痛苦。

■注釋

[1]《魏略·西戎傳》此則有各種異文傳世，見內田吟風"魏略天竺臨兒傳遺

文集録考證",《惠谷先生古稀記念：淨土の教思想と文化》，京都，佛教大學，1972年，pp. 1013-1022。有關考證除內田吟風此文外，見藤田豐八"佛教傳來に關する魏略の本文につきて"，《東西交涉史の研究・西域篇》，星文館，1943年，pp. 389-406；方廣錩"《浮屠經》考"，《國際漢學》第1輯，商務印書館，1995年，pp. 247-256。

[2] 見注1所引藤田豐八、內田吟風、方廣錩文。

[3] 參看余太山"第一貴霜考"，《中亞學刊》第4輯（1995年），北京大學出版社，pp. 73-96。

[4] 乾陀羅佛教，可參看范祥雍《洛陽伽藍記校注》，上海古籍出版社，1978年，pp. 317-340。另可參看羽溪了諦《西域之佛教》，賀昌羣漢譯，商務印書館，1956年，pp. 357-370。

[5]《洛陽伽藍記》卷五稱，烏場（即烏萇）"國王精進，菜食長齋，晨夜禮佛"。

[6]《晉書・呂光載記》："又進攻龜茲城，夜夢金象飛越城外。光曰：此謂佛神去之，胡必亡矣。"龜茲之佛教，參看注4所引羽溪了諦書，pp. 264-290。

[7] 注4所引羽溪了諦書，pp. 235-241，以爲朱居信仰大乘佛教。

[8] 疏勒之佛教，參看注4所引羽溪了諦書，pp. 391-299。

[9]《洛陽伽藍記》卷五："于闐王不信佛法。有商胡將一比丘名毗盧旃在城南杏樹下，向王伏罪云：今輒將異國沙門來在城南杏樹下。王聞忽怒，即往看毗盧旃。旃語王曰：如來（Tathagāta）遣我來，令王造覆盆浮圖一所，使王祚永隆。王言：令我見佛，當即從命。毗盧旃鳴鐘告佛，即遣羅睺羅變形爲佛，從空而現真容。王五體投地，即於杏樹下置立寺舍，畫作羅睺羅像。忽然自滅，于闐王更作精舍籠之。今覆瓮之影，恆出屋外，見之者

無不回向。其中有辟支佛靴,於今不爛,非皮非綵,莫能審之。"

[10] 參看湯用彤《漢魏兩晉南北朝佛教史》,中華書局,1983 年,pp. 37-39,等。

[11] 《洛陽伽藍記》卷五:"從末城西行二十二里,至捍䴢(案即扜彌)城。[城]南十五里有一大寺,三百餘僧眾。有金像一軀,舉高丈六,儀容超絕,相好炳然,面恆東立,不肯西顧。父老傳云:此像本從南方騰空而來,于闐國王親見禮拜,載像歸,中路夜宿,忽然不見,遣人尋之,還來本處。王卽起塔,封四百戶以供灑掃。戶人有患,以金箔貼像所患處,卽得陰愈。後人於此像邊造丈六像及諸像塔,乃至數千,懸綵幡蓋,亦有萬計。"

[12] 參看注 4 所引羽溪了諦書,pp. 299-305。

[13] 岑仲勉《漢書西域傳地里校釋》,中華書局,1981 年,pp. 491-493。

[14] 見榮新江"祆教初傳中國年代考",《國學研究》第 3 卷(1995 年),pp. 335-353。

[15] 《洛陽伽藍記》卷五載嚈噠佔領下乾陀羅國的情況:"[嚈噠王]治國以來,已經二世。立性兇暴,多行殺戮,不信佛法,好祀鬼神。國中人民,悉是婆羅門種,崇奉佛教,好讀經典,忽得此王,深非情願。""好祀鬼神",或指祆教之神。

[16] 陳垣"火祆教入中國考",《陳垣學術論文集》第 1 集,中華書局,1980 年,pp. 305-307。此文原載北京大學《國學季刊》第 1 卷第 1 期(1923 年)。

[17] 說見注 14 所引榮新江文。另請參看王炳華"從新疆考古資料看中伊文化關係",葉奕良編《伊朗學在中國論文集》第 1 集,北京大學出版社,1993 年,pp. 94-101。

[18] 林悟殊《摩尼教及其東漸》,中華書局,1987 年,pp. 35-45。

[19] 克里木凱特《達·伽馬以前中亞和東亞的基督教》,林悟殊漢譯,淑馨出

版社，1995年，pp. 8-13。

[20] 例如，《後漢書・班梁列傳》載："是時于寘王廣德新攻破莎車，遂雄張南道，而匈奴遣使監護其國。超既西，先至于寘。廣德禮意甚疏。且其俗信巫。巫言：神怒何故欲向漢？漢使有騧馬，急求取以祠我。廣德乃遣使就超請馬。超密知其狀，報許之，而令巫自來取馬。有頃，巫至，超即斬其首以送廣德，因辭讓之。廣德素聞超在鄯善誅滅虜使，大惶恐，即攻殺匈奴使者而降超。超重賜其王以下，因鎮撫焉。"林梅村"從考古發現看祆教在中國的初傳"，《漢唐西域與中國文明》，文物出版社，1998年，pp. 102-112，以爲這是當時于闐信仰祆教的證據。

[21]《洛陽伽藍記》卷五載："八月初入漢盤陀國界。西行六日，登蔥嶺山。復西行三日，至鉢盂城。三日至不可依山。其處甚寒，冬夏積雪。山中有池，毒龍居之。昔有三百商人止宿池側，值龍忿怒，汎殺商人。盤陀王聞之，捨位與子，向烏場國學婆羅門呪，四年之中，盡得其術。還復王位，就池呪龍。龍變爲人，悔過向王。王即徙之蔥嶺山，去此池二千餘里。今日國王十三世祖［也］。"范祥雍校注以爲："此婆羅門謂婆羅門教，奉梵王爲主，佛教徒視爲外道。"今案：前引《洛陽伽藍記》之文稱乾陀羅人民悉是婆羅門種，崇奉佛教，好讀經典；似乎表明婆羅門未必是婆羅門教徒。一說"學婆羅門呪"云云，是烏萇國流行密教的證據；見嚴耀中《漢傳密教》，學林出版社，1999年，p. 17。

[22]《洛陽伽藍記》不見賒彌國"專事諸神"的記載。在《魏書・西域傳》中，賒彌與烏萇，與朱居以下七國爲一組，據云乃採自惠生行紀。而《洛陽伽藍記》卷五有關部份乃雜錄惠生行紀、道榮傳、宋雲家紀而成，與《魏書・西域傳》取捨不盡相同。

[23] 森雅子"西王母の原像——中國古代神話における地母神の研究——",《史學》56～3（1986年），pp. 61-93。

[24] 說詳饒宗頤"中國古代'脇生'的傳說",《燕京學報》新第 3 期（1997年），北京大學出版社，pp. 15-28。

[25] 周一良《魏晉南北朝劄記》，中華書局，1985年，pp. 117-118。

[26] 郭平梁"匈奴西遷及一些有關問題"，中國社會科學院民族研究所歷史研究室編，《民族史論叢》第 1 輯，中華書局，1986年，pp. 103-113。

[27] 《洛陽伽藍記》卷五載：波知國"有水，昔日甚淺，後山崩截流，變爲二池。毒龍居之，多有災異。夏喜暴雨，冬則積雪，行人由之，多致艱難。雪有白光，照耀人眼，令人閉目，茫然無見。祭祀龍王，然後平復"。又，漢盤陀亦有類似傳說，見注 21 所引。

[28] 《漢書·西域傳下》師古注："謂中國人爲秦人，習故言也。"

[29] 《漢書·陳湯傳》亦載，烏孫因"頗得漢巧"而改變了過去"兵刃朴鈍，弓弩不利"的情況，提高了戰鬥力。

[30] 《後漢書·耿恭傳》載："恭至部，移檄烏孫，示漢威德，大昆彌已下皆歡喜，遣使獻名馬，及奉宣帝時所賜公主博具，願遣子入侍。恭乃發使齎金帛，迎其侍子。"又，《宋書·樂志一》："琵琶，傅玄《琵琶賦》曰：漢遣烏孫公主嫁昆彌，念其行道思慕，故使工人裁箏、筑，爲馬上之樂。欲從方俗語，故名曰琵琶，取其易傳於外國也。"

[31] 參看榮新江"吐魯番的歷史與文化"，《吐魯番》，三秦出版社，1987年，pp. 26-85；姜伯勤"高昌胡天祭祀與敦煌祆祀"，《敦煌藝術宗教與禮樂文明》，中國社會科學出版社，1996年，pp. 477-505。

[32] 參看本書附卷二第二篇。

[33]《洛阳伽蓝记》卷五:"从鄯善西行一千六百四十里,至左末城。……城中圖佛與菩薩,乃無胡貌,訪古老,云是呂光伐胡時所作。"尼雅所出佉盧文和漢文簡牘,形製類似内地;也說明同樣的問題。

[34] 高車的活動習慣上被歸入塞北史的範疇,在此不予涉及。

[35] 參看余太山《塞種史研究》,中國社會科學出版社,1992年,pp. 1-23。

[36] 希羅多德《歷史》(VII, 64):"屬於斯基泰人的 Sacae 人戴著一種高帽子,帽子又直又硬,頂頭的地方是尖的。他們穿著褲子,帶著他們本國自製的弓和短劍,此外還有他們稱之爲撒伽利司的戰斧。"王以鑄漢譯本,商務印書館,1985年,p. 494。這裏描寫的是隨同薛西斯一世(前486—前465年在位)遠征希臘的塞人戰士。穿褲子是遊牧人的典型裝束。

[37] 希羅多德《歷史》(IV, 26):"據說 Issedones 人有這樣的一種風俗。當一個人的父親死去的時候,他們所有最近的親族便把羊帶來,他們在殺羊獻神并切下它們的肉之後,更把他們主人的死去的父親的肉也切下來與羊肉混在一起供大家一起食用。至於死者的頭,則他們把它的皮剥光,擦淨之後鍍上金,他們把它當作聖物來保存,每年都要對之舉行盛大的祭典。就和希臘人爲死者舉行年忌一樣,每個兒子對他的父親都要這樣做。至於其他各點,則據說這種人是一個尊崇正義的民族,婦女和男子是平權的。"見王以鑄漢譯本,pp. 275-276。

[38]《史記集解》(卷一二三)引韋昭曰:"飲器,椑榼也。單于以月氏王頭爲飲器。"晉灼曰:"飲器,虎子之屬也。或曰飲酒器也。"《漢書·張騫李廣利傳》師古注:"《匈奴傳》云'以所破月氏王頭共飲血盟',然則飲酒之器是也。韋云椑榼,晉云獸子,皆非也。椑榼,卽今之偏榼,所以盛酒耳,非用飲者也。獸子,褻器,所以溲便者也。椑,音鼙。"

[39] 希羅多德《歷史》(IV, 65):"……至於首級本身,他們并不是完全這樣處理,而祗是對他們所最痛恨的敵人纔是這樣的。每個人都把首級眉毛以下的各部鋸去并把剩下的部份弄乾淨。如果這個人是一個窮人,那末他祗是把外部包上生牛皮來使用;但如果他是個富人,則外面包上牛皮之後,裏面還要鍍上金,再把它當作杯子來使用。"王以鑄漢譯本,p. 290。

[40] 關於髑髏崇拜,參看重松俊章"髑髏飲器考",《桑原博士還曆記念東洋史論叢》,京都,弘文堂,1934 年,pp. 173-189;白鳥清"髑髏の盟に就て",《史學雜誌》39~7(1928 年),pp. 734-735;"髑髏飲器使用の風習と其の傳播(上、下)",《東洋學報》20~3(1933 年),pp. 121-145;20~4(1933 年),pp. 139-155;Ma Yong, "A Study on 'Skull-Made Drinking Vessel'." *Religious and Lay Symbolism in the Altaic World and other Papers*. Wiesbaden, 1989, pp. 184-190.

[41] 注 35 所引余太山書,pp. 210-215。

[42] 據《法苑珠林·感應緣》卷六一補。

[43] 白鳥庫吉"亞細亞北族の辮髮に就いて",《白鳥庫吉全集·塞外民族史研究(下)》(第 5 卷),東京:岩波,1970 年,pp. 231-301。

[44] 哀帝元壽元年(前 2 年),景盧受大月氏使伊存口授浮屠經。

[45]《梁書·西北諸戎傳》亦有類似記載。

[46]《洛陽伽藍記》載左末(且末)城中圖佛與菩薩"乃無胡貌",可以視爲印度文化與漢文化融合之一例。

[47]《周書·異域傳下》亦載焉耆国人"剪髮"。

[48]《漢書·西域傳上》亦載條支國"善眩",以及"安息長老傳聞條支有弱水、西王母,亦未嘗見也。自條支乘水西行,可百餘日,近日所入云",則是

承襲《史記·大宛列傳》的記載。

[49] 眩人,《史記索隱》(大宛列傳) 引韋昭云:"變化惑人也。"《漢書·張騫李廣利傳》所傳略同, 師古注:"眩, 讀與幻同。卽今吞刀吐火, 植瓜種樹, 屠人截馬之術皆是也。本從西域來。"且引應劭曰:"眩, 相詐惑也。鄧太后時, 西夷檀國來朝賀, 詔令爲之。而諫大夫陳禪以爲夷狄僞道不可施行。後數日, 尚書陳忠案《漢舊書》, 乃知世宗時犛靬獻見幻人, 天子大悅, 與俱巡狩, 乃知古有此事。"《後漢書·陳禪傳》:"永寧元年, 西南夷撣國王獻樂及幻人, 能吐火, 自支解, 易牛馬頭。明年元會, 作之於庭, 安帝與羣臣共觀, 大奇之。"《後漢書·西南夷傳》:"永寧元年, 撣國王雍由調復遣使者詣闕朝賀, 獻樂及幻人, 能變化吐火, 自支解, 易牛馬頭。又善跳丸, 數乃至千。自言我海西人, 海西卽大秦也。撣國西南通大秦。"

[50] 注 35 所引余太山書, pp. 182-209。

[51] W. W. Tarn, *The Greeks in Bactria and India*. Cambridge, 1951, pp. 339-343, 416-420, 469-473.

[52]《史記正義》(卷一二三) 引萬震《南州志》:"大月氏……城郭宮殿與大秦國同。"不知是否可以視爲中亞地區受希臘羅馬文化影響的例證。

六　兩漢魏晉南北朝正史"西域傳"所見西域諸國的制度和習慣法

西域諸國的王位繼承、職官、刑罰、婚喪和其他制度、習慣法，在兩漢魏晉南北朝正史"西域傳"中沒有系統的記載，學者們大多結合其他文獻和出土文書等進行研究。在此無意全面研究上述諸問題，僅就傳文涉及的部份略述己見。

一　王位繼承

兩漢魏晉南北朝正史"西域傳"記載了烏孫、疏勒、嚈噠、波斯四國的王位繼承制。

1. 烏孫：據《史記·大宛列傳》，烏孫的開國昆莫"有十餘子，其中子曰大祿，彊，善將衆，將衆別居萬餘騎。大祿兄爲太子，太子有子曰岑娶，而太子蚤死。臨死謂其父昆莫曰：必以岑娶爲太子，無令他人代之。昆莫哀而許之，卒以岑娶爲太子。大祿怒其不得代太子也，乃收其諸昆弟，將其衆畔，謀攻岑娶及昆莫。昆莫老，常恐大祿殺岑娶，予岑娶萬餘騎別居，而昆莫有萬餘騎自備，國眾分爲三，而其大總取羈屬昆莫"。太子是中子大祿之兄，儘管大祿"彊，善將眾"，太子早死，還是以太子之子岑娶爲太子。這表明烏孫實行長子繼承制。昆莫"常恐大祿殺岑娶"，以致國分爲三，是一般長子繼承制經常遇到的挑戰，不一定是這種制度尚未完全確立的表現。

嗣後，《漢書·西域傳下》載："昆莫死，岑娶代立。……岑娶胡婦子泥靡尚小，岑娶且死，以國與季父大祿子翁歸靡，曰：泥靡大，以國歸之。"儘管翁歸靡即位後，烏孫國力強盛，且因復尚漢主解憂，得到漢的支援，但他欲"以漢外孫元貴靡爲嗣"的企圖並未得逞。翁歸靡死後，"烏孫貴人共從本約，立岑娶子泥靡代爲昆彌，號狂王"。儘管漢願以元貴靡爲嗣，元貴靡仍難免被廢黜的命運。這也是長子繼承制在起作用。

至於後來翁歸靡一系被分立爲大小昆彌，是外部勢力干涉的結果。而大小昆彌無疑也實行長子繼承制，出現的例外都是烏孫內外各利益集團相互鬥爭的結果。

2. 疏勒：《後漢書·西域傳》載："安帝元初中，疏勒王安國以舅臣磐有罪，徙於月氏，月氏王親愛之。後安國死，無子，母持國政，與國人共立臣磐同產弟子遺腹爲疏勒王。臣磐聞之，請月氏王曰：安國無子，種人微弱，若立母氏，我乃遺腹叔父也，我當爲王。月氏乃遣兵送還疏勒。國人素敬愛臣磐，又畏憚月氏，卽共奪遺腹印綬，迎臣磐立爲王，更以遺腹爲磐槖城侯。"臣磐被迎立，遺腹遭廢黜，其實也是疏勒實行長子繼承制的結果。蓋

"若立母氏"，則臣磐爲長。

3. 嚈噠：《魏書·西域傳》載："王位不必傳子，子弟堪任，死便授之。"這恐怕是嚈噠初起時的情況。

4. 波斯：《周書·異域傳下》載："王卽位以後，擇諸子內賢者，密書其名，封之於庫，諸子及大臣皆莫之知也。王死，乃衆共發書視之，其封內有名者，卽立以爲王，餘子各出就邊任，兄弟更不相見也。"《周書·異域傳下》所謂"波斯"應卽薩珊波斯，所載王位繼承法似乎不見其他記載，或可補西史之不足。[1]

二　職官

最早詳細記載西域諸國職官的是《漢書·西域傳》。據載，"最凡國五十，自譯長、城長、君、監、吏、大祿、百長、千長、都尉、且渠、當戶、將、相至侯、王，皆佩漢印綬，凡三百七十六人。而康居、大月氏、安息、罽賓、烏弋之屬，皆以絕遠不在數中，其來貢獻則相與報，不督錄總領也。"其中見諸城郭諸國專條者可分類羅列如下：

1. 譯長：且末、精絕、于闐、皮山、烏壘、危須、卑陸後國、郁立師、單桓、蒲類後國、劫國、山國、車師後國各一人；鄯善、扜彌、疏勒、姑墨、溫宿、尉犂、卑陸、車師前國各二人（疏勒、卑陸稱"左右譯長"）；焉耆三人；莎車、龜茲各四人。諸國多有譯長，可見當時西域語言環境之複雜。

2. 城長：于闐有東西城長各一人。另外，車師後城長國亦當有"城長"。[2]

3. 君：名目繁多，然可大別爲四類。

第一類爲騎君。扞彌、于闐、莎車、疏勒、尉頭、姑墨、溫宿、龜茲、危須、西且彌均有左右騎君。僅皮山、烏孫國各有騎君一人。騎君之設，可能是因爲這些綠洲國均有騎兵。

第二類爲擊胡或卻胡君。尉犂、危須各有擊胡君一人，焉耆有"擊胡左右君"各一人，又有"擊胡君"二人。[3] 龜茲有卻胡君三人。《漢書·西域傳》之"胡"均指匈奴，"擊胡"和"卻胡"均針對匈奴而言。有趣的是設此官者爲尉犂、危須、焉耆三國，而《漢書·西域傳上》載："匈奴西邊日逐王置僮僕都尉，使領西域，常居焉耆、危須、尉黎間，賦稅諸國，取富給焉。"可知三國與匈奴關係極其密切。因此，此君可能是三國歸漢後所設。

第三類包括鄯善、焉耆的擊車師君、莎車的備西夜君和焉耆的歸義車師君（各一人）。鄯善、焉耆之"擊車師君"當設於車師歸漢之前。但車師歸漢，並不意味着與鄯善、焉耆就沒有矛盾。兩國設"擊車師君"則說明了這些歸漢的綠洲國有一定的自主權。莎車的"備西夜君"也說明了同樣的問題：西夜與匈奴不同，未聞曾與漢爲敵，既與莎車同屬漢西域都護，按理莎車不應設置此官。故此君之設，反映了莎車與西夜的關係，也表明了莎車國具有某種意義的自主權。更有意思的是焉耆所設"歸義車師君"。此君無疑是焉耆爲歸順的車師人所設。[4]

第四類包括龜茲的左右力輔君、車師前國的車師君、通善君、鄉善君（各一人）和車師後國的導民君。"通善君、鄉善君"，甚至"導民君"都可能設於車師歸漢之後。

4. 千長：龜茲有東西南北部千長各二人。

5. 都尉：小宛、扜彌、皮山、尉頭、溫宿、龜茲、尉犁、危須、焉耆、烏貪訾離、卑陸國、郁立師、單桓國、蒲類前後國、東且彌國、狐胡國、山國、車師後國均有左右都尉各一人。莎車國有"都尉二人"，似無左右之號。烏孫、蒲犁、疏勒、姑墨、卑陸後國、劫國、車師前國均有都尉一人。"都尉"名稱雖然與漢官相同，但應該是諸國原有官職，不過是譯成"都尉"而已。當然，也可能是諸國採用漢的官職名稱。

此外，鄯善有鄯善都尉、精絕國有精絕都尉各一人。

龜茲有卻胡都尉一人，危須國有擊胡都尉一人、焉耆國有擊胡都尉二人。"卻胡"或"擊胡"都尉之設，原因或與設擊胡或卻胡君同。

鄯善、龜茲有擊車師都尉各一人。"擊車師都尉"和"擊車師君"性質相同，均針對來自車師的侵略而設，衹是前者職權高於後者。

車師前國有歸漢都尉一人；不言而喻，設於歸漢之後。

烏壘、渠犁各有城都尉一人。鑒於兩國至武帝末已不復存在，城都尉有可能是漢官。

6. 且渠：鄯善有左右且渠。

7. 將：且末、精絕、扜彌、于闐、皮山、莎車、疏勒、姑墨、溫宿、龜茲、尉犁、危須、焉耆、卑陸、蒲類、西且彌、山國、車師前後國[5]均有左右將各一人，卑陸後國"將二人"，單桓國、蒲類後國均有將一人。另外，烏孫國有"左右大將二人"、"大將"一人。

8.相：烏孫國有相一人。《後漢書·西域傳》載莎車國有國相；"國相"可能就是《漢書·西域傳》所見相。

9.侯：鄯善、且末、小宛、扜彌、于闐、莎車、疏勒、姑墨、溫宿、龜茲、焉耆、烏貪訾離、卑陸前後國、郁立師、單桓、蒲類前後國、劫國、狐胡、山國、車師前國均有輔國侯一人。[6]龜茲、車師前國均另有安國侯一人。尉犁有安世侯一人。

疏勒有疏勒侯、姑墨有姑墨侯、尉犁有尉犁侯、西且彌國有西且彌侯、東且彌國有東且彌侯。這些冠以國名的侯，地位應在輔國侯之上。

鄯善國有卻胡侯一人，疏勒、龜茲、危須、車師後國均有擊胡侯一人，焉耆國有擊胡侯、卻胡侯各一人。"卻胡"或"擊胡"侯地位當在卻胡都尉、擊胡都尉和卻胡君、擊胡君之上。諸國設以"卻胡"、"擊胡"命名的侯、都尉、君，說明諸國對於防禦匈奴有較完整的組織系統。

另外，蒲犁國有侯一人，烏孫國有侯三人，名號不詳。[7]

10.大都尉丞：龜茲有大都尉丞一人，地位似乎尚在輔國侯之上。

11.以下職官似乎是烏孫國獨有的：大祿一人，大監二人，大吏一人，舍中大吏二人，以及岑陬等。"岑陬"，傳文稱："官號也。"很可能是上述諸稱號之一的烏孫語音譯。[8]

12.翎侯,除烏孫外,還見諸康居[9]、大夏諸國。《漢書·西域傳上》載大夏"有五翎侯",烏孫、康居等國翎侯數不得而知。《漢書·西域傳上》所載康居有五小王。這五個小王也許就是五個翎侯。[10]

13.太子,作爲王儲,各國均應設置,但明確見諸記錄的不多。僅《史記·大宛列傳》提及大月氏、烏孫國有太子,《漢書·西域傳》提及扜彌、烏孫、車師等國的太子,《後漢書·西域傳》提及莎車、于寶國的太子等。[11]

14.職官有漢朝特置者,如《漢書·西域傳下》所載:"會宗以翎侯難栖殺末振將,雖不指爲漢,合於討賊,奏以爲堅守都尉。""元始中,卑爰疐殺烏日領以自效,漢封爲歸義侯。"《後漢書·西域傳》載:"順帝永建二年,[疏勒王]臣磐遣使奉獻,帝拜臣磐爲漢大都尉,兄子臣勳爲守國司馬。"又載:"順帝永建元年,勇率[車師]後王農奇子加特奴及八滑等,發精兵擊北虜呼衍王,破之。勇於是上立加特奴爲後王,八滑爲後部親漢侯。"諸如此類,茲不一一。

15.葱嶺以西諸國,《漢書·西域傳上》僅載大宛國有"副王、輔國王各一人"。

16.兩漢以後,城郭諸國職官不見記載。唯一的例外是高昌。《梁書·西北諸戎傳》載:"國人又立麴氏爲王,名嘉。……官有四鎮將軍及雜號將軍,長史,司馬,門下校郎,中兵校郎,通事舍人,通事令史,諮議,校尉,主簿。"[12]而據《周書·異域傳下》載:"官有令尹一人,比中夏相國;次有公二人,皆其王子也，一爲交河公，一爲田地公；次有左右衛；次有八長史，曰吏部、祠部、庫部、倉部、主客、禮部、民部、兵部等長史也；次有建武、威遠、陵江、殿中、伏波等將軍；次有八司馬，長史之副也；次有侍郎、校書郎、主簿、從事，階位相次，分掌諸事；次有省事，專掌導引。其大事決之於王，小事則世子及二公隨狀斷決。平章錄記，事訖即除，籍書之外，無久掌文枢。官人雖有列位，並無曹府，唯每旦集於牙門評議衆事。諸城各有戶曹、水曹、田曹。每城遣司馬、侍郎相監檢校，名爲城令。"[13]

有關麴氏高昌官制已有許多研究，[14]這些研究的特點是充分利用了出土資料。在此祇打算指出"西域傳"本身涉及的幾個問題。

其一，《梁書·西北諸戎傳》所謂"四鎮將軍"似應包括《周書·異域傳下》所見"左右衛"；所謂"雜號將軍"應即《周書·異域傳下》所謂"建武、威遠、陵江、殿中、伏波等將軍"；所謂"長史"應即《周書·異域傳下》所謂"八長史"；所謂"司馬"應即《周書·異域傳下》所謂"八司馬"；所謂"門下校郎，中兵校郎"，應即《周書·異域傳下》所謂"校書郎"；所謂"主簿"應即《周書·異域傳下》之"主簿"。

其二，《梁書·西北諸戎傳》所載通事舍人、通事令史、諮議和校尉不見載於《周書·異域傳下》，而後者所載從事、省事，以及戶曹、水曹、田曹等也不見載於《梁書·西北諸戎傳》。雖然有關高昌國官制的記載總的說來《周書·異域傳下》詳於《梁書·西北諸戎傳》，但《梁書·西北諸戎傳》亦有可補《周書·異域傳下》者。

其三，《晉書·西戎傳》以下各史"西域傳"於西域城郭諸國職官獨詳高昌麴氏王國，其原因主要在於西晉以降、直至南北朝結束，中原王朝一般不能直接控制高昌以西，同時麴氏高昌與中原王朝保持著較爲密切的政治、經濟和文化的聯繫（職官之設多做內地，就是最好的說明）。

17. 波斯、大秦。

關於波斯，據《周書·異域傳下》記載："王於其國內別有小牙十餘所，猶中國之離宮也。每年四月出遊處之，十月仍還。"[15]

又載："國人號王曰醫嚾（pāti-χšāh），妃曰防步率（bānbišn），王之諸子曰殺野（šahryār）。大官有摸胡壇（magupatān），掌國內獄訟；（泥）[渴]忽（汗）[汙]（ganzwar），掌庫藏關禁；地卑勃（dipīrvar），掌文書及衆務；次有遏羅訶地（Argade = Argabeδ），掌王之內事；薛波勃（spāh-pat），掌四方兵馬。其下皆有屬官，分統其事。"[16]

關於大秦，據《後漢書·西域傳》載："各有官曹文書。置三十六將，皆會議國事。其王無有常人，皆簡立賢者。國中災異及風雨不時，輒廢而更立，受放者甘黜不怨。"

《魏略·西戎傳》則載："其國置小王數十，其王所治城周回百餘里，有官曹文書。王有五宮，一宮間相去十里，其王平旦之一宮聽事，至日暮一宿，明日復至一宮，五日一周。置三十六將，每議事，一將不至則不議也。王出行，常使從人持一韋囊自隨，有白言者，受其辭投囊中，還宮乃省爲決理。"《晉書·西戎傳》和《魏書·西域傳》所載略同。

或以爲以上記載可能是對於羅馬共和政體的不確切記述；國中"災異"而更立君主之類，大概是中國人理想化的結果；"五宮"或"五城"也是按照中土的五行思想，糅合堯舜虞傳說而設計的；事實上並不存在。[17]

要之，除麴氏高昌外，《晉書》以下各史的"西域傳"記載西域諸國官制的興趣均集中於波斯和大秦。除了這兩者本身是當時西域最大國之外，與中原王朝一貫的徠遠人、致殊俗的思想不無關係。

三　刑罰

1.《魏書·西域傳》載烏萇國："人有爭訴，服之以藥，曲者發狂，直者無恙。爲法不殺，犯死罪唯徙於靈山。"[18] 今案：服藥以斷曲直，卽所謂"神判"，早就流行於南亞。[19] 又，《洛陽伽藍記》卷五引"宋雲行紀"載當時烏場"國王精進，菜食長齋，晨夜禮佛"。該國廢止死罪或與信佛有關。

2.《周書·異域傳下》載高昌國刑法"與華夏小異而大同"。這是指麴氏高昌的情況。麴氏高昌深受內地文化影響，刑法自不能例外。

3.《周書·異域傳下》載龜茲國刑法："殺人者死，劫賊則斷其一臂，並刖一足。"[20] 又載于闐國刑法："殺人者死，餘罪各隨輕重懲罰之。"

4. 此外，《魏書·西域傳》載嚈噠國"用刑嚴急，偷盜無多少皆腰斬，盜一責十"。《周書·異域傳下》則載嚈噠國刑法"與突厥畧同"。[21]

《周書·異域傳下》又載波斯國刑法："重罪懸諸竿上，射而殺之，次則繫獄，新王立乃釋之；輕罪則劓、刖若髡，或翦半鬚，及繫排於項上，以爲恥辱；犯彊盜者，禁之終身；姦貴人妻者，男子流，婦人割其耳鼻。"今案：這類刑罰似乎不見於其他記載。

四　婚喪

1. 天山以北遊牧諸國的情況可以烏孫爲代表。

烝母報嫂。《漢書·西域傳下》載："昆莫年老，欲使其孫岑陬尚公主。公主不聽，上書言狀，天子報曰：從其國俗，欲與烏孫共滅胡。岑陬遂妻公主。"又載："昆莫死，岑陬代立。……岑陬尚江都公主，生一女少夫。公主死，漢復以楚王戊之孫解憂爲公主，妻岑陬。"岑陬死，季父大祿子翁歸靡立，"復尚楚主解憂，生三男兩女"。又載：翁歸靡死，烏孫貴人立岑陬子泥靡代爲昆彌，號狂王，"狂王復尚楚主解憂，生一男鴟靡"。[22]

一夫多妻。《史記·大宛列傳》載："烏孫以千馬匹聘漢女，漢遣宗室女江都翁主往妻烏孫，烏孫王昆莫以爲右夫人。匈奴亦遣女妻昆莫，昆莫以爲左夫人。"《漢書·西域傳下》所載同。

2. 天山以南城郭諸國，有以下一些記載：

樓蘭：《漢書·西域傳上》載："樓蘭王後妻，故繼母也。"這是說樓蘭的婚俗與烏孫有類似之處。

焉耆：《晉書·西戎傳》載："婚姻同華夏。"《周書·異域傳下》所載略同。這可能是自《晉書·西戎傳》描述的時代及其以後的情況。《周書·異域傳下》又載焉耆國實行火葬："死亡者皆焚而後葬，其服制滿七日則除之。"既然同傳稱其人"崇信佛法"，火葬或者與此有關。[23]

龜茲：《周書·異域傳下》載龜茲國婚姻、喪葬"與焉支畧同"。[24]

高昌國：《梁書·西北諸戎傳》載其國"姻有六禮"。《周書·異域傳下》載其"婚姻、喪葬，與華夏小異而大同"。"姻有六禮"之類，乃受漢文化影響的結果，蓋據《魏書·高昌傳》載："彼之甿庶，是漢魏遺黎，自晉氏不綱，因難播越，成家立國，世積已久。"[25]

3. 葱嶺以西的遊牧國家可以嚈噠爲代表。

一夫多妻和族外婚。《魏書·西域傳》載其王"分其諸妻，各在別所，相去或二百、三百里。其王巡歷而行，每月一處，冬寒之時，三月不徙。……與蠕蠕婚姻"。[26]

記載表明嚈噠人一度在實行一夫多妻的同時又實行一妻多夫。《梁書·西北諸戎傳》始載滑國"少女子，兄弟共妻"。《周書·異域傳下》則載："其俗又兄弟共娶一妻，夫無兄弟者，其妻戴一角帽；若有兄弟者，依其多少之數，更加帽角焉。"此俗不載於《魏書·西域傳》，可知嚈噠原無此俗，蓋進入中亞後所染。[27]

土葬：據《魏書·西域傳》，"死者，富者累石爲藏，貧者掘地而埋，隨身諸物，皆置塚內。"《梁書·西北諸戎傳》則載："葬以木爲槨。父母死，其子截一耳，葬訖卽吉。"嚈噠人西遷後信仰祆教，但葬俗與正統祆教徒有異，似說明其人原來不是祆教徒。[28]

4.葱嶺以西的土著國家見載者有大宛和波斯。

大宛：《晉書·西戎傳》載其國婚俗："娶婦先以金同心指鐶爲娉，又以三婢試之，不男者絕婚。姦淫有子，皆卑其母。"《史記·大宛列傳》載其國"俗貴女子"，而到了《晉書·西戎傳》描述的時代，娶妻"不男者絕婚"，從中似可看出社會性質的變化。

波斯：《周書·異域傳下》載："婚合亦不擇尊卑，諸夷之中，最爲醜穢矣。民女年十歲以上有姿貌者，王收養之，有功勳人，卽以分賜。死者多棄屍於山，一月治服。城外有人別居，唯知喪葬之事，號爲不淨人，若入城市，搖鈴自別。"

一般認爲這是薩珊波斯時期的情況。伊朗實行的是父系集團內婚制，亦卽族內血親婚。這種婚姻最極端的例子是父女爲婚、母子爲婚和兄妹爲婚。在西方古典作家的記載中都可以找到許多證據。例如：岡比西斯娶自己的姐妹爲妻，弗拉阿特斯五世（公元前3年—公元4年在位）娶自己的生母爲妻。兄妹爲婚在薩珊王室更是常見，如阿達希爾一世、沙普爾一世、巴赫蘭二世都是兄妹爲婚。[29] 不淨人，乃指以喪葬爲業者，特別是運送屍體者，因接觸屍體被認爲是不淨的。[30]

又，《梁書·西北諸戎傳》則載其國婚姻法曰："下聘訖，女壻將數十人迎婦，壻著金線錦袍，師子錦袴，戴天冠，婦亦如之。

婦兄弟便來捉手付度，夫婦之禮，於茲永畢。"今案：此傳有關波斯的記載混入印度的成份，[31] 所載婚俗究竟是否波斯的情況，尚待研究。

五　貴人弄權

大宛、烏孫等國，有貴人弄權的現象，似乎是貴族議會在起作用。

《史記・大宛列傳》載：武帝好宛馬，"使壯士車令等持千金及金馬以請宛王貳師城善馬。宛國饒漢物，相與謀曰：漢去我遠，而鹽水中數敗，出其北有胡寇，出其南乏水草。又且往往而絕邑，乏食者多。漢使數百人爲輩來，而常乏食，死者過半，是安能致大軍乎？無柰我何。且貳師馬，宛寶馬也。遂不肯予漢使。漢使怒，妄言，椎金馬而去。宛貴人怒曰：漢使至輕我！遣漢使去，令其東邊郁成遮攻殺漢使，取其財物"。大宛國遭伐，宛貴人難辭其咎。

又載：貳師將軍"圍其城，攻之四十餘日，其外城壞，虜宛貴人勇將煎靡。宛大恐，走入中城。宛貴人相與謀曰：漢所爲攻宛，以王毋寡匿善馬而殺漢使。今殺王毋寡而出善馬，漢兵宜解；即不解，乃力戰而死，未晚也。宛貴人皆以爲然，共殺其王毋寡，持其頭遣貴人使貳師，約曰：漢毋攻我。我盡出善馬，恣所取，而給漢軍食。即不聽，我盡殺善馬，而康居之救且至。至，我居內，康居居外，與漢軍戰。漢軍熟計之，何從？是時康居候視漢兵，漢兵尚盛，不敢進。貳師與趙始成、李哆等計：聞宛城中新得秦人，知穿井，而其內食尚多。所爲來，誅首惡者毋寡。毋寡頭已至，如此而不許解兵，則堅守，而康居候漢罷而來救宛，破漢軍必矣。軍吏皆以爲然，許宛之約。宛乃出其善馬，令漢自擇之，乃多出食食給漢軍。漢軍取其善馬數十匹，中馬以下牡牝三千餘匹，而立宛貴人之故待遇漢使善者名眛蔡以爲宛王，與盟而罷兵。終不得入中城。乃罷而引還"。大宛之降，與其貴人煎靡被殺有很大關係。殺其王而與漢軍結城下之盟等等，又皆宛貴人密謀策劃，此後宛貴人又以爲漢所立眛蔡"善諛"，"乃相與殺眛蔡，立毋寡弟蟬封爲宛王"。可見宛貴人足以操縱大宛國形勢。

《漢書·西域傳下》載："烏孫昆彌翁歸靡死，烏孫貴人共從本約，立岑陬子泥靡代爲昆彌，號狂王。"這也可以視作貴人操國權柄之例。

六　俗貴女子

1.《史記·大宛列傳》載："自大宛以西至安息……俗貴女子，女子所言而丈夫乃決正。"《漢書·西域傳》所載同。

2.《史記·大宛列傳》載："大月氏王已爲胡所殺，立其太子爲王。"《漢書·張騫李廣利傳》作："大月氏王已爲胡所殺，立其夫人爲王。"考慮到"大宛以西至安息""俗貴女子"，則後者所記爲是也未可知。[32]

    3.《梁書·西北諸戎傳》"滑國條"載："其王坐金牀，隨太歲轉，與妻並坐接客。"又同傳"于闐條"載："王冠金幘，如今胡公帽。與妻並坐接客。"此亦"俗貴女子"之證。

■ 注釋

[1] 薩珊波斯的王位繼承見 E. Yarshater, ed., *The Cambridge History of Iran*, vol. 3 (2), *The Seleucid, Parthian and Sasanian Periods*. Cambridge University Press, 1983, pp. 690-693。

[2]《漢書·西域傳下》載："莽易單于璽，單于恨怒，遂受狐蘭支降，遣兵與共寇擊車師，殺後城長。"《漢書·匈奴傳下》："明年，西域車師後王須置離謀降匈奴，都護但欽誅斬之。置離兄狐蘭支將人衆二千餘人，歐畜產，舉國亡降匈奴，單于受之。狐蘭支與匈奴共入寇，擊車師，殺後成長，傷都護司馬，復還入匈奴。"師古曰："後成，車師小國名也。長，其長帥也。"今案：師古說非是。"後成長"，車師後城長國之城長也。

[3] 很可能"擊胡君各二人"就是前文的"擊胡左右君"，編者不慎導致的重複。

[4] 參見余太山《兩漢魏晉南北朝與西域關係史研究》，中國社會科學出版社，1995年，pp. 58-59。

[5]《漢書·西域傳下》載車師後國有"右將股鞮、左將尸泥支"。《後漢書·班梁列傳》載焉耆國有"左將北鞬支"。

[6]《漢書·西域傳下》載車師後國有"輔國侯狐蘭支"。《後漢書·西域傳》載

于闐國有"輔國侯仁",乃國王廣德之弟。

[7]《後漢書·班梁列傳》載焉耆國有"左候元孟"。"候"疑爲"侯"之訛。蓋元孟嘗質京師,地位不會太低。

[8] 一説"岑陬"即後來見諸突厥的"設"。見白鳥庫吉"烏孫に就いての考",《白鳥庫吉全集·西域史研究(上)》(第6卷),東京:岩波,1970年,pp. 1-55, esp. 50-51。

[9]《漢書·匈奴傳下》:"郅支既殺使者,自知負漢,又聞呼韓邪益彊,恐見襲擊,欲遠去。會康居王數爲烏孫所困,與諸翕侯計,以爲匈奴大國,烏孫素服屬之,今郅支單于困阨在外,可迎置東邊,使合兵取烏孫以立之,長無匈奴憂矣。"

[10]《漢書·張騫李廣利傳》師古注:"翖侯,烏孫大臣官號,其數非一,亦猶漢之將軍耳。而布就者,又翖侯之中別號,猶右將軍、左將軍耳,非其人之字。翖與翕同。"

[11]《後漢書·耿恭傳》載:建初元年"車師復降"。李注引《東觀記》曰:"車師太子比持訾降。"

[12]《南史·西域傳》所載略同,唯"諮議"下多出"諫議"一職。

[13]《隋書·西域傳》載高昌國官職:"官有令尹一人,次公二人,次左右衛,次八長史,次五將軍,次八司馬,次侍郎、校郎、主簿、從事、省事。大事決之於王,小事長子及公評斷,不立文記。"與《周書·異域傳下》對照,幾乎完全相同,僅有的差別是:前者之"校書郎",後者稱"校郎"。按之上引《梁書·西北諸戎傳》的記載,似乎作"校郎"近是。

[14] 研究麴氏高昌王國官制的重要論文有嶋崎昌"麴氏高昌國官制考",《隋唐時代の東トゥルキスターン研究》,東京1977年,pp. 253-310;侯燦"麴

氏高昌王國官制研究"，《高昌樓蘭研究論集》，新疆人民出版社，1990年，pp. 1-73，等。

[15] R. N. Frye, *The History of Bukhara*. Cambridge, Mass, 1984, pp. 16, 25-27.

[16] 薩珊波斯這些職官名稱已經有許多研究，茲不予復述。可參看堀謙德"西曆第六世紀の波斯"，《史學雜誌》19～1（1908年），pp. 40-53；勞費爾《中國伊朗編》，林筠因漢譯，商務印書舘，1964年，pp. 358-364；佐藤圭四郎"北魏時代における東西交涉"，《東西文化交流史》，雄山閣，1975年，pp. 378-393，等。

[17] 詳見白鳥庫吉"大秦傳に現はれたる支那思想"，《白鳥庫吉全集·西域史研究（下）》（第7卷），東京：岩波，1971年，pp. 237-302。

[18] 《洛陽伽藍記》卷五作："假有死罪，不立殺刑，唯徒空山，任其飲啄。事涉疑似，以藥服之，清濁則驗。隨事輕重，當時卽決。"

[19] 《新唐書·西域傳上》載烏茶（卽烏萇）國："國無殺刑，抵死者放之窮山。罪有疑，飲以藥，視溲清濁而決輕重。"《大唐西域記》卷二載印度刑法，有四種裁判對證法，其四曰："毒則以一羧羊，剖其右髀，隨被訟人所食之分，雜諸毒藥置右髀中，實則毒發而死，虛則毒歇而蘇。"參看季羨林等《大唐西域記校注》，中華書局，1985年，p. 205。關於印度的神判法，見《摩奴法論》，蔣忠新漢譯，中國社會科學出版社，1986年，pp. 147-148（No. 109-116）。

[20] 《呂思勉讀史札記》，上海古籍出版社，1982年，p. 389，以爲龜茲刑法之"用意正與中國古制相同。凡民族之初制，恆相類也，以其直情而徑行也"。

[21] 《周書·突厥傳》載突厥刑法："反叛、殺人及姦人之婦、盜馬絆者，皆死；姦人女者，重責財物，卽以其女妻之；鬬傷人者，隨輕重輸物；盜馬及

雜物者，各十餘倍徵之。"

[22] 關於這一婚俗，參看王明哲、王炳華《烏孫研究》，新疆人民出版社，1983 年，p. 30。林幹《匈奴通史》，人民出版社，1986 年，pp. 176-179。

[23]《洛陽伽藍記》卷五載于闐國："死者以火焚燒，收骨葬之，上起浮圖。居喪者，翦髮劈面，以爲哀戚。髮長四寸，即就平常。唯王死不燒，置之棺中，遠葬於野，立廟祭祀，以時思之。"

[24] 參看小田義久"西域における葬送樣式について"，《印度學佛教學研究》11～2（1963 年），pp. 182-183。

[25] 參看注 24 所引小田義久文。

[26]《魏書·蠕蠕傳》："婆羅門尋與部衆謀叛投噘噠，噘噠三妻，皆婆羅門姊妹也。"

[27] 參看余太山《噘噠史研究》，齊魯書社，1986 年，pp. 114-115。

[28] 參看注 27 所引余太山書，pp. 143-144。

[29] 李鐵匠"古代伊朗的種姓制度"，葉奕良編"伊朗學在中國論文集"，第 2 集，北京大學出版社，1998 年，pp. 54-62。

[30] 詳見林悟殊《波斯拜火教與古代中國》，臺北：新文豐出版公司，1995 年，pp. 64-66。以及李鐵匠上引文。

[31] 參看本書中卷第五篇。

[32]《史記集解》（卷一二三）引徐廣曰："一云'夫人爲王'，夷狄亦或女主。"《史記索隱》（卷一二三）曰："《漢書·張騫傳》云'立其夫人爲王'也。"

附卷一

一　荀悅《漢紀》[1]所見西域資料輯錄與考釋

據荀悅《漢紀·序》，建安三年，獻帝"詔給事中祕書監荀悅抄撰《漢書》，略舉其要"。五年，書成，"凡爲三十卷，數十餘萬言"。由此可見，荀氏所抄撰，不出《漢書》。同序又稱："凡《漢紀》，有法式焉，有監戒焉；有廢亂焉，有持平焉；有兵略焉，有政化焉；有休祥焉，有災異焉；有華夏之事焉，有四夷之事焉；有常道焉，有權變焉；有策謀焉，有詭說焉；有術藝焉，有文章焉；斯皆明主賢臣命世立業，群后之盛勳，髦俊之遺事。"由此可見，荀氏抄撰《漢紀》時亦曾留意於"四夷之事"。茲輯錄荀悅所摘，並爲之考釋，以期有助於校補或理解今本《漢書》有關文字。蓋《漢書》有關西域之記載歧義尤多，而《漢紀》成書於東漢之末，荀氏所見《漢書》或較今本更近原貌。

1. 孝武皇帝紀二（卷一一）

1.1 元光二年條：

[冒頓]遂東襲擊東胡。東胡不設備，遂破滅東胡。西擊月氏，南幷樓煩、白羊、河南，悉收秦所奪地，遂入侵燕、代，北服渾窳、屈射、丁零、鬲昆、新黎之國，控弦之士四十餘萬。自上古已來，唯冒頓爲強大。[1]

[1] 本節摘自《漢書·匈奴傳上》。

2. 孝武皇帝紀三（卷一二）

2.1 元朔六年條：

校尉張騫從衛青有功，封博望侯。[2]

騫者，漢中人也。初爲郎，應募，使月氏。時匈奴殺月氏王，遂西徙。故漢欲與月氏擊匈奴。騫行，爲匈奴所得。留騫十餘歲，與妻，有子，然騫常持漢節不失。後亡，到月氏。月氏未有報匈奴意。騫留月氏歲餘，乃還。並南山，從羌中來歸，[3] 復爲匈奴所得。留之歲餘。會單于死，國內亂，騫乃與其胡妻來歸漢。拜爲太中大夫。初，騫行百餘人，十三年乃歸，唯騫與堂邑氏奴二人得還。騫身所到大宛、大月氏、大夏、康居，而傳聞其旁國名，具爲上言之。[4]

西域本三十六國，[5] 後分爲五十四國，[6] 皆在匈奴之西。婼羌國、沮沫國、[7] 精絕國、戎盧國、渠勒國、皮山國、烏秅國、西夜國、蒲犁國、依耐國、無雷國、捐毒國、桃槐國、休循國、疏勒國、尉頭國、烏貪國、卑睦國、[8] 渠類谷國、[9] 郁立師國、單桓國、蒲類國、西沮彌國、劫國、[10] 狐胡國、[11] 山國、[12] 車師國、[13] 凡二十七國，小國也。小者七百戶，上者千戶也。[14] 扞彌國、于闐國、難兜國、莎車國、溫宿國、龜茲國、尉梨國、危須國、鄢耆國，[15] 凡此九國，次大國。小者千餘戶，大者六七千戶。[16]

南北有大山，東則接漢，陒以玉門、陽關，西則限以葱嶺。中央有大河。其河有兩源，一出葱嶺，一出于闐。于闐在南山下。河北流，與葱嶺河合，東注蒲昌海。蒲昌海一名鹽澤，去陽關三百餘里，廣長三四百里，其水停居，冬夏不增減。皆以爲潛行地下，南出於積石山，[17] 爲中國河云。

自玉門、陽關出西域有兩道，行從鄯善旁出南山，[18] 西行至莎車，爲南道。南道西逾葱嶺則出大月氏、安息。自車師旁北山西行至疏勒，爲北道，北道西逾葱嶺[19] 則出大宛、康居、奄蔡（鄢耆）[焉][20]。

西域諸國大率土著，有城郭田畜，與匈奴異俗，皆役屬匈奴。匈奴賦稅之，取給焉。[21]

皮山國，去長安萬五千里。[22] 自皮山以西，至大頭痛山、小頭痛山，身熱、赤土之坂，令人身熱無色、頭痛嘔吐，驢畜盡然。又有三池、盤石、懸渡之坂，[23] 狹者尺[六]七寸，[24] 長者徑三十里，臨崢嶸不測之淵，行者步騎相持，繩索相牽引，三千餘里[25][乃到縣度]。

烏孫[國]，[26] 王號昆彌，治赤[谷]城，[27] 去長安八千九百里，戶十二萬，口六十萬，[28] 大國也。地方五千餘里，[29] 東接匈奴，西界大宛，南與城郭諸國接。其俗與匈奴同。其處土多雨，寒，而國多馬。故屬匈奴，後稍彊盛，徒羈縻而已，不肯往朝會。

罽賓國，王治修蘇城[30]，去長安萬二千里。土地平坦，溫和。有苜蓿、雜果、奇木，種五穀，稻。[31]多蒲桃、竹、漆。治園池。民雕文刻鏤，治宮室，織罽，刺文繡，好酒食。有金、銀、銅、錫以爲器。有市肆。以銀爲錢，文爲騎馬，幔爲人面。出封牛、水牛、犀、象、大狗、沐猴、孔雀、珠璣、珊瑚、琉璃。其他畜與諸國同。

安息國，王治潘兜城，[32]去長安萬二千六百里。[33]地方數千里，城郭數百。有車、船、商賈。書革，旁行爲書記。其俗與罽賓國同，亦以銀爲錢，文爲王面，幔爲夫人面，一王死，輒改其錢。出犬、馬、大雀。[34]

大宛國，王治貴山城，去長安萬二千五百五十里。戶六萬，與安息同俗。出蒲萄、苜蓿。以蒲萄爲酒，富人藏酒至萬餘石，數十年不敗。出馬，馬汗血，言其先天馬子也。

大月氏，本匈奴同俗，居燉煌、祁連山間。匈奴老上單于殺月氏王，以其頭爲飲器，月氏乃遠去，西過大宛，擊大夏而臣之。國都嬀水，其土地與安息同俗。其餘小衆不能去者，保南山，號小月氏焉。

大夏本無大君長，往往置小君長。有五翕侯：一曰休密翕侯，二曰雙靡翕侯，三曰貴霜翕侯，四曰肸頓翕侯，五曰高附翕侯。

康居國，在烏孫西北，去長安萬二千三百里，戶十三萬，[35]口六十萬。與大月氏同俗。

奄蔡國，在康居西北，去長安萬二千里。[36]與康居同俗。臨大澤，無津涯，蓋北海也。

烏弋國，去長安萬五千三百里。[37] 出獅子、犀牛。其錢文爲人頭，曼爲騎馬。

　　自烏弋行可百餘日，至條支國，去長安萬二千三百里。[38] 臨西海。出善幻人，有大鳥，卵如甕。長老傳聞條支西有弱水，西王母所居，亦未嘗見。條支西行可百餘日，近日入處。[39]

　　《禹本紀》言：河出崑崙，崑崙高萬二千五百餘里，[40] 日月所以相避隱爲光明。自張騫使大夏之後，窮河源，惡睹所謂崑崙者乎？故言九州山川，《尚書》近之矣。《禹本紀》、《山經》有所考焉。[41]

[2] 本節摘自《漢書·張騫李廣利傳》與《漢書·景武昭宣元成功臣表》。

[3] "從羌中來歸"，今本《史記·大宛列傳》與《漢書·張騫李廣利傳》均作"欲從羌中歸"，《漢紀》不確。²

[4] 本節摘自《漢書·張騫李廣利傳》。

[5] "西域本三十六國"一句，乃本《漢書·西域傳上》，然而這"三十六"並非實數。³《漢書·西域傳上》稱西域"本三十六國，其後稍分至五十餘"，說明班固亦有與荀悅類似的誤解。大抵漢初不知西域諸國具體數目，乃稱之爲"三十六國"。至班固編纂《漢書·西域傳》時，發現西域都護所轄近五十國，故出此言。"後稍分"云云不過想當然而已，不足爲據。荀悅是第一個試圖落實這"三十六國"的史家。今日看來，不能不認爲他的努力並不成功。⁴首先，不列小宛國、姑墨國、烏壘國、渠犁國，可以說毫無道理，因爲沒有證據表明此四國分自他國，而且其中烏壘、渠犁二國在武帝時已經存在。其次，如果說不列東且彌國、蒲類後國、車師後國、車

師都尉國、車師後城長國，是因爲這五國乃後來分出，則既不應列入烏貪國，該國分自車師後國，非西域舊國；亦不應在列舉卑陸國的同時列舉"渠類谷國"（應卽卑陸後國）。其三，有證據表明蒲類國、西且彌國、卑陸國以及所謂"渠類谷國"均後來分自車師，[5] 顯然不應歸入武帝時業已存在的諸國之中。其四，班固所載"三十六國"的範圍是天山（北山）以南，昆侖山（南山）以北，帕米爾（葱嶺）以東，玉門、陽關以西。荀氏於此並無異辭，然難兜一國已經逸出這一範圍。諸如此類。

[6] "五十四國"，今本《漢書·西域傳上》作"五十餘"。如前所述，《漢書·西域傳上》所謂"五十餘"，乃"三十六國"分裂而成，其實僅有四十六國。[6] 荀悅指實爲"五十四國"，未識何所據而云然。

[7] "沮沫"，今本《漢書·西域傳上》作"且末"，蓋同音異譯，原本《漢書·西域傳上》作"沮沫"也未可知。同理，下文"西沮彌國"、"尉梨國"和"鄢耆國"應卽今本《漢書·西域傳下》所見"西且彌國"、"尉犂國"和"焉耆國"。

[8] "卑睦"，今本《漢書·西域傳下》作"卑陸"。

[9] "渠類谷國"，今本《漢書·西域傳》不載此國，唯《漢書·西域傳下》稱卑陸後國王治"番渠類谷"。《漢紀》不載卑陸後國，卻以該國王治名爲國名，其故不得而知。不過，通過《漢紀》的這一轉錄，可知"番渠類谷"在原本《漢書·西域傳下》中可能記作"渠類谷"，蓋"渠類"，可以認爲與"渠勒"等係同名異譯。[7]

[10] "劫國"，一本（光緒丙子八月嶺南述古堂刊本，下同）作"劫日國"。今案：今本《漢書·西域傳》所見西域國名爲單字者僅"劫國"與"山國"二者。而"山國"其實應該是"墨山國"之奪訛（詳下），故不無理由認爲"劫國"一名亦有奪脱，而原本《漢書·西域傳》文字或如《漢紀》所錄。"劫

日"[kiap-njiet],不妨認爲原是部落名,與托勒密《地理志》[8](VI,13)所載 Sacara 地區塞種小部落 Comediae 同源。[9]

[11] "狐胡國",一本作"孫胡國";《太平御覽》卷七九七引《漢書·西域傳》作"孤胡",《後漢書·西域傳》亦作"孤胡",其語源已有若干推測。[10] 若以"孫胡"[siuən-ha]爲準,則不妨視作 Sakā 之異譯。[11]

[12] "山國",一本作"三山國"。"山國"應按《水經注·河水二》所引改作"墨山國"。[12] 因此,"三山國"之"三"字乃"墨"字毁壞而成。[13] 不管怎樣,原本《漢書·西域傳》"山"之前應有一字,得《漢紀》印證當可無疑。

[13] 一本作"車師山國",應據今本《漢書·西域傳下》刪去"山"字。

[14] 所述不確,不知何所據而云然。臚列二十七國中,據今本《漢書·西域傳》戶口最少者爲單桓,僅二十七戶,且除無雷、桃槐、疏勒、車師四國外,戶數皆少於七百。四國中,車師,因不知究竟指前國還是後國,姑置勿論,但疏勒戶數爲千五百一十,按照荀氏自己的標準應列入"次大國"。

[15] "鄢耆",今本《漢書·西域傳下》作"焉耆"。

[16] 九國中,據今本《漢書·西域傳》,危須戶數爲七百,應入"小國"之列。

[17] 今本《漢書·西域傳上》"積石"後或奪"山"字。

[18] 此處衍"出"字。

[19] 一本此處衍"葱嶺"二字。

[20] 此處衍"耆"字,"鄢"字當作"焉"。參看《漢書·西域傳上》中華書局標點本校勘記。

[21] 按之今本《漢書·西域傳上》,"給"字前似奪"富"字。

[22] "萬五千里"乃"萬五十里"之誤。[14]

[23] 荀悅將"懸渡"與三池、磐石一起稱爲"阪",蓋據《漢書·西域傳上》"烏

耗條","縣度者，石山也，谿谷不通，以繩索相引而度云"。這與同傳"罽賓條"所載"三池、盤石阪"的形勢"臨崢嶸不測之深，行者騎步相持，繩索相引"云云，十分相似。

[24] "六"字據今本《漢書·西域傳上》補。

[25] "三千餘里"，今本《漢書·西域傳上》作"二千餘里"。

[26] 參照上下文，此處似應奪"國"字。

[27] "赤"字後應據今本《漢書·西域傳下》補"谷"字。

[28] "六十萬"，今本《漢書·西域傳下》作"六十三萬"。這應該是《漢紀》的省略。以下《漢紀》所載戶口、里數等與《漢書》有別而可以認爲係前者省略所致者不再一一指出。

[29] "地方五千餘里"，或係誤讀《漢書·西域傳下》"西至康居蕃內地五千里"一句所致。

[30] "修蘇"，當依今本《漢書·西域傳上》作"循鮮"。

[31] "稻"字前似乎應據今本《漢書·西域傳上》補"地下淫生"四字。又，《漢紀》乃據《漢書》刪略、改寫，字句容有不同，無關宏旨者，不在考釋之列。

[32] "潘兜"，今本《漢書·西域傳上》作"番兜"。

[33] "萬二千六百里"，今本《漢書·西域傳上》"二千"作"一千"。今案：兩里數均有誤。[15]

[34] "犬、馬、大雀"，今本《漢書·西域傳上》作"大馬爵"。

[35] "戶十三萬"應按《漢書·西域傳上》作"十二萬"。

[36] "萬二千里"，據《漢書·西域傳上》，奄蔡在康居西北"二千里"，不可能較康居去長安里數反而短三百里，因此這一里數顯然是錯誤的。這可能是荀悅誤讀《漢書·西域傳》"其康居西北可二千里，有奄蔡國"一句

所致。

[37] "萬五千三百里",今本《漢書·西域傳上》作"萬二千二百里",與其東北罽賓國去長安里數相同,顯然是錯誤的。《漢紀》所載近是。

[38] "萬二千三百里",反而較烏弋去長安里數近三千里,其誤顯而易見。條支在烏弋之西"百餘日"行程,則去長安里數應爲二萬五千三百里。

[39] 自"西域本三十六國"至此,皆摘自《漢書·西域傳》,但頗有脫離《漢書·西域傳》原文之處,如關於"三十六國"的敍述之類。案:以下僅摘自《漢書·西域傳》者不另注出處。

[40] "萬二千五百餘里"衍"萬"字。

[41] 本節摘自《漢書·張騫李廣利傳》。

3. 孝武皇帝紀五(卷一四)

3.1 太初元年條:

秋八月,行幸安定,發天下謫民,遣貳師將軍李廣利征大宛。[42]

3.2 太初四年條:

3.2.1 春正月,貳師將軍李廣利斬大宛王首,獲汗血馬。[43]

初,廣利將騎六千、步兵數萬人至貳師城下取善馬,西至郁成城。當道小國各城守,不肯給食,食乏而還,往來二歲。到燉煌,士卒十遺二三,上書請罷兵。上大怒,乃益發兵卒六萬人,負從者不豫,[44]牛十萬,馬三萬,驢騾駝駝以萬數,多齎糧,[45]轉運奉軍,[46]天下騷動。廣利遂進兵,當道小國皆送迎,給稟食。徑到大宛城,圍宛三十餘日,[47]宛中貴人共殺其王毋寡,奉其首出食給軍,悉出善馬。漢擇取其善馬數十匹、中馬三千餘匹。乃共與立宛貴人昧蔡[48]爲王，與盟而還。諸所過小國，皆遣子弟從入獻見，因爲質焉。還玉門關者萬餘人，馬千餘匹。後行，非乏食，戰死不甚多，將吏貪，不愛士卒，故死亡者多。上以爲萬里而伐，不錄其過，乃封廣利爲海西侯，封騎士趙弟殺郁城王者爲新時侯[49]，拜卿三人，[50]二千石數百人，千戶以下千有餘人。[51]

3.2.2 初，上發讖書曰：[52]"神馬當從西北來。"後得烏孫好馬，名曰"天馬"。及得宛馬，馬汗血，言其先天馬子也，名曰"天馬"，更名烏孫馬曰"西北極馬"。[53]上甚好宛馬，每使，使者相望於道。率一輩大者數百人，小者百餘人。一歲中使，多者十餘輩，少者五六輩，遠者八九歲，近者五六歲而還。不能無侵盜幣物，及使失旨者，輒案重罪以激怒之，因復求使自贖。而是使無窮已，而輕犯法。募吏民自占，使者無問所從來，皆遣之。而漢使窮河源矣。外國朝貢並至，上乃悉從外國客，巡行至海上。大都多人民則過之，觀民人府庫之饒，厚賞賜，作角觝戲，出奇戲、酒池肉林以觀示之。[54]

[42] 摘自《漢書·武帝紀》。

[43] 摘自《漢書·武帝紀》。"武帝紀"僅稱"四年春"，《漢紀》稱"春正月"未識何據。

[44] "從"前奪"私"字。

[45] "多齎糧"，今本《漢書·張騫李廣利傳》作"齎糧"，可據補"多"字。

[46] "轉運奉軍"，今本《漢書·張騫李廣利傳》作"傳相奉伐宛"。

[47] "三十餘日"，今本《漢書·張騫李廣利傳》作"四十餘日"。

[48] "眛察"，今本《漢書·張騫李廣利傳》作"眛蔡"。

[49] "郁城"，今本《漢書·張騫李廣利傳》作"郁成"。

[50] "卿"字前應據今本《漢書·張騫李廣利傳》補"九"字。

[51] 本節摘自《漢書·張騫李廣利傳》。或以爲傳世的《史記·大宛列傳》並非出自太史公之手，而是後人摘錄《漢書·張騫李廣利傳》和《漢書·西域傳》編成。其說之核心判據是今本《漢書·張騫李廣利傳》所能見到的錯簡亦見諸今本《史記·大宛列傳》的相應部份。據云，《漢書·張騫李廣利傳》錯簡部份可作校正，並認爲本節《漢紀》可以作證。[16] 今案：沒有證據表明《史記·大宛列傳》是根據《漢書·張騫李廣利傳》和《漢書·西域傳》改編的。[17] 將今本《漢書·張騫李廣利傳》"天下騷動"以下一十四字移至"轉車人徒相連屬至敦煌"句後，將"宛城中無井"以下二十五字移至"則宛固已憂困"句下，並無必要，原文文通字順，無礙理解。何況，在"決其水源，宛固已憂困"之後，繼之以"宛城中無井，汲城外流水，遣水工徙其城下水空以穴其城"數句，語義明顯重複，可見原文不可能如此。遣水工，亦屬備戰之事，在"伐宛五十余校尉"之後敘述並不突兀，正與下文"決其水源"呼應。事實上《漢紀》有關文字根本不能說明這裏存在錯簡。雖然，將"天下"以下一十四字參考《漢紀》所作校改有可能是正確的。至於將"宛貴人謀曰"以下四十五字移至"以王毋寡"之後，固然不錯。但應指出：此處錯簡的存在不能證明《史記·大宛列傳》乃抄自《漢書·張騫李廣利傳》，因爲前者相應段落恰恰記作："宛貴人相與謀曰：漢所爲攻宛，以王毋寡匿善馬而殺漢使。今殺王毋寡而出善馬，漢兵宜解；即不解，乃力戰而死，未晚也。宛貴人皆以爲然，共殺其王毋寡。"這一點，前人早已指出，毋庸置疑。[18]

[52] "發讖書",《漢書·張騫李廣利傳》作"發書易"。今案：前者應爲荀悅臆改。後者與《史記·大宛列傳》同。

[53] "西北極馬",今本《漢書·張騫李廣利傳》作"西極馬"。今案：《漢紀》或是。

[54] 本節摘自《漢書·張騫李廣利傳》。今案：本節文句先後與《漢書》原文頗有不同，顯然不能據以爲《漢書》對應部份原文存在錯簡。

4. 孝武皇帝紀六（卷一五）

4.1 征和三年條：

二月，[55]貳師將軍李廣利將十萬人出五原，[56]御史大夫商丘成將二萬人出西河，重合侯莽通將四萬騎出酒泉。成至浚稽山，多斬首虜。通至天山，虜引去，因招降車師。皆引還。廣利兵敗，降匈奴。[57]

4.2 征和四年條：[58]

是時，天下疲於兵革，上亦悔之。而搜粟都尉桑弘羊與丞相、御史大夫奏言：故輪臺以東皆故國處，有溉灌田。其旁小國少錐刀，貴黃鐵綿繒，[59]可以易穀。臣愚以爲可遣屯田卒詣輪臺，[60]置校尉二人，[61]通利溝渠，田一歲，有積穀，募民敢徙者詣田所，就畜積爲產業，稍稍築亭，連城而西，以威西國，輔烏孫，爲便。

事上，上乃下詔，深陳既往之悔，曰：前有司奏，欲益民賦以助邊用，是困老弱孤獨也。今又請田輪臺。曩者，朕之不明，興師遠攻，遣貳師將軍。古者出師，卿大夫與謀，參以蓍龜，不吉不行。乃者遍召羣臣，又筮之。卦得大過，爻在九五，曰：匈奴困敗。方士、占星、[望]氣、[62]大卜、蓍龜，皆爲吉：匈奴必破,時不可失。卜諸將,貳師最吉。朕親發貳師,詔之必無深入。今計謀、卦兆皆反謬,貳師軍敗,士卒離散略盡,[63] 悲痛常在朕心。今有司請遠田輪臺,欲起亭燧,是唯益擾天下,非所以優民也,朕不忍聞。當今務在禁苛暴,止擅賦,務本勸農,[64] 無乏武備而已。由是不復出軍,封丞相為富民侯,而勸耕農,自是田多墾闢,而兵革休息。

　　本志曰:孝武之世,圖利制匈奴,患其兼從西國,結黨南羌,乃表河西,列四郡,開玉門關,通西域,以斷匈奴之右臂,隔絕南羌、月支,單于失援,由是遠遁漠北,[65] 而漠南無王庭。遭值文景玄默,養民五世,天下殷富,財力有餘,士馬強盛,故能積羣貨,[66] 覷犀象、瑇瑁,則開犍為、朱崖七郡;[67] 感蒟醬、竹杖,則開牂牁、越嶲;聞天馬、葡萄,則通大宛、安息。自是之後,明珠、文貝,[68] 犀象、翠羽之珍,[69] 盈於後宮,氍毹、琪瑠、[70] 蒲萄、[71] 龍文、魚目、汗血名馬充於黃門;巨象、獅子、猛獸、大雀之羣實於外囿。殊方異物,四面而至。於是廣開上林,穿昆明池,營千門萬戶之宮,立神明通天之臺,造甲乙之帳,絡以隋珠荊璧。天子負黼黻,[72] 襲翠被,憑玉几,而居其中,設酒池肉林以饗四夷之客。作巴渝都盧,海中碭極,漫衍魚龍、角觝之戲以觀視之,及賂遺贈送,萬里相奉,師旅之費,不可勝計。至於用度不足,以榷酒酤,管鹽鐵,鑄白金,造皮幣,算至船車,租及六畜,民力屈,財貨竭,因之以凶年,羣盜並起,道路不通,直指之使始出,衣繡衣,持斧鉞,[73] 斬斷於郡國,然後勝之。是以末年遂棄輪臺之地,而下哀痛之詔。豈非聖人之所悔哉!且通西域，近有龍堆，遠則蔥嶺，身熱、頭痛、懸度之阨，淮南、杜欽、揚雄之論，皆以爲此天地所以分別區域，隔絕內外也。《書》曰："西戎卽序。"禹但就而序之，非威德之盛無以致其貢物也。西域諸國，各有君長，兵眾貧弱，[74]無所統一，雖屬匈奴，不相親附。匈奴徒能得其馬畜旃罽，[75]而不能總帥與之進退。與漢隔絕，道里尤遠，得之不爲益，失之不爲損，盛德在我，無取於彼。[76]

[55] "二月"，《漢書·武帝紀》作"三月"，《漢紀》似誤。

[56] "十萬"，《漢書·武帝紀》作"七萬"，《漢紀》似誤。

[57] 本節主要摘自《漢書·武帝紀》。

[58] 《漢書·西域傳下》作"征和中"。

[59] "鐵"應據《漢書·西域傳下》改爲"金"。

[60] "輪臺"，《漢書·西域傳下》作"輪臺以東"，《漢紀》不確。[19]

[61] "二人"，《漢書·西域傳下》作"三人"。《漢紀》誤。

[62] "氣"字前奪"望"字，可據今本《漢書·西域傳下》補。

[63] "離散略盡"，今本《漢書·西域傳下》作"死略離散"。

[64] "務本勸農"，今本《漢書·西域傳下》作"力本農"，可據《漢紀》改正，蓋"務"毀壞爲"力"，又奪"勸"字。

[65] 今本《漢書·西域傳下》無"漠北"二字，似應據《漢紀》補。

[66] 今本《漢書·西域傳下》無"積羣貨"三字，似應據《漢紀》補。

[67] 今本《漢書·西域傳下》無"犍爲"二字。《漢紀》似誤。

[68] "文貝"，今本《漢書·西域傳》作"文甲"，應據《漢紀》改正。

[69] 今本《漢書·西域傳下》作"犀布"，應據《漢紀》改。[20]

[70] 今本《漢書·西域傳下》無"氀毲、琪瑠"四字。《漢紀》似誤，刪去或是。

[71] 今本《漢書·西域傳》作"蒲梢"，《漢紀》誤。

[72] "黼黻"，今本《漢書·西域傳下》作"黼依"，顏注曲爲之解，非是，應據《漢紀》改正。

[73] "衣繡衣，持斧鉞"，今本《漢書·西域傳下》作"衣繡杖斧"。

[74] "貧弱"，今本《漢書·西域傳下》作"分弱"。

[75] 今本《漢書·西域傳下》無"徒"字，似應據《漢紀》補足。

[76] 本節照錄《漢書·西域傳下》贊，兹據以大致核校今本文字。意義出入不大或優劣難判者不一一指出。

5. 孝昭皇帝紀（卷一六）

5.1 元鳳四年條：

平樂監傅介子使持節誅樓蘭王。[77]

是時樓蘭殺漢使者。介子自請於霍光曰：願往殺之，以威示諸國。於是齎金幣，揚言以賜外國。樓蘭王不承之。介子陽引而西，曰：天子以金幣賜諸國，而不來，我將西矣。多出金幣以示其驛使。樓蘭王貪漢物，因往見使者。介子曰：天子使我私報。王隨介子入帳中，屏人語。壯士二人從後刺之，刃交於胸。左右皆散走。介子告喻以王負漢，罪大矣！天子遣我誅王，當更立太子前在漢者。漢兵方至，無敢動，動則滅國矣！遂立其王子安師。[78] 持斬王首歸，懸北闕。乃封介子爲義陽侯。[79]

[77] 摘自《漢書·昭帝紀》。

[78] "安師",可據今本《漢書·傅常鄭甘陳段傳》改爲"安歸"。

[79] 本節摘自《漢書·傅常鄭甘陳段傳》。

6. 孝宣皇帝紀一（卷一七）

6.1 本始三年條：

五月，御史大夫田廣明爲祁連將軍，與蒲類將軍趙充國、虎牙將軍田順、度遼將軍范明友、前將軍韓增，凡兵十五萬，與校尉常惠持節護烏孫兵，並擊匈奴。[80]

初，匈奴數侵邊，又西伐烏孫。武帝欲與烏孫共擊匈奴，故以江都王建女細君爲公主，妻烏孫昆彌。昆彌以馬千匹爲聘禮。漢爲公主備屬官、內官、侍御數百人。公主自爲宮室居，歲時與昆彌飲食，言語不通，公主悲愁。上聞而憐之，間歲遣使者，遺之甚厚。細君卒，復以楚王戊之孫女解愁爲公主以繼之。[81]

於是匈奴復侵烏孫昆彌，昆彌與公主上書，請共擊匈奴。烏孫自將五萬騎，常惠與烏孫獲匈奴父行與嫂、名王、都尉已下四萬餘級，牛馬駱駝七十餘萬頭。烏孫皆自取其虜獲。時匈奴聞漢大出兵，皆將老弱驅畜產遠遁逃，故漢軍所得少。而祁連將軍、虎牙將軍有罪，皆自殺。常惠封長羅侯。匈奴由是人民畜產死亡者衆，而國虛耗矣。其冬，單于自將擊烏孫，會天大雨雪，一日深一丈餘。匈奴人民畜產凍死，還者十無一二。於是，丁零乘弱攻其北，烏丸入其東，烏孫入其西，又重以飢餓，死者十三。匈奴大困，諸國羈屬者皆瓦解，攻盜不能治，匈奴遂弱矣。[82]

[80] 摘自《漢書·宣帝紀》。事在本始二年五月。

[81] 摘自《漢書·西域傳下》。"解愁"應作"解憂"。

[82] 摘自《漢書·匈奴傳上》。祁連、虎牙自殺,常惠封侯在本始三年五月。

7. 孝宣皇帝紀二(卷一八)

7.1 元康元年條:

春正月,[83]龜茲王及其夫人來朝。龜茲夫人即烏孫公主女也。自以得尚漢外孫,故請朝,上納之,贈賜甚厚焉。號夫人曰公主。

龜茲王樂漢衣服制度,歸國治宮室,作徼道周衛,出入傳呼,撞鐘鼓,如漢家儀,外國為之語曰:驢非驢,馬非馬,龜茲王所謂騾也。

7.2 元康二年條:

7.2.1 車師王烏貴靡初和於匈奴,[84]後降漢,[85]又恐匈奴攻之,懼而奔烏孫。漢使者鄭吉田於渠黎,[86]乃迎車師妻子,傳送長安。賞賜甚厚,四夷朝會,常尊顯而示之。[87]乃立車師太子軍宿為車師王,徙居渠黎,而吉等田車師故地。[88]匈奴爭之,而攻漢屯田者。趙充國等議,欲因匈奴衰弱,出兵擊之。丞相諫曰:[89]臣聞救亂誅暴,謂之義兵,兵義者王;敵加於己,不得已而應之者,謂之應兵,兵應者勝;爭恨小故,不勝憤怒者,謂之忿兵,兵忿者敗;利人土地寶貨者謂之貪兵,兵貪者破;恃國家之大,矜人民之眾,欲見威於敵者,謂之驕兵,兵驕者滅;此非但人事,乃天道也。自頃匈奴常有善意,所得漢民輒奉歸之,未有犯於邊境,雖爭田車師故地,不足以置意中國。今諸將軍欲興兵入奪其地,臣愚不知此兵欲何名也。今邊境困乏，難以動兵，軍旅之後，必有凶年，言民以愁苦之氣，傷陰陽之和也。兵出雖勝，必有後憂。今郡國守相，率多不精選，風俗尤薄，水旱不時，郡國盜賊繁多。今左右不憂，乃欲發兵報纖微之忿於遠夷，此乃所謂季孫之憂不在顓臾，而在蕭牆之內也。[90]上乃棄車師之地。[91]

7.2.2 是歲，烏孫昆彌上書，願以漢外孫楚公主子元貴靡爲嗣，得復尚漢公主。上以楚公主弟子相夫妻之。送之燉煌，聞烏孫昆彌死，元貴靡不得立，乃還。楚公主侍者馮嫽常持節爲漢公主使外國，外國敬信之，號曰"馮夫人"。上乃徵馮夫人，問烏孫狀，而遣謁者送馮夫人，軺車持節詔昆彌烏就屠，[92]以爲小昆彌，而立元貴靡爲大昆彌。兩昆彌之號，自此始也。

7.3 元康四年條：

遣使至烏孫，求車師前王。是歲，車師王烏貴靡自烏孫至，賜第舍，令與妻子居。

[83] 此則不載於《漢書·宣帝紀》。《漢書·西域傳下》未明載"春正月"。

[84] 車師王之名"烏貴靡"，《漢紀》凡二見，均較《漢書·西域傳下》所載多一"靡"字，值得注意。說明車師亦有官稱號曰"靡"。而以前祇知道烏孫、大宛、康居三者有這一稱號。[21]既然車師、烏孫、大宛和康居分別與Strabo所載Sacae四部即Gasiani、Asii、Tochari、Sacarauli淵源頗深，這四部至少在某一相當長的時期內有密切的交往或共同的文化背景又得一證。另外，這也是"靡"即bak原來並非突厥語的證明。

[85] 車師王降漢在地節三年。

[86] 鄭吉田渠犁在地節三年。

[87] 車師王詣長安在地節四年。

[88] 立軍宿爲車師王，鄭吉田車師均在元康二年。

[89] "丞相"指魏相。

[90] 丞相之言摘自《漢書·魏相傳》。

[91] 棄車師之地亦在元康二年。

[92] "軺"，《漢書·西域傳下》作"錦"。今案："軺"，使者之車，今本《漢書·西域傳下》似可據《漢紀》改正。

8. 孝宣皇帝紀三（卷一九）

8.1 神爵二年條：

秋，匈奴大亂，日逐王先賢撣來降。[93]

時衛司馬會稽人鄭吉使護鄯善［以］西南道，[94] 以攻破車師，日逐王請降於吉。吉發諸國兵五萬人，迎日逐王，口萬二千人、小王將十二人。及河曲，頗有亡者，吉追斬之，遂將詣京師。封日逐王爲歸德侯，吉爲安遠侯。使吉并護車師以西北道，故號"都護"。都護之號，自吉始也。於是吉始中西域而立幕府，治烏壘城，鎮撫諸國。漢之號令頒於西域，始自張騫，而成于鄭吉。[95]

[93] 摘自《漢書·宣帝紀》。

[94] "西"字前奪"以"字。

[95] 摘自《漢書·傅常鄭甘陳段傳》。

9. 孝宣皇帝紀四（卷二〇）

9.1 甘露三年條：

冬，烏孫公主求歸，年七十餘矣。上書曰：年老思土，願歸骸骨。上愍而迎之，與烏孫男女二人俱來，賜田宅、奴婢，朝見儀比於公主焉。[96]

[96] 摘自《漢書·宣帝紀》以及《漢書·西域傳下》。

10. 孝元皇帝紀上（卷二一）

10.1 初元五年條：

初，郅支單于怨漢擁護呼韓邪單于，乃求其侍子。漢遣衛司馬谷吉送之。郅支單于乃殺吉，遂依康居而居焉。[97]

[97] 摘自《漢書·元帝紀》以及《漢書·匈奴傳下》。

11. 孝元皇帝紀下（卷二三）

11.1 建昭三年條：

西域都護甘延壽、副校尉陳湯矯制發戊己校尉屯田吏士及西域羌、胡兵攻郅支單于。冬。斬郅支首，傳詣京師。[98]

時郅支強暴，東擊烏孫，西脅大宛諸國。漢遣使三輩至康居求谷吉等尸，郅支不肯奉詔，而困辱漢使，上書驕慢，曰：(康)居困危已久，[99] 願歸強漢。於是，湯與延壽等謀曰：郅支單于威名遠震，侵烏孫、大宛，[常為康居畫計]欲降伏之，如得此二

國，北擊伊𠎝，[100]西取安息，南排月支，數年之間，城郭諸國
危矣。郅支分離，所在絕遠，[101]無城郭強弩之守，如發兵直詣城
下，彼亡則無所之，守則不足以自保，千載之功可一朝而定。延
壽以爲然，欲奏請之。湯曰：國家與公卿議，大策非衆所見，事
必不從。會延壽久病，湯獨爲矯制發諸國兵。延壽聞之，起，大
驚，欲止之。湯按劍叱延壽曰：大衆已集，豎子欲沮吾衆邪？延
壽遂從。漢胡兵合四萬餘人。延壽、湯上疏自劾奏矯制，陳言形
勢兵狀。卽引兵，分爲六校尉，[102]其三校尉從南道逾葱領，經大
宛，其三校尉從北道入赤谷，過烏孫，經康居。康居萬餘騎救之。
數奔營，不利。輒却。漢兵遂燒木城，城中人皆入土城。漢兵四
面推櫓楯，並入土城。單于被創死。得漢使節及谷吉等所齎帛書。
凡斬閼氏、太子、名王以下千五百級，生虜百四十五人，降虜
五千餘人。[103]

上議其功，丞相匡衡、御史大夫李延壽及石顯皆以爲：延壽、
湯擅興師矯制，幸得不誅，不宜加爵土。又遣吏訊驗湯私盜金事，
皆不與湯。

故宗正劉向上疏曰：郅支單于殺漢使、吏士以百數，事暴於
外國，傷威毀重。陛下赫然欲討之。意未嘗忘。延壽、湯承聖旨，
倚神靈，總百蠻之軍，[104]攬城郭之兵，出萬死之計，入絕域之地，
遂陷康居，屠五重城，搴翕侯之旗，斬郅支之首，懸旌萬里之外，
揚威崑山之西，而掃谷吉之恥，立昭明之功，蠻夷率服，稽首來
賓，群臣之功，莫有大焉。昔周大夫方叔、尹吉甫爲宣王誅獫狁，
而百蠻從之。其《詩》曰："嘽嘽焞焞，如霆如雷，顯允方叔，征

伐獫狁，蠻荆來威。"《易》曰："有嘉折首，獲匪其醜。"今延壽、湯所誅，威振天下，雖《易》之折首，《詩》之雷霆，不能及也。吉甫之歸，周厚使之，其《詩》曰："吉甫燕喜，既多受祉，來歸自鎬，我行永久。"千里之鎬，猶以爲遠，況萬里之外！齊桓先有匡周之功，後有滅項之罪，君子計功補過近事。[105]貳師李廣利捐五萬之衆，靡億萬之費，經四年之勞，而僅獲駿馬四十匹。雖獲宛王之首，不足復費，而私罪甚衆。孝武以爲萬里之伐，不錄其過，厚加封賞。今康居之國盛於大宛，郅支之號重於宛王，殺漢使甚於留馬。延壽、湯不煩漢士，不費斗儲，比於貳師，功德相百倍。且常惠隨欲擊之烏孫，鄭吉迎自來之日逐，猶皆列土受爵。故言威武勤勞則大於方叔、吉甫，列功覆過則優於齊桓、貳師，近事之功則高於長羅、安遠。大功未著，小惡數布，臣竊痛之！上於是赦湯等矯制、貪穢小罪，封延壽爲義成侯，湯爲關內侯，食邑各三百戶。延壽爲長水校尉，湯爲射聲校尉。

延壽，北地人也。本爲羽林士，超逾羽林亭樓，以材力進。湯字子公，山陽人也。家貧無行。初，富平侯張勃舉湯爲茂材。湯待遷，父死不奔喪，坐下獄論。論勃舉非其人，削戶二百，會勃薨，諡曰：繆侯。湯立功西域，世以爲張勃知人。[106]

初，宣帝時，前將軍韓增舉馮奉世以爲衛候，使持節送大宛諸國客。時莎車與諸國共殺漢所置莎車王萬年，并殺漢使者奚充國。匈奴發兵攻車師不能下，而莎車遣使揚言曰：北道諸國已降匈奴矣。於是攻劫南道，與之盟而背漢。鄯善以西皆絕不通。奉世以莎車日強，其勢難制，必危西域，乃矯以節告諭諸國王，各發其兵，合萬五千人，進擊莎車。莎車王自殺，傳其首詣長安。諸國遂平，威振西域。宣帝謂韓增曰：賀將軍舉得人也。議封奉世以爲侯。丞相、將軍皆曰：大夫出疆，有可以安國家，定社稷，專之可也，宜加爵位。少府蕭望之以爲：奉使有指，而擅矯制違命，今封奉世關內侯，後奉使者競逐利、要功夷狄，漸爲國家生事，不可長也。宣帝從望之議。

及甘延壽之封也，杜延年子欽上書追訟奉世前功，曰：比罪則郅支薄，量功則莎車衆，[107] 用師則奉世寡，制勝則奉世於邊境爲功多，慮危則延壽於國家爲禍深，其違命生事則與奉世同。延壽割地而封，奉世獨不見錄。臣聞功同賞異則勞臣疑，罪均刑別則百姓惑。願陛下下有司議之。上爲前世事，不錄。[108]

[98] 摘自《漢書·元帝紀》。

[99] "居"前衍"康"字。"危"，似當依今本《漢書·傅常鄭甘陳段傳》作"㐫"。

[100] "伊婁"，似當依今本《漢書·傅常鄭甘陳段傳》作"伊列"。

[101] "郅支分離，所在絕遠"，今本《漢書·傅常鄭甘陳段傳》作"郅支雖所在絕遠"，似可據《漢紀》改正。

[102] "校尉"，今本《漢書·傅常鄭甘陳段傳》作"校"。

[103] "五千餘人"，今本《漢書·傅常鄭甘陳段傳》作"千餘人"。

[104] "軍"，似當以今本《漢書·傅常鄭甘陳段傳》作"君"。

[105] "君子計功補過近事"，似當依今本《漢書·傅常鄭甘陳段傳》作"君子以功覆過而爲之諱行事"。

[106] 以上五節摘自《漢書·傅常鄭甘陳段傳》。

[107] "量功",似當依今本《漢書·馮奉世傳》作"量敵"。

[108] 以上二節摘自《漢書·馮奉世傳》。

12. 孝成皇帝紀三（卷二六）

12.1 永始二年條：

侍中淳于長賜爵關內侯，食邑千戶。[109]

初，將作大匠解萬年奏請營作昌陵，常侍王閎數言昌陵不可成。長亦言之。上以趙皇后之立也，欲封長，乃詔曰：常侍王閎前爲大司農中丞，上言昌陵不可成。衛尉長亦云然。朕以長言下閎章，公卿議者皆合長策，長首建至策，閎省息大費，民以康寧。[110]宜賜爵關內侯，食邑千戶。閎前賜爵關內侯，黃金百斤。[111]罷昌陵，勿徙吏民。[112]萬年佞邪不忠，雖遇赦令，不宜居京師，其徙萬年燉煌郡。而陳湯俱徙燉煌。[113]

湯數與萬年相善，昌陵之計，湯與及之。又，見黑龍，或私問湯。湯曰：是謂玄門開。上數出入不時，微行，故龍非時出也。是時丞相奏廢昌陵邑中屋，奏未下，湯以爲上須順衆心。昌陵亦恐復發徙也。湯坐非所宜言，大不敬，故徙。

先是，湯上言：康居王侍子非王子也。案驗，實王子。湯坐下獄，當死。谷永訟湯曰：臣聞楚有子玉、得臣，文公爲之側席而坐；趙有廉頗、馬服，秦不敢窺兵井陘；漢有郅都、魏尚，匈奴不敢南牧。夫戰克之將，不可不重也。蓋君聞鼓鼙之聲，[114]則思將帥之臣。湯前出西域，忿郅支之無道，閔王誅之不加，策慮愊億，義勇奮發，興師焱逝，橫厲烏孫，逾集都賴，屠三重之城，斬郅支之首，報十年之逋誅，雪邊吏之宿恥，威振百蠻，武揚四海。自漢元以來，征伐方外之將，未嘗有也。昔白起為秦將，南拔郢都，北破趙括，以纖介之過，賜死杜郵。秦民憐之，莫不流涕。今湯親秉斧鉞，席卷乘勝，喋血萬里之外，薦功祖廟，告類上帝，以言事為罪，無煊赫之惡。《周書》曰："記人之功，忘人之過，宜為人君者也。"犬馬於人有功，尚加帷蓋之報，況國之功臣哉！竊恐陛下忽於鼓鼙之聲，不察《周書》之意，而忘帷蓋之施。愚臣庸淺，謂湯卒從吏議，百姓介然有秦民之恨，非所以勵死難之臣也。上乃出湯，奪爵位為士伍。

及西域都護段會宗為烏孫所圍，上書願發諸城堡及燉煌兵以自救。[115] 時大臣議數日不決。上召問湯，示以會宗奏。湯對曰：此無可憂也，夫胡兵樸鈍，五而不當漢兵一，今聞頗得漢巧，然猶三而當一。兵法："客倍主人半然後敵。"今會宗者人眾不足勝。陛下勿憂。且兵法"輕行五十里，重行三十里"。而會宗欲發城郭諸〔國〕兵，[116] 歷時乃至，所謂報讎之兵，非救急之兵也。上曰：其解可必乎？湯知烏孫瓦合，不得久，故事不過數日，因對曰：已解矣。屈指計其日，曰：不出五日，當有吉語至。四日，軍書至，言已解矣。

湯既徙燉煌，久之，議郎耿育上書訟湯與延壽："為聖漢揚鉤深致遠之威，雪國家累年之恥，討絕域不羈之臣，係萬里難制之虜，豈有比哉！今湯塊然被讒，老棄燉煌，令威名折衝之臣旋踵及身，復為郅支遺虜所笑，誠可悲也！至今奉使外蠻者，未嘗不陳郅支之誅以揚漢國之威。夫援人之功以懼敵，棄人之身以快讒，豈不哀哉！"天子乃還湯京師。[117]

[109] 摘自《漢書·成帝紀》。

[110] 應據《漢書·陳湯傳》補"民以康寧"四字。

[111] "閎前賜爵關內侯，黃金百斤"，今本《漢書·成帝紀》所載帝詔僅稱"閎五百戶"。

[112] "罷昌陵，勿徙吏民"，今本《漢書·成帝紀》帝詔無此七字。

[113] 本節摘自《漢書·成帝紀》與《漢書·傅常鄭甘陳段傳》。

[114] "君"後似奪一"子"字。

[115] "城堡"，似可依今本《漢書·傅常鄭甘陳段傳》改爲"城郭"。

[116] "發城郭諸〔國〕兵"，今本《漢書·傅常鄭甘陳段傳》作"發城郭敦煌"。

[117] 以上四節摘自《漢書·傅常鄭甘陳段傳》。

13. 孝成皇帝紀四（卷二七）

13.1 元延二年條：

初，烏孫末振將殺大昆彌，會病死，漢誅未加。於是，遣右中郎段會宗發戊己校尉、諸國兵，即誅末振將太子番丘。會宗恐大兵入烏孫，驚番丘，逃亡不可得，即選精兵，騎弩四十張，徑至昆彌所在，召番丘，數其罪，以手劍擊殺之。小昆彌烏黎靡者，末振將從兄子也，勒兵數千騎圍會宗，會宗謂言來誅之意：今圍殺我，如去漢牛一毛耳。宛王、郅支縣頭於藁街，烏孫所知也。小昆彌曰：何不豫告我，令飲食之邪？會宗曰：豫告之，恐亡匿，爲大罪，即飲食之以付我，恐傷骨肉之恩耳。昆彌咸服，號泣而罷。會宗還，賜爵關內侯。會宗，天水人也。[118]

[118] 摘自《漢書·傅常鄭甘陳段傳》。

14. 孝哀皇帝紀下（卷二九）
14.1 元壽二年條：

14.1.1 春正月，匈奴烏珠留單于、烏孫大昆彌伊秩靡來朝。伊秩靡卽公主之外孫也。

14.1.2 二月，單于、昆彌歸。[119]

[119] 以上二節摘自《漢書·哀帝紀》。

15. 孝平皇帝紀（卷三〇）
15.1 始建國二年條：

九月辛巳，戊己校尉史陳良、終帶共殺校尉刁護，劫略吏士，自稱漢大將，亡入匈奴。[120]

15.2 始建國五年條：

西域焉耆國叛，殺都護。[121]

[120] 摘自《漢書·西域傳下》以及《漢書·王莽傳》。
[121] 摘自《漢書·西域傳下》以及《漢書·王莽傳》。

■注釋

1《漢紀》據張烈點校本,中華書局,2002年。

2 參看余太山《兩漢魏晉南北朝與西域關係史研究》,中國社會科學出版社,1995年,p. 207。

3 參看伊瀨仙太郎《中國西域經營史研究》,東京:巖南堂,1968年,pp. 28-35。

4 徐松《漢書西域傳補注》卷上(《二十五史三編》,嶽麓書社,1994年,第3冊)對荀悅所舉"三十六國"已有批判,可參看。然徐氏自舉"三十六國"亦未必正確,參看周振鶴《西漢政區地理》,人民出版社,1987年,pp. 176-180。

5 參看余太山《塞種史研究》,中國社會科學出版社,1992年,pp. 217-219。

6 據注4所引周振鶴書,pp. 176-177,《漢書·西域傳》所載元帝時屬西域都護者凡四十八國。其中除大宛、烏孫兩國外,均在原"三十六國"範圍之內。

7 參看本書中卷第一篇。

8 E. L. Stevenson, tr. & ed., *Geography of Claudius Ptolemy*. New York, 1932.

9 參看本書中卷第一篇。

10 參看岑仲勉《漢書西域傳地里校釋》,中華書局,1981年,pp. 469-472。

11 參看注11所引岑仲勉書,pp. 469-472,以及本書中卷第一篇。

12 陳橋驛校釋本,杭州大學出版社,1999年,p. 22。

13 參看本書中卷第一篇。

14 參看本書上卷第二篇。

15 參看本書上卷第二篇。

16 A. F. P. Hulsewé & M. A. N. Loewe, *China in Central Asia. The Early Stage:125B.C.-A.D.23*. Leiden, 1979.

17 參看本書上卷第一篇。

18 見王念孫《讀書雜志》卷四之一一。王氏正是根據《史記·大宛列傳》的文字發現《漢書·張騫李廣利傳》這一處錯簡的。

19 參看注3所引余太山書，pp. 44-46。

20 參看王先謙《漢書補注》卷九六下。

21 參看注3所引余太山書，pp. 86，113，140。

二 《隋書·西域傳》的若干問題

一

傳文的敍例。

《隋書·西域傳》以"國"爲記述單位，總共記載了二十三"國"。其中，第一國吐谷渾、第二國党項、第七國女國和第二十三國附國，習慣上不屬於"西域"的範圍。也就是說，《隋書·西域傳》敍述的範圍和《魏略·西戎傳》、《晉書·西戎傳》、《梁書·西北諸戎傳》的敍述範圍相同。區別在於後三者是將西域事情歸入"西戎傳"，而《隋書·西域傳》和此後的《新唐書·西域傳》一樣，是將西戎事情歸入"西域傳"。

魏晉南北朝正史有時將西域和西戎分開編撰，有時又合爲一傳，大致取決於材料多寡，別無深意。

就西域諸國而言，國名之外，《隋書·西域傳》亦重王治之地望，記述風土、物類、民俗（尤重婚俗），與中原王朝之關係則重朝貢（所傳二十國均曾朝隋）；也涉及各國與塞北遊牧部族（鐵勒、突厥）和諸國彼此間的關係，於諸國本身歷史則甚爲疏略。凡此均和前史"西域傳"沒有根本區別。諸國地望多以山水標識，如稱石國"居於藥殺水"，焉耆國"都白山之南七十里"，于闐國"都葱嶺之北二百餘里"等等；凡此則與《周書·異域傳下》有關西域諸國的記述極其相類。

就《隋書·西域傳》而言，值得注意的是這二十三國的排列次序。蓋南北朝以前編纂的"西域傳"最重交通路線，記述諸國之先後取決於各國在交通線上的位置。《隋書·西域傳》似乎是一個突出的例外。

茲據傳文所出四至，圖示諸國關係如下：

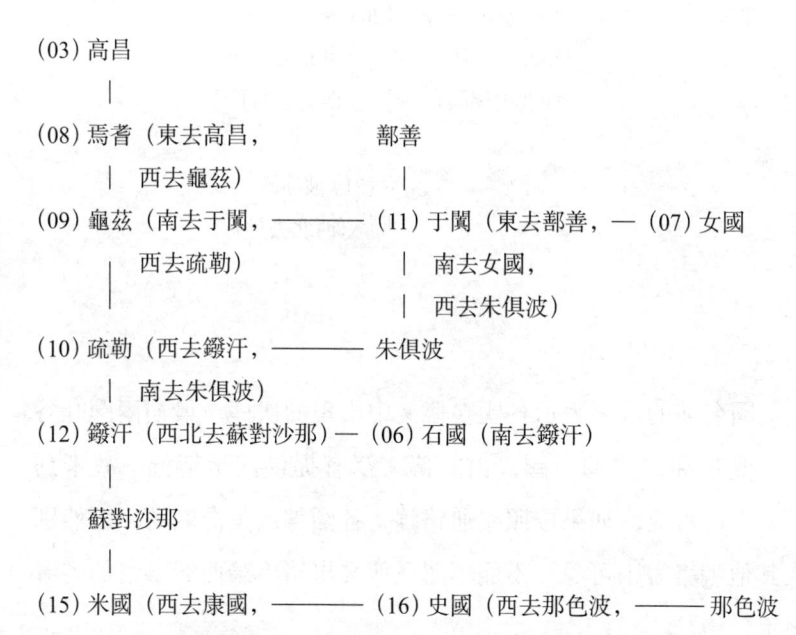

(03) 高昌
     |
(08) 焉耆（東去高昌，　　　　　鄯善
     |　西去龜茲）　　　　　　　|
(09) 龜茲（南去于闐，————(11) 于闐（東去鄯善，—(07) 女國
     |　西去疏勒）　　　　　　　|　南去女國，
     |　　　　　　　　　　　　　|　西去朱俱波）
(10) 疏勒（西去鏺汗，————　朱俱波
     |　南去朱俱波）
(12) 鏺汗（西北去蘇對沙那）—(06) 石國（南去鏺汗）
     |
     蘇對沙那
     |
(15) 米國（西去康國，————(16) 史國（西去那色波，———那色波

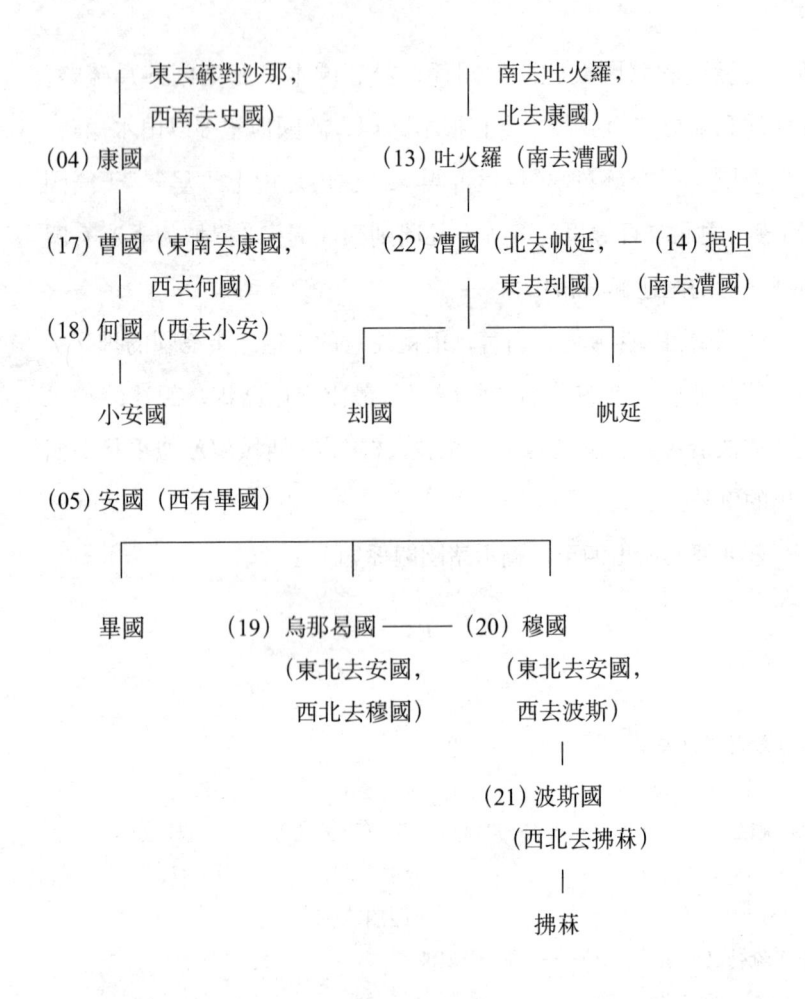

```
          │ 東去蘇對沙那,              │ 南去吐火羅,
          │ 西南去史國)               │ 北去康國)
(04) 康國                      (13) 吐火羅（南去漕國）
   │
(17) 曹國（東南去康國,         (22) 漕國（北去帆延,──(14) 挹怛
   │      西去何國）                    東去刦國）    （南去漕國）
(18) 何國（西去小安）
   │                            ┌────────┼────────┐
  小安國                        刦國              帆延


(05) 安國（西有畢國）
   ┌────────────┼────────────┐
  畢國      (19) 烏那曷國────(20) 穆國
              （東北去安國,        （東北去安國,
                西北去穆國）          西去波斯）
                                      │
                              (21) 波斯國
                                 （西北去拂菻）
                                      │
                                    拂菻
```

　　國名前的數字表示各國在傳文中出現的次序。最初兩國吐谷渾、党項和末一國附國，由於傳文沒有提供四至情況，故未列入。由此可見，如果按照交通路線，各國編次是混亂的。既然別無其他編纂規則可尋，不能不認爲傳文出諸不諳西域事情的編者之手。

二

傳文所載西域里數。[1]

1. "高昌國……去敦煌十三日行。"

"十三日行":自高昌赴敦煌的行程,即1300里(以馬行一日百里計)。按此乃經由"大海道"之行程。《西州圖經殘卷》:"右道出柳中縣界,東南向沙州一千三百六十里,常流沙,人行迷誤。有泉井,鹹苦。無草。行旅負水擔糧,履踐沙土,往來困弊。"[2]《史記正義》(卷一二三)引裴矩《西域[圖]記》亦稱:"[鹽澤]在西州高昌縣東,東南去瓜州一千三百里。"

2. "安國,漢時安息國也。[安]國之西百餘里有畢國。"

2.1 "百餘里":自畢國去安國王治的行程。

3. "石國,居於藥殺水……南去鏺汗六百里,東南去瓜州六千里。"

3.1 "六百里":自石國王治赴鏺汗國王治的行程。案:據下文可知"六百里"應爲"五百里"之訛。又,據《魏書·西域傳》,者舌(石國)去破洛那1000里。

3.2 "六千里":自石國王治經鏺汗國王治赴瓜州的行程,亦即石國王治去鏺汗國王治500里與鏺汗國王治去瓜州5500里之和。

4. "焉耆……都白山之南七十里,漢時舊國也。……東去高昌九百里,西去龜茲九百里,皆沙磧。東南去瓜州二千二百里。"

4.1 "七十里":自焉耆國王治至白山的行程。案:此里數與《周書·異域傳下》所載相同。

4.2 "九百里":自焉耆國王治至高昌的行程。案:據《漢書·西域傳下》，焉耆國王治至車師前國王治交河城 835 里，又據《元和郡縣圖志・隴右道・西州》（卷四〇），交河城至高昌 80 里，知"九百里"乃經由交河城的行程，不過約數。

4.3 "九百里"：自焉耆國王治至龜茲國王治的行程。案：據《漢書・西域傳下》，自焉耆國王治員渠城經尉犁國王治赴烏壘城的行程 400 里，自烏壘城赴龜茲國王治延城三百五十里。兩者之和僅 750 里。

4.4 "二千二百里"：自焉耆國王治赴瓜州的行程，亦卽焉耆國王治去高昌 900 里，與高昌去敦煌 1300 里之和。

5. "龜茲國，都白山之南百七十里，漢時舊國也。……東去焉耆九百里，南去于闐千四百里，西去疏勒千五百里，西北去突厥牙六百餘里，東南去瓜州三千一百里。"

5.1 "百七十里"：自龜茲國王治至白山的行程。案：此里數與《周書・異域傳下》同。

5.2 "九百里"：卽里數 4.3。

5.3 "千四百里"：自龜茲國王治至于闐國王治的行程。

5.4 "千五百里"：自龜茲國王治至疏勒國王治的行程。案：據《漢書・西域傳上》，疏勒去烏壘 2210 里，而據《漢書・西域傳下》，龜茲去烏壘 670 里。由此可知龜茲去疏勒應爲 2210 里和 670 里之差：1540 里。

5.5 "六百餘里"：自龜茲國王治至突厥國王治的行程。

5.6 "三千一百里"：自龜茲國王治經焉耆國王治赴瓜州的行程，亦卽龜茲國王治去焉耆國王治 900 里，與焉耆國王治去瓜州 2200

里之和。

6."疏勒國,都白山南百餘里……東去龜茲千五百里,西去鏺汗國千里,南去朱俱波八九百里,東北去突厥牙千餘里,東南去瓜州四千六百里。"

6.1 "百餘里":自疏勒國王治至白山的行程。

6.2 "千五百里":即里數 5.4。

6.3 "千里":自疏勒國王治至鏺汗國王治的行程。

6.4 "八九百里":自疏勒國王治至朱俱波國王治的行程。

6.5 "千餘里":自疏勒國王治至突厥牙的行程。

6.6 "四千六百里":自疏勒國王治經龜茲國王治赴瓜州的行程,亦即疏勒國王治去龜茲國王治 1500 里,與龜茲國王治去瓜州 3100 里之和。

7."于闐國,都葱嶺之北二百餘里。……東去鄯善千五百里,南去女國三千里,西去朱俱波千里,北去龜茲千四百里,東北去瓜州二千八百里。"

7.1 "二百餘里":自于闐國王治至葱嶺的行程。案:此里數與《周書·異域傳下》同。

7.2 "千五百里":自于闐國王治至鄯善國王治的行程。

7.3 "三千里":自于闐國王治至女國王治的行程。

7.4 "千里":自于闐國王治至朱俱波國王治的行程。

7.5 "千四百里":即里數 5.3。

7.6 "二千八百里":此里數有誤。

8."鏺汗國,都葱嶺之西五百餘里。……東去疏勒千里,西去蘇對沙那國五百里，西北去石國五百里，東北去突厥牙二千餘里，東去瓜州五千五百里。"

8.1 "五百餘里"：自鏺汗國王治至蔥嶺的行程。

8.2 "千里"：即里數6.3。

8.3 "五百里"：自鏺汗國王治至蘇對沙那國王治的行程。

8.4 "五百里"：自鏺汗國王治至石國王治的行程。此里數與"石國條"有異，似乎應以此爲準。

8.5 "二千餘里"：表示鏺汗國王治去突厥牙的行程（20×100里/日）。

8.6 "五千五百里"：里數表示自鏺汗國王治赴瓜州的行程。"五千五百里"或係"五千四百里"之訛。

9. "吐火羅國，都蔥嶺西五百里。……南去漕國千七百里，東去瓜州五千八百里。"

9.1 "五百里"：自吐火羅國王治至蔥嶺的行程。

9.2 "千七百里"：自吐火羅國王治至漕國王治的行程。

9.3 "五千八百里"：自吐火羅國王治至瓜州的行程，經由不明。

10. "挹怛國，都烏滸水南二百餘里。……南去漕國千五百里，東去瓜州六千五百里。"

10.1 "二百餘里"：自挹怛國王治至烏滸水的行程。

10.2 "千五百里"：自挹怛國王治至漕國王治的行程。

10.3 "六千五百里"：自挹怛國王治至瓜州的行程，經由不明。

11. "米國，都那密水西。……西北去康國百里，東去蘇對沙那國五百里，西南去史國二百里，東去瓜州六千四百里。"

11.1 "百里"：自米國王治至康國王治的行程。案：據《魏書·西域傳》，悉萬斤國王治悉萬斤城去米國王治迷密城一日行程（100 里）。

11.2 "五百里"：自米國王治至蘇對沙那國王治的行程。

11.3 "二百里"：自米國王治至史國王治的行程。

11.4 "六千四百里"：自米國王治經由鏺汗國去瓜州的行程，亦即米國王治去蘇對沙那 500 里、蘇對沙那王治去鏺汗國王治 500 里，和鏺汗國王治去瓜州 5400 里之和。

12. "史國，都獨莫水南十里，舊康居之地也。……北去康國二百四十里，南去吐火羅五百里，西去那色波國二百里，東北去米國二百里，東去瓜州六千五百里。"

12.1 "十里"：自史國王治至獨莫水的行程。

12.2 "二百四十里"：自史國王治至康國王治的行程。

12.3 "五百里"：自史國王治至吐火羅國王治的行程。

12.4 "二百里"：自史國王治至那色波國王治的行程。

12.5 "二百里"：即里數 11.3。

12.6 "六千五百里"：自史國王治經由米國赴瓜州的行程，亦即史國王治至米國 200 里，和米國王治至瓜州 6400 里之和。"六千五百里"或係"六千六百里"之訛。

13. "曹國，都那密水南數里，舊是康居之地也。……東南去康國百里，西去何國百五十里，東去瓜州六千六百里。"

13.1 "數里"：自曹國王治至那密水的行程。

13.2 "百里"：自曹國王治至康國王治的行程。

13.3 "百五十里"：自曹國王治至何國王治的行程。

13.4 "六千六百里"：自曹國王治經由康國、米國王治赴瓜州的行程，亦即曹國王治至康國王治 100 里、康國王治至米國王治 100 里，和米國王治至瓜州 6400 里之和。

14. "何國，都那密水南數里，舊是康居之地也。……東去曹國百五十里，西去小安國三百里，東去瓜州六千七百五十里。"

14.1 "數里"：自何國王治至那密水的行程。

14.2 "百五十里"：即里數 13.3。

14.3 "三百里"：自何國王治至小安國王治的行程。

14.4 "六千七百五十里"：自何國王治經由曹國王治至瓜州的行程，亦何國王治至曹國王治 150 里和曹國王治至瓜州 6600 里之和。

15. "烏那曷國，都烏滸水西，舊安息之地也……東北去安國四百里，西北去穆國二百餘里，東去瓜州七千五百里。"

15.1 "四百里"：自烏那曷國王治至安國王治的行程。

15.2 "二百餘里"：自烏那曷國王治至穆國王治的行程。

15.3 "七千五百里"：經由安國王治赴瓜州的行程。由此可以推知安國王治去瓜州 7100 里，亦即烏那曷國王治去瓜州 7500 里與烏那曷國王治去安國王治 400 里之差。

16. "穆國，都烏滸河之西……東北去安國五百里，東去烏那曷二百餘里，西去波斯國四千餘里，東去瓜州七千七百里。"

16.1 "五百里"：自穆國王治至安國王治的行程。

16.2 "二百餘里"：即里數 15.2。

16.3 "四千餘里"：自穆國王治至波斯國王治的行程。

16.4 "七千七百里"：自穆國王治經由烏那曷國王治赴瓜州的行程，亦即穆國王治至烏那曷國王治 200 里，和烏那曷國王治去瓜州 7500 里之和。

17. "波斯國，都達曷水之西蘇蘭城。……西去海數百里，東去穆國四千餘里，西北去拂菻四千五百里，東去瓜州萬一千七百里。"

17.1 "數百里"：自波斯國王治去地中海東岸的行程。

17.2 "四千餘里"：即里數 16.3。

17.3 "四千五百里"：可能是自波斯國王治往赴拂菻國王治的行程。案：據《魏書·西域傳》，自波斯國王治赴伏盧尼國（拂菻）王治 3100 里。本傳所載也許是經由陸路的行程。

17.4 "萬一千七百里"：自波斯國王治經由穆國赴瓜州的行程，亦即波斯國王治去穆國王治 4000 里，和穆國王治去瓜州 7700 里之和。

18. "漕國，在葱嶺之北，漢時罽賓國也。……北去帆延七百里，東去刦國六百里，東北去瓜州六千六百里。"

18.1 "七百里"：自漕國王治去帆延的行程。

18.2 "六百里"：漕國王治去刦國王治的行程。

18.3 "六千六百里"：自漕國王治赴瓜州的行程，經由不明。

推敲以上里數，似乎可以說明以下問題：

1. 本傳不載諸國王治去隋都的里數，僅通過去瓜州里數間接表示。這是和前史"西域傳"最大的區別，不能不說是編者的一個重要疏忽。

2. 本傳所載里數多有重複（如里數 5.4 與 6.2、16.3 與 17.2 等），這也是前史"西域傳"很少見的，似乎也能說明編者的漫不經心或資料的短缺。

3. 瓜州，北魏置，治敦煌（今敦煌西南）。據《元和郡縣圖志・隴右道・沙州》（卷四〇），隋大業三年（607年）改爲敦煌郡。本傳以瓜州爲基準的里程記載均依據大業三年前的資料。

4. 本傳所見西域里數堪與前史印證者不多，說明其有獨立的資料來源。一般認爲可能取材於裴矩《西域圖志》，但並無確證。因此，不能不認爲由於"中國大亂，朝貢遂絕"，檔案被毀，"事多亡失"，如《隋書・西域傳》序所言，編者或因此在記錄里數時祇能利用大業三年前業已獲得的資料。

三

一般認爲裴矩《西域圖記》是《隋書・西域傳》的主要資料來源。然而祇要仔細推敲，便不能不認爲這不過是想當然罷了。

裴矩書明載於《隋書・經籍二》："隋西域圖三卷，裴矩撰。"《隋書》編者無疑見到此書，書序即見諸《隋書・裴矩傳》。《隋書・西域傳》末"煬帝規摹宏侈，掩吞秦、漢，裴矩方進《西域圖記》以蕩其心"云云，更進一步說明本傳編者也是見過這本書的。

據研究，裴氏書完成於大業二年。[3] 這和傳文以瓜州爲記述諸國位置的基準點也是一致的。

但是,說《隋書・西域傳》取材於裴矩《西域圖記》至少有以下幾點無法解釋:

1. 裴序稱:"西域圖記,共成三卷,合四十四國。"可是本傳所傳西域諸國不過二十國,卽使加上西戎三國也祇有二十三國。[4]

2. 如果說囿於體例,本傳祇能記述來朝諸國,則《隋書・西域傳》傳首明載:"大業年中,相率而來朝者三十餘國。"考慮到這三十餘國來朝,均係裴矩"於武威、張掖間往來以引致"的結果,雖然這三十餘國朝隋之舉在裴著完稿之後,但諸國事情無疑包括在裴著之中。這也說明本傳並未參考裴著。

3. 裴序明載當時通西域道路:"發自敦煌,至于西海,凡爲三道,各有襟帶。北道從伊吾,經蒲類海鐵勒部,突厥可汗庭,度北流河水,至拂菻國,達于西海。其中道從高昌,焉耆,龜茲,疏勒,度葱嶺,又經鏺汗,蘇對沙那國,康國,曹國,何國,大、小安國,穆國,至波斯,達于西海。其南道從鄯善,于闐,朱俱波,喝槃陀,度葱嶺,又經護密,吐火羅,挹怛,帆延,漕國,至北婆羅門,達于西海。其三道諸國,亦各自有路,南北交通。其東女國、南婆羅門國等,並隨其所往,諸處得達。故知伊吾、高昌、鄯善,並西域之門戶也。總湊敦煌,是其咽喉之地。"然如前述,傳文敍述各國次序全無章法,說明編者對於西域道路走向,以及諸國在交通線上的位置不甚了了。

儘管裴著是地志,重在地理;本傳則注意人事,卽文治武功;但兩者定有不少相通之處。正如歷代正史"西域傳"無不重視西域交通以及諸國在交通線上的位置，本傳的編撰宗旨似亦不應例外。換言之，如果取材裴著，傳文在這些方面應該有更充實、準確的表述。

另外，《隋書·西域傳》"高昌條"有載：

從武威西北，有捷路，度沙磧千餘里，四面茫然，無有蹊徑。欲往者，尋有人畜骸骨而去。路中或聞歌哭之聲，行人尋之，多致亡失，蓋魑魅魍魎也。故商客往來，多取伊吾路。

說者以爲這是《隋書·西域傳》取材裴著的確證。蓋《史記正義》（卷一二三）引裴矩《西域［圖］記》云：

［鹽澤］在西州高昌縣東，東南去瓜州一千三百里，並沙磧之地，水草難行，四面危，道路不可準記，行人唯以人畜骸骨及馳馬糞爲標驗。以其地道路惡，人畜卽不約行，曾有人於磧內時聞人喚聲，不見形，亦有歌哭聲，數失人，瞬息之間不知所在，由此數有死亡。蓋魑魅魍魎也。

又，《太平寰宇記·隴右道七·西州》：

柳中路：裴矩《西域［圖］記》云：自高昌東南去瓜州一千三百里，並沙磧，乏水草，人難行，四面茫茫，道路不可準記，唯以人畜骸骨及馳馬糞爲標驗。以知道路。若大雪卽不得行。兼有魑魅。以是商賈往來多取伊吾路。

字句的相似似乎已足以說明問題。[5]

今案：類似文字已經出現在《周書·異域傳下》"高昌條"：

自燉煌向其國，多沙磧，道里不可准記，唯以人畜骸骨及駞馬糞爲驗，又有魑魅怪異。故商旅來往，多取伊吾路云。

《周書》雖亦出自唐人之手，但不能排除編者利用北周檔案的可能性，或者說不能排除《周書》、《隋書》和裴著有關記載具有共同資料來源的可能性。質言之，上引文字也不能作爲《隋書·西域傳》徵引裴著的確證。

又，《史記正義》引《西域圖記》云："鉢汗，古渠搜也。"[6] 這雖與《隋書·西域傳》的記載相符，也不能看作《隋書·西域傳》取材《西域圖記》的證據，蓋鉢汗前身爲渠搜有可能是一種當時流行的說法。

《隋書》編者在本傳的跋語中斥責裴矩，但似乎很難將本傳不取材裴著歸結爲因人廢言。目前看來，合理的解釋祇能是《隋書·西域傳》祇是依據檔案編撰，無意複述裴著。

當然，本傳和裴著記述的對象均係西域諸國，客觀記事相同或相似不可避免。特別是裴矩奉詔赴武威、張掖間招致諸國，了解到的情況必定進入政府檔案，這些材料中沒有佚失的部份（例如以瓜州爲基準的里數記載）也可能被本傳編者吸收。

四

最後，說一說本傳與韋節《西蕃記》的關係。蓋據傳首序言：

煬帝時，遣侍御史韋節、司隸從事杜行滿使於西蕃諸國。至罽賓，得瑪瑙杯；王舍城，得佛經；史國，得十儛女、師子皮、火鼠毛而還。

這位侍御史韋節著有《西蕃記》。《隋書·經籍二》載有："《諸蕃國記》十七卷。"《諸蕃國記》應即《西蕃記》。全書已佚，僅《通典·邊防九·西戎五》收有若干斷簡殘句。韋節進《西蕃記》的成書年代最早應在大業五年。[7]

既然本傳編者注意到了韋節西使，又沒有證據表明在《隋書》編撰的時代《西蕃記》已經散佚，按理說本傳也可能取材韋著。祇是現存《西蕃記》之斷簡殘篇與傳文所載並不相符，可見本傳也未取材韋著：

1.《通典·邊防九·西戎五》引韋節《西蕃記》云："康國人並善賈，男年五歲則令學書，少解則遣學賈，以得利多為善。其人好音聲。以六月一日為歲首，至此日，王及人庶並服新衣，翦髮鬚。在國城東林下七日馬射，至欲罷日，置一金錢於帖上，射中者則得一日為王。俗事天神，崇敬甚重。云神兒七月死，失骸骨，事神之人每至其月，俱著黑疊衣，徒跣撫胸號哭，涕淚交流。丈夫婦女三五百人散在草野，求天兒骸骨，七日便止。國城外別有二百餘戶，專知喪事，別築一院，院內養狗。每有人死，即往取屍，置此院內，令狗食之，肉盡收骸骨，埋殯無棺槨。"這些重要信息在《隋書·西域傳》"康國條"中幾乎沒有得到反映。

2.《通典·邊防九·西戎五》原注引韋節《西蕃記》云：韋節抵達挹怛國，"親問其國人，並自稱挹闐"。這也不見於本傳關於挹怛的記載中。

但是，有迹象表明，本傳的結構在某種程度上受到韋節、杜行滿西使的影響。蓋據我的研究，韋、杜西使一行很可能抵達康國（Samarkand）後分道揚鑣，韋節經由史國（Shahri-sebz）、挹怛（Balkh），抵達罽賓（Kāśmīra）和王舍城（Rājagṛha）。杜行滿則往赴安國（Buchārā），並偕安國使者於大業五年歸朝。與韋、杜一起出發的李昱則先隨杜行滿抵達安國，復自安國往赴波斯。[8] 這似乎可以解釋傳文不恰當的西域諸國排列次序。質言之，由於傳文編者不諳西域事情，無法協調來自不同使者的報告，以致形成了某些局部有序、但整體無序這樣一種奇怪的結果。

■ 注釋

[1] 關於里數，參看本書中卷第二篇。

[2] 王仲犖《敦煌石室地志殘卷考釋》，上海古籍出版社，1993年，p. 210；王去非"關於大海道"，《向達先生紀念論文集》，新疆人民出版社，1986年，pp. 485-493。

[3] 關於裴著,參看內田吟風"隋裴矩撰《西域圖記》遺文纂考",《藤原弘道先生古稀記念史學佛教學論集》,內外印刷株式會社:1973 年,pp. 115-128。

[4] 除設有專條的二十國外,傳文中提及的西域國家還有小安國、那色波、畢國、朱俱波、鄯善、蘇對沙那、帆延、刼國、拂菻,凡九國。

[5] 嶋崎昌"《隋書》高昌傳解說",《隋唐時代の東トゥルキスターン研究》,東京:東京大學出版會,1977 年,pp. 310-340。

[6] 見《玉海·地理·異域國書》(卷一六)。

[7] 北村高"《隋書·西域傳》について——その成立と若干の問題——",《龍谷史壇》78(1980 年),pp. 31-45。

[8] 余太山"隋與西域諸國關係述考",《文史》第 69 輯(2004 年第 4 期),pp. 49-57。

附卷二

一　樓蘭、鄯善、精絕等的名義
——兼説玄奘自于闐東歸的路綫

一

"樓蘭"一名,最早見於《史記·大宛列傳》所載張騫首次西使歸國後向武帝所作報告。據稱:

> 于寘之西,則水皆西流,注西海;其東水東流,注鹽澤。鹽澤潛行地下,其南則河源出焉。多玉石,河注中國。而樓蘭、姑師邑有城郭,臨鹽澤。鹽澤去長安可五千里。

《史記正義》引《括地志》曰:"蒲昌海一名泑澤,一名鹽澤,亦名輔日海,亦名穿蘭,亦名臨海,在沙州西岸。"其中"穿蘭"應爲"牢蘭"之訛。"牢蘭"[ləu-lan],與"樓蘭"[lo-lan]乃同名異譯,牢蘭海因樓蘭人而得名。

目前爲學術界一致認可的説法是,"樓蘭"乃佉盧文書所見 Kroraimna（Krorayina）一名之漢譯。

樓蘭國後來改名"鄯善"。據《漢書·西域傳上》記載：

> 元鳳四年，大將軍霍光白遣平樂監傅介子往刺其王。介子輕將勇敢士，齎金幣，揚言以賜外國爲名。既至樓蘭，詐其王欲賜之，王喜，與介子飲，醉，將其王屏語，壯士二人從後刺殺之，貴人左右皆散走。介子告諭以王負漢罪，天子遣我誅王，當更立王弟尉屠耆在漢者。漢兵方至，毋敢動，自令滅國矣！介子遂斬王嘗歸首，馳傳詣闕，縣首北闕下。封介子爲義陽侯。乃立尉屠耆爲王，更名其國爲鄯善，爲刻印章，賜以宮女爲夫人，備車騎輜重，丞相[將軍]率百官送至橫門外，祖而遣之。王自請天子曰：身在漢久，今歸，單弱，而前王有子在，恐爲所殺。國中有伊循城，其地肥美，願漢遣一將屯田積穀，令臣得依其威重。於是漢遣司馬一人、吏士四十人，田伊循以填撫之。其後更置都尉，伊循官置始此矣。

漢人"更名其國爲鄯善"，其用意顯然在於使樓蘭國從此背匈奴向漢，改惡從善。但是"鄯善"一名顯然祇能是一個音義兼顧的譯稱。換言之，"鄯善"本質上是一個樓蘭人能夠接受的名稱的漢語音譯，漢人不過是利用漢字字義賦予"向善"之意而已，類似的例子如婼羌國王號"去胡來王"。[1]

至於"鄯善"一名的原意究竟是什麼？由於資料保持沈默，不得而知。但是，既然"樓蘭"是國號或族名，便不妨指"鄯善"之原名爲其顯貴氏族或王族之名號。

二

　　從"樓蘭"和"鄯善"這兩個名稱的關係,似乎可以發現:來到塔里木盆地南緣的 Kroraimna 人並不僅僅進入樓蘭一地;蓋西域南道另有與"樓蘭"或"鄯善"同名之國。

　　據《漢書·西域傳上》,鄯善國之西有精絕國,精絕國之南有戎盧國。"精絕"[dzieng-dziuat] 得視爲"鄯善"之異譯,"戎盧"[njiuəm-la] 得視爲"樓蘭"之異譯。[2]

　　又,《大唐西域記》卷一二有載:

　　戰地東行三十餘里,至媲摩城,有彫檀立佛像,高二丈餘,甚多靈應,時燭光明。凡有疾病,隨其痛處,金薄帖像,即時痊復。虛心請願,多亦遂求。聞之土俗曰:此像,昔佛在世憍賞彌國鄔陁衍那王所作也。佛去世後,自彼凌空至此國北曷勞落迦城中。初,此城人安樂富饒,深著邪見,而不珍敬。傳其自來,神而不貴。後有羅漢禮拜此像。國人驚駭,異其容服,馳以白王。王乃下令,宜以沙土坌此異人。時阿羅漢身蒙沙土,餬口絕糧。時有一人心甚不忍,昔常恭敬尊禮此像,及見羅漢,密以饌之。羅漢將去,謂其人曰:却後七日,當雨沙土,填滿此城,略無遺類。爾宜知之,早圖出計。猶其坌我,獲斯殃耳。語已便去,忽然不見。其人入城,具告親故。或有聞者,莫不嗤笑。至第二日,大風忽發,吹去穢壤,雨雜寶滿衢路。人更罵所告者。此人心知必然,竊開孔道,出城外而穴之。第七日夜，宵分之後，雨沙土滿城中。其人從孔道出，東趣此國，止媲摩城。其人纔至，其像亦來，即此供養，不敢遷移。聞諸先記曰：釋迦法盡，像入龍宮。今曷勞落迦城爲大坋阜，諸國君王，異方豪右，多欲發掘，取其寶物。適至其側，猛風暴發，煙雲四合，道路迷失。

所謂"戰地"，據同卷，在瞿薩旦那國"王城東三百餘里"，故媲摩城應位瞿薩旦那即于闐國王城之東三百三十餘里。媲摩城的位置一說在Uzun Tati。[3]其中提到的曷勞落迦城位於瞿薩旦那"國北"、媲摩城之西。"曷勞落迦"[hat-lô-lak-keai]，與"樓蘭"（Kroraimna）顯然也是同名異譯。[4]

Kroraimna人不僅進入南道，而且進入北道。以下似乎可以視作證據：

《漢書·西域傳下》載王莽建國二年，車師後王須置離"欲亡入匈奴。戊己校尉刁護聞之，召置離驗問，辭服，乃械致都護但欽在所埒婁城"。埒婁城地望不詳，但應在龜茲國中無疑。"埒婁"[liat-lo]得視爲"樓蘭"之異譯。同傳所載龜茲國附近小國之名"輪臺"[liuən-də]（《史記·大宛列傳》作"侖頭"[liuən-do]）亦得視爲"樓蘭"之異譯。

而《隋書·音樂志下》載：龜茲樂部"歌曲有善善摩尼"。《悟空入竺記》稱："安西境內有前踐山、前踐寺。"[5]所謂"安西"即龜茲都城，"前踐寺"即今庫車附近森姆塞姆千佛洞。"善善"[zjian-zjian]或"前踐"[dzian-dzian]均得與"鄯善"[zjian-zjian]視爲同名異譯。

"埒婁"、"輪臺"與"前踐"或"善善"等名稱同見於龜茲及其附近，表明曾有一支 Kroraimna 人曾經來到龜茲地區。

另外，《後漢書·西域傳》載疏勒國有楨中城，應即《魏略·西戎傳》所見位於西域中道之楨中國。"楨中"[tieng-tiuəm]，與"鄯善"、"精絕"等亦得視爲同名異譯，似乎可以說明該處亦有 Kroraimna 人活動之蹤蹟。

三

果然上述南、北道諸地名是同一部族留下的蹤蹟，則不妨進一步推測所謂 Kroraimna 人與斯特拉波《地理志》[6]（XI, 8）所載滅亡希臘巴克特里亞王國的 Sacae 四部之一 Sacarauli 同源。蓋至遲在前七世紀末 Sacarauli 已經出現在伊犁河、楚河流域，屬於被阿喀美尼德朝波斯大流士一世（Darius I，前 586—前 531 年）貝希斯登銘文稱之爲 Sakā 的部落聯合體。這個部落聯合體主要由 Asii、Tochari、Gasiani、和 Sacarauli 四部組成，這個聯合體被波斯人稱爲 Sakā，Sakā 是波斯人對錫爾河以北遊牧人的泛稱；四部之一的 Kroraimna 可能因此被稱爲 Sacarauli。後來由於遷徙的結果，Sacarauli 人分佈於錫爾河南北、索格底亞那與吐火羅斯坦等地，也有一些進入塔里木盆地南北諸綠洲。[7] 就名稱而言，Sacarauli 無妨視作 Sakā [K]rauli 之訛。Krauli 又無妨視作 Krorai[m]na 之略。

質言之 Kroraimna 便是 Sakā Krorai[m]na 之訛略。

斯特拉波所載 Sacarauli，一說其正確寫法應爲 Sacaraucae 亦卽 Sakā Rawaka，應卽見諸大流士一世 Naqš-e Rostam 銘文所見 Sakā Haumavargā。[8] 今案：指斯特拉波所載爲 Pompeius Trogus 提到的 Saraucae 是正確的。但是，並沒有證據表明 Sacarauli 或 Saraucae 就是 Sakā Haumavargā。當時 Sakā 部落衆多，除大流士碑銘中提及者外，另有一種 Sakā Kroraimna 其實不足爲奇。

除上述《史記・大宛列傳》所見樓蘭國以及《漢書・西域傳上》所見精絕國、戎盧國爲進入南道之 Sacarauli 人所建之外，同屬南道的莎車國也可能是 Sacarauli 人所建，蓋"莎車"[sai-kia] 得視爲 Sacarauli 之對譯。

四

另外，《漢書・西域傳上》載："昔匈奴破大月氏，大月氏西君大夏，而塞王南君罽賓。塞種分散，往往爲數國。自疏勒以西北，休循、捐毒之屬，皆故塞種也。"知該傳所傳罽賓國爲塞人所建。

又據同傳，"罽賓國王治循鮮城"。"循鮮"[ziuən-sian]，既得視爲"鄯善"、"精絕"之異譯，則進入罽賓地區的塞種應屬四部中的 Sacarauli。

一說傳文所見"塞王"爲希臘語 Sakaraukai（拉丁語爲 Sa[ca]raucae，印度語爲 Saka-murunda）之義譯，蓋 Sakaraukai 一

詞中的成份 -rauk 意爲"王"或"統治者"。[9] 今案：此說似有未安。

一則，Saraucae 卽 Sakaraukai 首見於 Pompeius Trogus，爲進入巴克特里亞的 Scythia 卽 Sakā 諸部之一，Saraucae 卽 Sakaraukai 爲部落名稱。至於 Saka-murunda，可能另有所指。

二則，Pompeius Trogus 在一處說"Saraucae（Sacarauli）和 Asiani（Asii）佔領了 Bactria 和 Sogdiani"（XLI），在另處又含糊地提到"Tochari 的王族 Asiani"和"Saraucae 的殲滅"（XLII）。[10] 沒有證據表明 Saraucae 卽 Sakaraukai 曾經是 Sakā 諸部之宗主。因此，《漢書·西域傳上》所謂"南君罽賓"的"塞王"祇能是指 Saraucae 卽 Sakaraukai 一部之王。既然 Saraucae 卽 Sakaraukai 之王已"南君罽賓"，按照常理，就不應再出現在吐火羅斯坦。更何況，如前所述，塔里木盆地許多地方都有 Saraucae 卽 Sakaraukai 人的蹤蹟，可見不能將 Saraucae 卽 Sakaraukai 這一名稱釋爲"塞王"。

五

漢精絕國王治所在卽今尼雅遺址，多數學者以爲就是玄奘歸途所經尼壤城。[11] 但是，這不是沒有疑問的。[12]

一則，尼雅遺址自本世紀初迄今業已多次調查、發掘，從未發現任何唐代文物。

二則，《大唐西域記》卷一二載："媲摩川東入沙磧，行二百餘里,至尼壤城,周三四里,在大澤中,澤地熱濕,難以履涉,蘆草荒茂,無復途徑,唯趣城路,僅得通行,故往來者莫不由此城焉,而瞿薩旦那以爲東境之關防也。"由此可知尼壤城在沼澤中,但尼雅遺址在漢代已是沙丘漫生,其人埋骨之所均爲沙丘,連墓穴亦難以形成。

三則,按之蘆葦叢生、地下水位較高這一地理形勢,從今日地貌觀察,尼壤城應求諸民豐縣綠洲或大瑪扎綠洲一帶。

既然尼雅遺址原爲漢精絕國王治,則玄奘所述尼壤城所在即今民豐縣綠洲或大瑪扎綠洲一帶不妨視爲漢戎盧國王治舊址。蓋據《漢書·西域傳上》,自精絕國"南至戎盧國四日行"。也許所說正是從民豐綠洲抵達尼雅遺址的行程;"尼壤"又得視爲"戎盧"之音轉。

六

尼壤城似爲漢戎盧國王治所在旣如前述,則玄奘自尼壤城東歸所由覩貨邏故國卽今安得悅遺址有可能爲漢小宛國王治所在。[13]

一則,據《漢書·西域傳上》,戎盧國東與小宛接。玄奘東歸旣取道戎盧,下一站應爲小宛。

二則,"小宛"之得名本與"大宛"同,均係Tochari之漢譯。[14]

三則,據《漢書·西域傳上》,自且末國王治"南至小宛可三日行"。而據《大唐西域記》卷一二,"從此(尼壤城)東行,入大流沙。……行四百餘里，至覩貨邏故國。……從此東行六百餘里，至折摩馱那故國，卽沮末地也"；似乎距離不符。但是，玄奘所經折摩馱那故國可能已非漢且末國王治所在。今且末縣北、阿牙克河故道旁，還保存著一座形制相當完整的古城；[15]正是漢且末國王治所在也未可知。

七

玄奘所經位於尼壤城之西的媲摩城有可能是渠勒國王治所在。

一則，正如前述，媲摩城位於今 Uzun-Tati 遺址。自該城東行，可至尼壤城（漢戎盧國王治所在），與《漢書·西域傳上》關於戎盧國"西與渠勒接"的記載相符。

二則，"渠勒"[gia-lek] 不妨視爲 Tochari 之對譯，[16]而 Uzun 不妨視爲 Asii 之異譯。Tochari 與 Asii 同爲塞種部落，兩者關係密切；故"渠勒"一地被稱爲 Tochari，不妨另有 Uzun 之稱。進入今博斯騰湖周圍的 Asii 部落被稱爲"焉耆"[ian-tjiei]，然焉耆國周遭山水多以"敦薨"（Tochari）爲名，可以佐證。[17]

三則，自 Uzun-Tati 遺址北行可至 Dandān-Uiliq 遺址，此卽《漢書·西域傳上》所謂渠勒國"北與扜彌接"。蓋 Dandān-Uiliq 遺址可能是漢扜彌國王治所在：[18]賈耽《皇華四達記》："有寧彌故城，一曰達德力城，曰汗彌國，曰拘彌城。于闐東三百九十里，有建德力河，東七百里有精絕國。"（《新唐書·地理志七下》）"建德力"爲"達德力"之誤。"達德力"得視爲Dandān-Uiliq之對譯。

玄奘自于闐東歸，歷經媲摩城、尼壤城、覩貨邏故國，說明當時西域南道已因沙漠南侵而南移。

■ 注釋

[1] 黃文弼正確指出"去胡來"原語爲Tochari，見"重論古代大夏之位置與移徙"，《黃文弼歷史考古論集》，文物出版社，1989年，pp. 81-84。

[2] 佉盧文所見Cado'ta 卽精絕，說見A. Stein, *Serindia*, Vol. 1. Oxford, 1921, p. 219。今案：Cado'ta 與"精絕"、"鄯善"亦得視爲同名異譯。

[3] Ed. Chavannes, "Les pays d'occident d'après le *Wei Lio*." *T'oung Pao* 6 (1905), p. 538, n.1; A. Stein, *Ancient Khotan*, vol. 1. Oxford, 1907, p. 476; 均主此說。

[4] K. Enoki, "Yü-ni-ch'èng and the Site of Lou-lan." *Ural-Altaische Jahrbücher* 33 (1961), pp. 52-65.

[5] 《大正新脩大藏經》T51, No. 2089, p. 980。

[6] H. L. Jones, tr., *The Geograpphy of Strabo, with an English Translation*. London, 1916.

[7] 余太山《塞種史研究》，中國社會科學出版社，1992年，pp. 24-51, 211-215。

[8] W. W. Tarn, *The Greeks in Bactria and India*. Cambridge, 1951, pp. 291-292.

[9] H. W. Bailey, *Indo-Scythian Studies*. London, Cambridge University Press, 1985, pp. 67-68; J. Harmatta, ed., *History of Civilizations of Central Asia*, vol.

    2. *The Development of Sedentary and Nomadic Civilizations: 700 B.C. to A.D. 250*. UNESCO Publishing, 1994, p. 409.

[10] J. S. Waston, tr, *Justinus, Epitome of the Philippic History of Pompeius Trogus*, London: Henry G. Bohn, York Street, Convent Garden, 1853. 轉引自注 8 所引書，p. 286.

[11] 例如：水谷真成譯《大唐西域記》，《中國古典文學大系》22，平凡社，1972 年，pp. 406-407。

[12] 王炳華"尼雅考古回顧及新收穫"，中日共同尼雅遺迹學術考察隊《中日、日中共同尼雅遺跡學術調查報告書》第 1 卷，1996 年，pp. 193-206。

[13] 參看岑仲勉《漢書西域傳地里校釋》，中華書局，1981 年，pp. 40-43。

[14] 參看本書中卷第一篇。

[15] 王炳華"'絲路'考古新收穫"，《新疆文物》1991 年第 2 期，pp. 21-41。

[16] 參看本書中卷第一篇，以及注 13 所引岑仲勉書，pp. 64-67。

[17] 參看本書中卷第一篇。

[18] 藤田豐八"西域研究·扞彌 Dandān-Uiliq"，《東西交涉史の研究·西域篇》，荻原星文館，1943 年，pp. 253-279；長澤和俊"拘彌國考"，《史觀》100（1979 年），pp. 51-67；注 13 所引岑仲勉書，pp. 55-63。

二　兩漢魏晉南北朝時期西域南北道綠洲諸國的兩屬現象
——兼說貴霜史的一個問題

一

兩漢魏晉南北朝時期，西域南北道綠洲諸國在多數情況下不是役屬中原王朝，便是役屬塞北遊牧政權或帕米爾以西的強國。祇有在以上各種勢力都鞭長莫及之際，綠洲諸國纔有事實上的獨立；卽使在這種情況下，佔多數的綠洲小國往往還得役屬少數綠洲大國。[1]本文所謂"兩屬"乃指綠洲國同時役屬於兩個強大勢力的現象。根據現有資料，"兩屬"現象可大別爲三類，以下分別舉例說明之。

第一類：綠洲國同時役屬中原王朝和塞北遊牧政權。典型的例子是西漢武帝時的樓蘭國。

據《漢書·西域傳上》，武帝卽位之初，包括樓蘭在內的南北道綠洲國均屬匈奴。樓蘭國當南道，"數爲匈奴耳目，令其兵遮漢使"。元封三年（前108年），武帝命將擊破樓蘭，虜其王。"樓蘭旣降服貢獻，匈奴聞，發兵擊之。於是樓蘭遣一子質匈奴，一子質漢。"從此，樓蘭從完全役屬匈奴變成同時役屬匈奴與西漢。"兩屬"的一個重要內容便是遣子質匈奴的同時，又遣子質西漢。

"兩屬"的樓蘭其實很難保持不偏不倚，據《漢書・西域傳上》載："後貳師軍擊大宛，匈奴欲遮之，貳師兵盛不敢當，即遣騎因樓蘭候漢使後過者，欲絕勿通。時漢軍正任文將兵屯玉門關，爲貳師後距，捕得生口，知狀以聞。上詔文便道引兵捕樓蘭王。將詣闕，薄責王，對曰：小國在大國間，不兩屬無以自安。願徙國入居漢地。上直其言，遣歸國，亦因使候司匈奴。匈奴自是不甚親信樓蘭。""不兩屬無以自安"道出了樓蘭國"兩屬"匈奴、西漢的原因。然而事實表明，"兩屬"仍難以自安，這真是小國的悲哀。

樓蘭"兩屬"匈奴與西漢的情況一直持續到昭帝元鳳四年（前77年）。在這一年，據《漢書・西域傳上》，漢遣將刺殺了事實上親匈奴的樓蘭王安歸，立親漢的尉屠者爲王，並駐兵該國以"填撫之"。由於在當時的西域西漢的影響佔了絕對優勢，樓蘭終於完全屬漢。由此可見，"兩屬"現象往往出現在兩個強國勢均力敵的地方，一旦這種均勢打破，"兩屬"現象便隨之消失。

北魏世祖太延年間焉耆、鄯善、龜茲等國在役屬柔然的同時也朝貢北魏，[2] 應該說也是可以歸入本類的"兩屬"現象。祇是與樓蘭有別，焉耆等國的行爲與其說是爲了自身安全，不如說是出於經濟利益的考慮。

第二類：綠洲小國同時役屬於綠洲大國與塞北或天山以北的遊牧政權。典型的例子是西漢時的杅彌國。

據《漢書·西域傳下》，李廣利大宛凱旋時，途經扜彌國，發現"扜彌遣太子賴丹爲質於龜茲"。李廣利於是遣使責龜茲曰："外國皆臣屬於漢，龜茲何以得受扜彌質？"於是"將賴丹入至京師"。所謂"外國皆臣屬於漢"的局面在李廣利伐宛後剛開始形成，此前包括龜茲、扜彌在內的南北道綠洲諸國均係匈奴屬國。由此可見，扜彌在太初三年以前曾同時役屬於匈奴和龜茲。

又如：《漢書·西域傳上》載："宣帝時，烏孫公主小子萬年，莎車王愛之。莎車王無子死，死時萬年在漢。莎車國人計欲自託於漢，又欲得烏孫心，即上書請萬年爲莎車王。漢許之，遣使者奚充國送萬年。萬年初立，暴惡，國人不說。莎車王弟呼屠徵殺萬年，并殺漢使者，自立爲王，約諸國背漢。會衛候馮奉世使送大宛客，即以便宜發諸國兵擊殺之，更立它昆弟子爲莎車王。還，拜奉世爲光祿大夫。是歲，元康元年也。""計欲自託於漢，又欲得烏孫心"，表明莎車這個位於漢和天山以北的遊牧政權烏孫之間的小國的處境。

第三類：綠洲國同時役屬於中原王朝和帕米爾以西的強國。典型的例子是若干綠洲國在役屬嚈噠的同時稱臣於北魏。[3]由於當時北魏勢力未能伸入西域，綠洲國役屬嚈噠是名副其實的，稱臣北魏祇是名義上的。這和役屬柔然的綠洲國朝貢北魏的情況頗爲相似。

總之，兩漢魏晉南北朝時期西域南北道綠洲諸國"兩屬"現象的出現是諸國本身的經濟、政治特點、地理位置以及中亞內外的形勢決定的。[4]綠洲國同時役屬的兩個強大勢力可能是彼此敵對的，也可能並不是敵對的。綠洲國"兩屬"之，有時是爲了安全，有時是爲了經濟利益；有時是被迫的，有時可以說是自願的。

二

認識兩漢魏晉南北朝時期西域南北道綠洲國的"兩屬"現象及其形成的條件，似乎有助於我們解決貴霜史上一個長期困擾學術界的問題，卽迦膩色迦在位期間的貴霜曾否征服葱嶺以東南北道綠洲諸國？

迦膩色迦曾經征服葱嶺以東說的主要依據是《大唐西域記》卷一"迦畢試國條"的一則記載：[5]

大城東三四里，北山下有大伽藍，僧徒三百餘人，並學小乘法教。聞諸先志曰：昔健馱邏國迦膩色迦王威被鄰國，化洽遠方，治兵廣地，至葱嶺東，河西蕃維，畏威送質。迦膩色迦王旣得質子，特加禮命，寒暑改館，冬居印度諸國，夏還迦畢試國，春秋止健馱邏國。故質子三時住處，各建伽藍。今此伽藍，卽夏居之所建也。故諸屋壁圖畫質子，容貌服飾，頗同中夏。其後得還本國，心存故居，雖阻山川，不替供養。故今僧衆每至入安居、解安居，大興法會，爲諸質子祈福樹善，相繼不絕，以至于今。

這裏所說"威被鄰國,化洽遠方"的"健馱邏國迦膩色迦王",一般認爲便是錢幣、銘文所見Kanishka,而所說"畏威送質"的"河西蕃維"便是葱嶺以東南北道綠洲諸國。諸國送子爲質,自然是迦膩色迦進兵葱嶺以東的結果。[6]

可是,迦膩色迦征服葱嶺以東、南北道綠洲諸國送子爲質之事完全不見載於中國正史,而且有充分證據表明,迦膩色迦在位期間,東漢一直維持著對西域的統治。因此,有人認爲,迦膩色迦決無可能征服葱嶺以東的地方。[7]

今案:後說似有未安。迦膩色迦進兵葱嶺以東,南北道綠洲諸國送子爲質於貴霜,玄奘言之鑿鑿,且有質子伽藍爲物證,恐怕不容率而否定。何況,迦膩色迦在位期間,綠洲諸國在稱臣於東漢的同時,送質於貴霜客觀上是可能的。換言之,前述綠洲國的"兩屬"現象在這一時期出現的條件是具備的。

貴霜王朝的年代是一個極其複雜的問題,迦膩色迦的在位年代尤其聚訟紛紜。據我的研究,迦膩色迦即位年代的下限應在公元131或143年。[8]已知迦膩色迦使用這一紀年至少23年,則其去位之年的上限應爲公元153年(桓帝元嘉三年或延熹八年)。一般認爲,在迦膩色迦治世,貴霜王朝文治武功臻於極盛。

另一方面,東漢自安帝延光二年(123年)第三次開展西域經營,雖未能恢復與葱嶺以西諸國的關係,但塔里木盆地周圍綠洲諸國大都重新歸漢。衹是好景不長,如《後漢書·西域傳》序所說:"自陽嘉以後,朝威稍損,諸國驕放,轉相陵伐。元嘉二年,長史王敬爲于寘所沒。永興元年,車師後王復反攻屯營。雖有降首,曾莫懲革,自此浸以疏慢矣。"連近塞的叛亂也無力懲革,遑論于闐以遠。東漢的西域經營顯然已趨衰落。儘管至靈帝建寧三年(170年)又見涼州刺史發焉耆、龜茲、車師前後部兵攻疏勒,熹平四年(175年)復有戊己校尉、西域長史發兵輔立拘彌侍子爲王等舉措,說明東漢一直維持著西域的統治,但這並不能說明靈帝即位後東漢的西域經營有了起色,更不能說明桓帝時代,特別在王敬死後,西域諸國不可能在稱臣東漢的同時,送質於貴霜,尤其當迦膩色迦的軍隊越過蔥嶺東來之際。

《後漢書·西域傳》不載迦膩色迦事蹟,不僅不能說明迦膩色迦遠征蔥嶺以東、綠洲諸國臣服貴霜並無其事,而且恰恰相反,可以看作迦膩色迦東征、綠洲諸國臣服貴霜確有其事的佐證。蓋迦膩色迦的崛起在當時的西域無疑是一件大事,《後漢書·西域傳》所據原始資料中完全不見蹤蹟,祇能說明在迦膩色迦在位乃至以後一段時間內,東漢的西域經營懈怠到了何等程度,這種鬆弛的控制正使綠洲諸國在稱臣東漢的同時役屬貴霜成爲可能。[9]

另外,自安帝元初元年(114年)罷都護後,東漢再也沒有設都護和副校尉,而在經營西域時,以長史行都護之職。長史地位相當於郡丞,故往往稟命於敦煌太守,所領西域各國也在某種程度上成了敦煌太守的轄區。尤其在班勇之後,屢見敦煌太守直接處理西域事務的例子。從這個意義上看,《大唐西域記》稱內屬諸國爲"河西蕃維"十分確切。這似乎也表明玄奘所記並非無根之談。

更何況,玄奘所謂"治兵廣地,至蔥嶺東",即使並不意味著塔里木盆地綠洲諸國曾被越過蔥嶺東來的貴霜軍隊逐一征服，也不能否定綠洲諸國曾向貴霜納質的可能性。蓋諸國納質於貴霜完全可能僅僅是受其威懾的結果。

三

以下是對前節的幾點補充。

1.《後漢書・西域傳》載："安帝元初中，疏勒王安國以舅臣磐有罪，徙於月氏，月氏王親愛之。後安國死，無子，母持國政，與國人共立臣磐同產弟子遺腹爲疏勒王。臣磐聞之，請月氏王曰：安國無子，種人微弱，若立母氏，我乃遺腹叔父也，我當爲王。月氏乃遣兵送還疏勒。國人素敬愛臣磐，又畏憚月氏，卽共奪遺腹印綬，迎臣磐立爲王，更以遺腹爲磐槀城侯。"或以爲臣磐應卽《大唐西域記》卷一所得質子。[10] 今案：此說未安。

一則，質子必係王子，爲國王所珍視者；臣磐乃王舅，且得罪國王，顯然不符合當質子的條件。事實上《後漢書・西域傳》並沒有稱臣磐爲質子。

二則，《大唐西域記》旣稱"諸質子"，知迦膩色迦所得並非一人，不得以臣磐一人當之。

三則，安帝元初中在位的貴霜王是閻膏珍而非迦膩色迦。

值得注意的是，從《後漢書・西域傳》這則記載中可以看出，月氏卽貴霜雖於公元90年被班超擊退，但依舊覬覦蔥嶺以東。安帝元初中，正是東漢棄西域的年代。貴霜在這時公然出兵扶立親貴霜的疏勒傀儡，可謂乘虛而入。由此可見，閻膏珍"親愛"臣磐，用心甚深。疏勒國人因"畏憚月氏"而迎立臣磐爲王，似乎也表明當時貴霜對葱嶺以東頗有影響。因而臣磐事件可以佐證迦膩色迦進軍葱嶺以東、迫使綠洲諸國臣服的可能性。

2.《大唐西域記》卷四"至那僕底國條"載："昔迦膩色迦王之御宇也，聲振鄰國，威被殊俗，河西蕃維，畏威送質。迦膩色迦王既得質子，賞遇隆厚，三時易館，四兵警衛。此國則冬所居也，故曰至那僕底（唐言漢封）。質子所居，因爲國號。此境已往，泊諸印度，土無梨、桃，質子所植，因謂桃曰至那你（唐言漢持來），梨曰至那羅闍弗呾邏（唐言漢王子）。故此國人深敬東土，更相指語：是我先王本國人也。"今案："至那僕底"與"河西蕃維"實際意思相同，質子自道來自漢之封國，或欲借重漢之威名。又，按照玄奘所記，梨、桃是經由西域傳入印度的。[11]

3.《大慈恩寺三藏法師傳》卷二載：迦畢試國"有一小乘寺名沙落迦，相傳云是昔漢天子子質於此時作也。其寺僧言：我寺本漢天子兒作。今從彼來，先宜過我寺"[12]云云。今案：質子自道來自漢之封國，後訛傳爲"漢天子兒"，當時所作寺因得名"沙落迦"。"沙落迦"是對洛陽的稱呼。或以爲係"疏勒"之異譯，無非附會臣磐事，疑非是。[13]

4.《雜寶藏經》卷七載："時月氏國有王，名旃檀罽尼吒……軍威所擬，靡不摧伏，四海之內，三方已定。唯有東方，未來歸伏。即便嚴軍，欲往討罰。先遣諸胡及諸白象於先導首，王從後引,欲至蔥嶺,越度關嶮。先所乘象、馬不肯前進。王甚驚怪,而語馬言:我前後乘汝征伐,三方已定,汝今云何不肯進路?時大臣白言:臣先所啓,莫泄密語,今王漏泄,命將不遠。如大臣言,王卽自知定死不久。是王前後征伐,殺三億餘人,自知將來罪重,必受無疑,心生怖懼,便卽懺悔。"[14]此處所見"罽尼吒"如果便是《大唐西域記》的迦膩色迦,則不免產生疑問:迦膩色迦究竟曾否征服蔥嶺以東,綠洲諸國送質之說是否可信?

今案:類似傳說亦見於《付法藏因緣經》卷五,據云:"爾時大臣廣集勇將,嚴四種兵,所向皆伏,如雹摧草,三海人民,咸來臣屬。罽昵吒王所乘之馬,於路遊行,足自摧屈。王語之言:我征三海,悉已歸化,唯有北海,未來降伏,若得之者,不復相乘,吾事未辦,如何便爾?爾時群臣,聞王此語,咸共議曰:罽昵吒王貪虐無道,數出征伐,勞役人民,不知厭足;欲王四海,成備邊遠,親戚分離;若斯之苦,何時寧息?宜可同心,共屏除之,然後我等乃當快樂。因王病虐,以被鎮之,人坐其上,須臾氣絕。"[15]由此可見,兩經旨在述說因果,於迦膩色迦最後征討何方未嘗措意,故一說"唯有東方,未來歸伏",一說"唯有北海,未來降伏",不能據以否定玄奘所記。退一步說,卽使兩經所謂"東方"、"北海"其實均指位於貴霜東北方的蔥嶺以東地區,也不能說明什麼問題。蓋迦膩色迦末年的遠征未能成行,不等於他前此對上述地區未曾有過成功的征伐。東漢與西域關係史稱"三絕三通",貴霜與蔥嶺以東又何嘗不可能通而復絕,絕而復通?更何況"河西蕃維",在納質於貴霜的同時,還稱臣於東漢,堪稱貳於貴霜，迦膩色迦對此不滿，認爲諸國"未來歸服"，試圖徹底降伏之，於是有佛經所載末年之遠征，亦在情理之中。

■ 注釋

[1] 參看本書附卷二第三篇。

[2] 參看余太山《兩漢魏晉南北朝與西域關係史研究》，中國社會科學出版社，1995年，pp. 151-191。

[3] 參看余太山《嚈噠史研究》，齊魯書社，1986年，pp. 124-126。

[4] 不僅塔里木盆地綠洲國有"兩屬"現象，帕米爾以西的遊牧部族也有這種現象。例如《史記·大宛列傳》載：康居國曾"南羈事月氏，東羈事匈奴"。

[5] 《大唐西域記》引自季羨林等校注本，中華書局，1985年，pp. 138-139。

[6] 羽溪了諦《西域の佛教》，法林館，1914年，pp. 119, 393；馮承鈞"迦膩色迦時代之漢質子"，《西域南海史地考證論著彙輯》，中華書局香港分局，1976年，pp. 96-101，等有說，可參看。

[7] 馬雍《西域史地文物叢考》，文物出版社，1990年，pp. 45, 58, 85。

[8] 關於迦膩色迦年代，見余太山《貴霜史研究》，商務印書館，2015年，pp.72-88。

[9] 迦膩色迦不見載於《後漢書》，暗示該王即位不可能早於陽嘉。

[10] 注6所引馮承鈞文。

[11] 參看勞費爾《中國伊朗編》，林筠因漢譯，商務印書館，1964年，pp. 369-371。

[12] 引自孫毓棠、謝方校點本，中華書局，1983年，p. 35。《大正新脩大藏經》

T50, No. 2053, p. 228。

[13] 說見夏鼐"中巴友誼歷史",《考古》1965 年第 7 期,pp. 357-364,引向達說。

[14]《大正新脩大藏經》T4, No. 203, p. 484。

[15]《大正新脩大藏經》T50, No. 2058, p. 317。

三　兩漢魏晉南北朝時期西域南北道的綠洲大國稱霸現象

　　分析兩漢魏晉南北朝時期西域的綠洲大國稱霸現象有助於理解這一時期的西域形勢，以往似乎很少有人注意及此，故略陳己見如次。

一

　　《漢書·西域傳下》載："貳師將軍李廣利擊大宛，還過扜彌，扜彌遣太子賴丹爲質於龜茲。廣利責龜茲曰：外國皆臣屬於漢，龜茲何以得受扜彌質？卽將賴丹入至京師。昭帝乃用桑弘羊前議，以扜彌太子賴丹爲校尉將軍，田輪臺，輪臺與渠犁地皆相連也。龜茲貴人姑翼謂其王曰：賴丹本臣屬吾國，今佩漢印綬來，迫吾國而田，必爲害。王卽殺賴丹，而上書謝漢，漢未能征。"這是有關西域南北道綠洲大國稱霸現象的最早記錄。

　　據《漢書·西域傳下》，龜茲國有"戶六千九百七十，口八萬一千三百一十七，勝兵二萬一千七十六人"。與此相對，據《漢書·西域傳上》，扜彌國僅有"戶三千三百四十，口二萬四十，勝兵三千五百四十人"。雖然這是宣、元時代的資料，但看來早在武帝太初以前，兩國強弱之勢已判。北道的龜茲得以役使南道的扜彌，也許是由於兩國有道直通。傳文稱扜彌"東北與龜茲"接，或可爲證。

李廣利責龜茲之言："外國皆臣屬於漢，龜茲何以得受扜彌質？"表明在漢人看來，屬國的地位是平等的，以強淩弱，以大欺小是不能容忍的。當然，堅持這一點不全是觀念問題，也是出於穩定西域局勢的實際需要。

龜茲攝於軍威，不得不聽任李廣利"將賴丹入至京師"，而且隨著漢在西域勢力的增強，役使近旁小國再無可能，但視扜彌爲臣屬的觀念卻根深蒂固，終於導致賴丹被殺事件的發生。賴丹被殺，昭帝因故未能征討，直至宣帝本始四年，據《漢書·常惠傳》，纔由常惠"發龜茲東國二萬人，烏孫兵七千人"，伐龜茲，斬姑翼而還。這次討伐固然是因爲龜茲殺害漢使者，客觀上也是對龜茲霸權的打擊。

常惠伐龜茲之後五年（元康元年），有萬年事件。據《漢書·馮奉世傳》，奉世送大宛客至伊循城，"都尉宋將言莎車與旁國共攻殺漢所置莎車王萬年，并殺漢使者奚充國。時匈奴又發兵攻車師城，不能下而去。莎車遣使揚言北道諸國已屬匈奴矣，於是攻劫南道，與歃盟畔漢，從鄯善以西皆絕不通。都護鄭吉、校尉司馬意皆在北道諸國間。奉世與其副嚴昌計，以爲不亟擊之則莎車日彊，其勢難制，必危西域。遂以節諭告諸國王，因發其兵，南北道合萬五千人，進擊莎車，攻拔其城。莎車王自殺，傳其首詣長安"。莎車叛漢，據《漢書·西域傳上》，直接原因是漢所置莎車王萬年"暴惡，國人不說"，殺萬年和漢使者的是莎車前王之弟呼屠徵。應該看到，呼屠徵"攻劫南道，與歃盟畔漢"不僅是背漢，也是稱霸行爲，受攻擊並與歃盟的南道諸國中必有若干在昔役屬莎車。莎車一旦擁有自己的勢力範圍，便難以控制，這正是馮奉世所擔心的，故矯制發兵"亟擊之"。

降至元康初，由於匈奴衰落，西漢在西域的統治又較本始年間鞏固，居然還出現萬年事件。萬年和賴丹被殺本質上並無不同，都是南北道綠洲大國不甘心喪失原有地位的反映。這些事件也許最終促成了西域都護的開府施政。

元帝以後，西域内屬諸國官吏皆佩漢印綬，據《漢書·西域傳》，鄯善國有"擊車師都尉"、"擊車師君"，龜茲國有"擊車師都尉"，焉耆國有"擊車師君"。揆情度理，這些官職應由各國自設於歸漢之前。[1]這似乎表明，車師曾經也是一個大國。[2]果然，則從中可以看到綠洲大國稱霸現象的另一側面，即鄰近大國之間的對抗。

囿於資料，對於西漢早期西域南北道綠洲大國的稱霸現象，我們祇能通過龜茲、莎車、車師的活動約略窺見一二。但是，有一點可以肯定，在西漢對西域的統治確立以前，不少南北道綠洲大國各有其勢力範圍；這些大國役使其近旁小國，有時亦與其他大國對抗。

從李廣利責龜茲起，西漢在西域顯然一直實行屬國間不準受質或納質的規定，因而南北道大國稱霸現象幾乎絕蹟。不僅如此，西漢還有意促成大國的分裂，以利控制，神爵年間分車師爲前、後國，甘露元年使大小昆彌分治烏孫，均是其例。《漢書·西域傳》一開頭便說："西域以孝武時始通，本三十六國，其後稍分至五十餘。"師古注引司馬彪《續漢志》云："至于哀、平，有五十五國也。"[3] 雖然武帝通西域時未必"三十六國"，[4] 但西域諸國因分裂而國數日益增多應是事實。這種分裂即使不完全是西漢有意造成的，也與西漢實行屬國與屬國地位平等的政策相關。

《漢書·匈奴傳下》載，平帝元始中，車師後王姑句、去胡來王唐兜，因怨漢往奔匈奴。漢遣使者告單于曰："西域內屬，不當得受，今遣之。""乃造設四條：中國人亡入匈奴者，烏孫亡降匈奴者，西域諸國佩中國印綬降匈奴者，烏桓降匈奴者，皆不得受。"這四條的造設說明屬漢諸國間不得受質或納質規定的適用範圍已明確地擴大到了匈奴，蓋其時匈奴已成爲漢之屬國；也可以間接說明西漢對西域內屬諸國的控制直到平帝元始中還是很嚴格的，不允許出現大國役使小國的情況，西域諸國至哀、平間爲數最多並非偶然。

應該指出，南北道綠洲大國的稱霸似乎不受匈奴對西域控制的影響。[5] 例如：扜彌役屬龜茲之日，正值龜茲受匈奴役使之時；而莎車王呼屠徵叛漢，欲重溫其稱霸舊夢，亦曾希冀匈奴的呼應和支援。這是匈奴人的觀念形態和西漢人不同的一個證據。

不言而喻，西域南北道綠洲大國稱霸現象既因西漢統治西域而消失，一旦西漢的統治削弱或消失，便會重新露頭。王莽天鳳間，據《漢書·西域傳下》，姑墨王"丞殺溫宿王，幷其國"，便是一例。而當西漢統治終於崩潰時，這種現象便在南北道各地死灰復燃了。

二

《後漢書·西域傳》序稱："王莽篡位，貶易侯王，由是西域怨叛，與中國遂絕，並復役屬匈奴。匈奴斂稅重刻，諸國不堪命，建武中，皆遣使求內屬，願請都護。光武以天下初定，未遑外事，竟不許之。會匈奴衰弱，莎車王賢誅滅諸國，賢死之後，遂更相攻伐。小宛、精絕、戎盧、且末爲鄯善所幷。渠勒、皮山爲于寘所統，悉有其地。郁立、單桓、狐胡、烏貪訾離爲車師所滅。後其國並復立。"由此可見，西漢末死灰復燃的綠洲大國稱霸現象一直延續至東漢初期，這一過程可大致分爲三個階段。

第一階段的情況類似於西漢初年，諸小國役屬近旁大國，諸大國則役屬匈奴。序所謂"建武中"諸國遣使內屬、請都護，乃指同傳所載，光武帝建武二十二年冬西域十八國[6]來朝事。來朝者既有十八國之多，可見不僅有大國，也有小國。諸小國求內屬、請都護，除了不堪匈奴盤剝之外，恐怕不堪近旁大國的侵陵也是重要原因。

第二階段是莎車獨霸西域。莎車王賢崛起的原因有二：其一是"會匈奴衰弱"，蓋建武二十四年以後，匈奴分裂爲南北兩部，不久南匈奴附漢，北匈奴雖沒有完全放棄西域，但力量大不如前，因而祇能假手莎車控制西域。傳文稱，賢死之後，"匈奴復遣兵將賢質子不居徵立爲莎車王"，知賢生前曾遣子爲質於匈奴，也就是說至少名義上承認匈奴的宗主權，從而取得了匈奴對其稱霸行爲的默許和支援。

原因之二是東漢無力經營西域，同樣企圖假手莎車控制西域。據《後漢書·西域傳》，王莽時，西域屬匈奴，唯莎車王賢不肯歸附。天鳳四年，延死，子康代立。光武初，康曾率旁國拒匈奴。"建武五年，河西大將軍竇融乃承制立康爲漢莎車建功懷德王、西域大都尉"，於是"五十五國皆屬焉"。建武九年，康死，弟賢代立。"十四年，賢與鄯善王安並遣使詣闕貢獻，於是西域始通。葱領以東諸國皆屬賢。十七年，賢復遣使奉獻，請都護。"光武帝"賜賢西域都護印綬"，旋即收回，"更賜賢以漢大將軍印綬"。"賢由是始恨。而猶詐稱大都護，移書諸國，諸國悉服屬焉，號賢爲單于。"這說明莎車王賢一度稱霸西域除了有父兄奠定的基礎外，東漢其實給了賢所需要的機會和藉口。早在建武九年，賢即位伊始，據同傳，便"攻破拘彌、西夜國，皆殺其王，而立其兄康兩子爲拘彌王、西夜王"。東漢不僅不予懲罰，反因美其通西域，屢加封賜，使賢的野心日益膨脹。

據《後漢書·西域傳》，在建武二十二年十八國遣子入侍請都護之前，賢已經"重求賦稅，數攻龜茲諸國"。至建武二十二年，"賢知都護不至，遂遣鄯善王安書，令絕通漢道。安不納而殺其使。賢大怒，發兵攻鄯善。安迎戰，兵敗，亡入山中。賢殺略千餘人而去"。令鄯善"絕通漢道"，可以視爲賢公然與漢決裂，踏上獨霸西域道路的開始。此後，"賢復攻殺龜茲王，遂兼其國"。接著又擊滅嬀塞王，"立其國貴人駟鞬爲嬀塞王"。所謂"嬀塞王"，當指嬀水流域塞人所建小王國。賢擊滅嬀塞王，說明此時莎車勢力已西逾葱嶺。對於兼并或降伏諸國，賢擅行廢立；生殺予奪，恣意而爲。諸如同傳所載：賢"自立其子則羅爲龜茲王"，旋"以則羅年少，乃分龜茲爲烏壘國，徙駟鞬爲烏壘王，又更以貴人爲嬀塞王"。同傳又載："賢以大宛貢稅減少，自將諸國兵數萬人攻大宛，大宛王延留迎降，賢因將還國，徙拘彌王橋塞提爲大宛王。"同時或稍遲，又"徙于寘王俞林爲驪歸王，立其弟位侍爲于寘王。歲餘，賢疑諸國欲畔，召位侍及拘彌、姑墨、子合王，盡殺之，不復置王，但遣將鎮守其國"。由於賢及所置鎮將暴虐不得人心，諸國患之，反抗日甚，莎車國勢趨衰。於是有于闐國"承莎車之敝"，率諸國攻賢，執而殺之。時在明帝永平五年。

第三階段是南北道綠洲大國兼并近旁小國，形成各自的勢力範圍。前引《後漢書·西域傳》序提到的于闐，是在反莎車鬭爭中勃興的。同傳稱："明帝永平中，于寘將休莫霸反莎車，自立爲于寘王。休莫霸死，兄子廣德立，後遂滅莎車，其國轉盛。從精絕西北至疏勒十三國皆服從。"傳文接著還說："而鄯善王亦始強盛。自是南道自葱領以東，唯此二國爲大。"可見鄯善也是乘莎車衰落之機強盛起來的。至於鄯善所并小宛、精絕等，以及于闐所統渠勒、皮山等可以認爲分別屬於兩國傳統勢力範圍。這時南道的局面與西漢初或莎車王賢稱霸前夕形勢的區別在於諸小國不僅僅役屬于闐、鄯善，而是爲兩者完全兼幷。

北道的情況和南道相類似，稱霸的大國除前引《後漢書·西域傳》序提到的車師外，還可補充焉耆和龜茲兩國。焉耆的勢力範圍包括危須、尉犁和山國，龜茲的勢力範圍包括姑墨、溫宿和尉頭。龜茲且一度吞幷了疏勒。《後漢書·班超傳》載：永平十六年，龜茲王建"攻破疏勒，殺其王，而立龜茲人兜題爲疏勒王"。

在第三階段，南北道綠洲大國多受匈奴控制，衹是程度不同，故不妨認爲其稱霸活動多得匈奴支援。龜茲王建本匈奴所立，《後漢書·班超傳》稱建"倚恃虜威，據有北道"，便是很好的例子。至於前引《後漢書·西域傳》序所謂"後其國幷復立"，則顯然是東漢經營西域的結果。

由於東漢的西域經營遠較西漢消極，形成史稱"三絕三通"的局面；而每當東漢對西域的控制鬆弛或放棄西域之際，大國稱霸現象往往隨著匈奴勢力的捲土重來而死灰復燃。有時，迫使東漢放棄西域的便是綠洲大國稱霸行爲引起的騷亂。綠洲大國稱霸和匈奴稱霸一樣，也是東漢經營西域的阻力。

1. 據《後漢書·西域傳》及《後漢書·班超傳》等，明帝永平十八年，焉耆與龜茲共攻殺都護陳睦、副校尉郭恂及吏士二千餘人。此舉實與北匈奴對柳中的圍困相呼應。事實上，陳睦之死，成了東漢第一次棄西域的動因之一。參預攻殺陳、郭的有危須和尉犁。這兩國與其說是焉耆的追隨者，毋寧說是受焉耆的脅迫。和帝永元六年，班超發諸國兵討平焉耆等國後，不僅扶立親漢的元孟爲焉耆王，而且爲尉犁、危須和山國更置新王。這說明三國原來的王是焉耆的傀儡。及安帝棄西域，焉耆與尉犁、危須又叛，直至順帝永建二年始爲班勇擊平。焉耆與尉犁、危須等叛、附同步，表明後二者屬於前者的勢力範圍。

2. 據《後漢書·班超傳》等，明帝永平十六年，班超驅逐龜茲所立疏勒王，而扶立疏勒故王兄之子爲王。十八年，龜茲、姑墨等圍攻超於疏勒國盤橐城。章帝罷都護後，龜茲再度稱霸，除姑墨外，溫宿、尉頭亦受役使；龜茲在諸國扶植傀儡，進行統治。章和元年，班超擊莎車，龜茲遣將率溫宿、姑墨、尉頭三國兵救之。直至和帝永元三年，龜茲等始降於超。而據《後漢書·梁懂傳》，殤帝延平元年，龜茲又與姑墨、溫宿等合兵反，雖被討平，安帝仍不得不罷都護。此後，龜茲等諒必又投靠匈奴。延光三年，據《後漢書·班勇傳》，勇以長史至鄯善，"開以恩信"，龜茲王白英"乃率姑墨、溫宿自縛詣勇降"。龜茲與姑墨、溫宿等的關係，正與焉耆與危須、尉犁等的關係相同。《後漢書·班超傳》引超疏"姑墨、溫宿二王，特爲龜茲所置，既非其種，更相厭苦，其勢必有降反"云云，可以參看。

3. 順帝永建四年，據《後漢書·西域傳》，"于寶王放前殺拘彌王興，自立其子爲拘彌王"。雖然敦煌太守徐由於陽嘉元年遣疏勒王臣磐擊破于闐，"更立興宗人成國爲拘彌王"，但至靈帝熹平四年，于闐又破拘彌國，殺其王，戊己校尉、西域長史祇得再次發兵輔立拘彌王，這一次卻未能問罪于闐。放前殺興也許祇是一個孤立的事件，于闐在熹平中再滅拘彌祇能認爲是東漢的西域經營又出了問題。蓋據同傳，"自陽嘉以後，朝威稍損，諸國驕放，轉相陵伐"，東漢初期的形勢又重新出現。

三

曹魏代漢後，西域南北道的形勢如《魏略·西戎傳》所載：

> 南道西行，且志國、小宛國、精絕國、樓蘭國皆并屬鄯善也。戎盧國、扞彌國、渠勒國、皮山國皆并屬于寘。……中道西行尉梨國、危須國、山王國皆并屬焉耆，姑墨國、溫宿國、尉頭國皆并屬龜茲也，楨中國、莎車國、竭石國、渠莎國、西夜國、依耐國、滿犂國、億若國、榆令國、捐毒國、休脩國、琴國皆并屬疏勒。……北新道西行，至東且彌國、西且彌國、單桓國、畢陸國、蒲陸國、烏貪國，皆并屬車師後部王。

這說明曹魏雖設戊己校尉於高昌、置西域長史於樓蘭，其實無力控制西域。[7]

又據《三國志·魏書·烏丸鮮卑東夷傳》以及《三國志·文帝紀》等，可知朝魏或遣子侍魏的南北道綠洲國家有龜茲、疏勒、鄯善、車師、焉耆和危須，除危須外，均係大國。這就是說，朝貢記錄和《魏略·西戎傳》有關當時南北道綠洲大國兼并或役使近旁小國的記錄若合符契。

應該指出，和前引《後漢書·西域傳》序關於南北道綠洲大國兼并近旁小國的記述相比，《魏略·西戎傳》有關記述的主要差別在於沒有提到被兼并或役使的小國後來恢復了獨立。這當然不是偶然的，而是南北道綠洲大國稱霸的局面直至曹魏滅亡並無改觀的證明。

事實上，始自東漢末年的南北道綠洲大國稱霸的局面不僅在整個曹魏時期沒有變化，在整個兩晉南北朝時期也沒有發生根本性變化。

1.據《晉書·武帝紀》、《晉書·西戎傳》以及尼雅所出晉簡等，可知朝西晉的南北道綠洲國家爲車師前部、焉耆、龜茲、疏勒、鄯善和于闐，可以說與朝曹魏者並無不同。這說明西晉和曹魏一樣，雖然設置了戊己校尉和西域長史，其實也無力控制西域。

2.先後朝前涼的南北道綠洲國家，據《晉書·張駿傳》等記載，有龜茲、鄯善、焉耆、車師和于闐，凡五國。既然並無小國來朝，當時南北道依舊是大國割據稱霸的局面無疑。據同傳，張駿於咸康元年命將伐龜茲、鄯善；據《晉書·西戎傳》，永和元年又伐焉耆；這可以認爲是張涼經營西域的嘗試，也可能僅僅是對這些大國阻斷行旅的懲罰。值得注意的是，《晉書·西戎傳》稱涼將伐焉耆，"軍次其國"後，"進據尉犁"，說明尉犁在當時已淪爲焉耆一城，不復成國。

3.朝苻秦的南北道綠洲國家，《晉書·苻堅載記》明確記載的有鄯善、車師前部和于闐三國，均係大國。雖然同載記稱太元元年朝獻者多達"十有餘國"，但無疑包括蔥嶺以西諸國（如大宛等）在內，至於所載太元六年來朝的"六十有二王"中，不僅包括葱嶺以西直至地中海東岸的國家，還包括肅慎之類非西域國家在內。質言之，沒有證據表明南北道綠洲大國稱霸現象在苻堅時已經消失，被兼并或役使的諸小國已經恢復獨立。

4.《晉書·呂光載記》稱光伐龜茲，軍抵焉耆，"其王泥流率其旁國請降"，說明當時焉耆國確有其勢力範圍，泥流所率"旁國"即其屬國。同載記又稱："龜茲王帛純拒光……附庸侯王各嬰城自守。"知當時龜茲國稱霸北道，旁國淪爲附庸。而據《太平御覽》卷一二五引崔鴻《十六國春秋·後涼錄》，可知附庸中包括姑墨、溫宿、尉頭等。又，《晉書·呂光載記》稱帛純逃走後，"王侯降者三十餘國"。《太平御覽》卷八九五引崔鴻《十六國春秋》稱當時的龜茲"據三十六國之中，制彼王侯之命"。這似乎暗示龜茲是葱嶺以東的霸主，或者已與賢在位時的莎車國相仿佛。這也許有助於理解苻堅欲通西域而命呂光伐龜茲的原因。

5.據《晉書·李玄盛傳》，貢獻李涼者，僅鄯善及車師前部二國，由此不能得出呂光西征解放了龜茲等綠洲大國的附庸國之結論。

6.《宋書·大且渠蒙遜傳》雖稱蒙遜滅西涼後，"西域三十六國皆稱臣貢獻"，但不能據以爲當時南北道諸小國已經恢復獨立，蓋"三十六"不能視爲實數，"三十六國"不過是西域諸國的代名詞而已。[8]

7.朝北魏的南北道綠洲國家，據《魏書》"本紀"，有焉耆、車師、鄯善、龜茲、疏勒、于闐、渴盤陀、悉居半和高昌，凡九國。除渴盤陀、悉居半和高昌三國另當別論外，[9] 其餘六國均是歷來稱霸的綠洲大國。而查《周書·異域傳下》和《周書》"本紀"、《梁書·諸夷傳》和《梁書》"本紀"，可知朝西魏、北周和蕭梁的南北道綠洲國家均未越出《魏書》記錄的範圍。另外，《魏書·西域傳》明載：且末國"役屬鄯善"，蒲山卽皮山"役屬于闐"。且彌國"役屬車師"，[10] 姑墨、溫宿、尉頭三國"役屬龜茲"，可知朝魏諸綠洲大國在當時確有各自的勢力範圍。同傳還載魏世祖命萬度歸西征，目標爲焉耆、龜茲，與張駿、呂光同，似可說明以往的西征並沒有摧毀焉耆、龜茲的霸權。傳文敍述萬度歸征焉耆時，提到"擊其邊守左回、尉犁二城，拔之"。知尉犁仍爲焉耆之邊城，與張駿時相同。

要之，曹魏代漢至南北朝結束，西域南北道大抵一直被一些大國所控制。這些大國兼幷或役使近旁小國，以致不少小國王治淪爲大國城郭。與此相對，大國的領地日益擴大，例如：據《周書·異域傳下》，于闐國內"有大城五，小城數十"，焉耆"部內凡有九城"，所謂"城"，有一些便是被兼幷小國的王治。

四

綠洲大國主要是指戶口殷盛之國。在《漢書·西域傳》描述的時代，西域南北道諸國戶口數位於前八位的依次爲龜茲、焉耆、姑墨、扜彌、于闐、疏勒、莎車和鄯善，除扜彌外，其餘七國後來均有稱霸行爲。當然，戶口殷盛乃相對而言，例如：杅彌的戶口數在《漢書·西域傳》所傳諸國中位居第四，卻受龜茲役使。又如，漢末魏初車師後國戶口數絕對值不大，卻已足以役使、兼幷近旁諸國。

綠洲大國的稱霸行爲主要是役使或兼幷近旁小國。和匈奴、柔然一樣，綠洲大國也要求受役使的小國納貢稱臣。但似乎受綠洲大國役使的小國大多沒有外交權，這與西域諸國受匈奴、柔然役使的情況並不相同。[11] 這也許是綠洲大國稱霸期間一些小國在中原王朝的朝貢記錄中消失的緣故。對於受役使的小國，綠洲大國有時通過扶立傀儡加以控制，有時直接命將鎮守，若干小國遂因此淪爲大國的城郭。

■ 注釋

[1] 鄯善等國歸漢之後，均爲漢之屬國，卽使有摩擦，亦不可能公然爲此設立專職。鄭吉擊車師時，曾發諸國兵擊車師，"擊車師都尉"等若置於此時，則在車師歸漢後便應該撤銷，更不該授予印綬。因此，這些官職祇能設於鄯善等國與車師對抗時期，亦卽雙方均未歸漢之際。由於後來西漢未予深究，纔得以保留。

[2]《漢書·西域傳上》載莎車國有"備西夜君"，設置的背景當與鄯善等國的"擊車師君"相似。漢末曾有備西夜的需要，可知備西夜君並非爲漢而設。莎車國戶口、勝兵遠勝於西夜，設"備西夜君"者，或者因爲西夜"隨畜逐

水草往來",時有偷襲之舉,有備始可無虞的緣故,不能據以爲西夜亦綠洲大國。

[3]《後漢書·西域傳》:"武帝時,西域內屬,有三十六國。……哀平閒,自相分割爲五十五國。"準此,則內屬西域諸國至哀、平間始分割爲五十五國。今案:內屬諸國自相分裂很可能有一個較長的過程,故此處《後漢書》不確,當從《漢書》。

[4] "三十六國"係泛指,"三十六"並非實數,說詳伊瀬仙太郎《中國西域經營史研究》,岩南堂,1968年,pp. 21-35。

[5] 匈奴與西域關係,參看余太山《塞種史研究》,中國社會科學出版社,1992年,pp. 272-298。

[6]《後漢書·光武帝紀》作"十六國"。

[7] 詳見余太山《兩漢魏晉南北朝與西域關係史研究》,中國社會科學出版社,1995年,pp. 104-112。

[8] 注4所引伊瀬仙太郎書,pp. 21-35。

[9] 渴盤陀和悉居半或因偏在塔里木盆地西南隅,得以避免綠洲大國的役使。應該指出的是,渴盤陀和悉居半第一次朝魏分別爲太延三年和五年,當時這兩國可能是獨立的,但不久便落入東進的嚈噠人的勢力範圍,故後來是作爲嚈噠人的屬國朝魏的。嚈噠允許其屬國朝魏、周等,說見余太山《嚈噠史研究》,齊魯書社,1986年,pp. 124-126。至於高昌,自稱王起,便有別於一般綠洲王國,故不在本文討論範圍之內。

[10]《魏書·西域傳》稱:"真君三年,鄯善王比龍避沮渠安周之難,率國人之半奔且末,[且末]後役屬鄯善。"仿佛在比龍往奔之前,且末不屬鄯善。今案:至遲自曹魏以降,且末未見來朝,故該國很可能自《魏略·西戎傳》

描述的時代起一直役屬鄯善。因此,傳文"後役屬鄯善"祇能是編者針對其心目中的漢時舊國說的。同傳所謂:"蒲山國,故皮山國也。……後役屬于闐。"也應該作相同的理解。又,同傳稱:且彌國"本役屬車師"。既然沒有證據表明在《魏書·西域傳》描述的時代,且彌已恢復獨立,似乎祇能認爲傳文的意思是:本來役屬車師的且彌國被車師兼并了。否則,便是暗示且彌已經役屬柔然。

[11] 例如:《後漢書·西域傳》載,建武中,役屬匈奴諸國皆遣使求內屬,請都護。又如:據《魏書·世祖紀》,太延三年有九國來朝,時西域爲柔然控制。

徵引文獻

漢語文獻（1）

《抱朴子內篇校釋》（增訂本），（晉）葛洪撰，王明校釋，中華書局，1985年。

《北山小集》，（宋）程俱撰，文淵閣四庫全書集部（第1130冊）。

《北史》，（唐）李延壽撰，中華書局，1983年。

《本草綱目》，（明）李時珍撰，文淵閣四庫全書史部（第772-774冊）。

《冊府元龜》，（宋）王欽若等編，中華書局影印，1982年。

《大觀錄》，（清）吳升集輯，武進李氏聖譯樓排印本，1920年。

《大清一統志》，（清）穆彰阿、潘錫恩等纂修，《續修四庫全書》史部（第598-612冊）。

《德隅齋畫品》，（宋）李廌撰，《畫品叢書》，pp. 149-166。

《東觀漢記校注》，（東漢）劉珍等撰，吳樹平校注，中州古籍出版社，1987年。

《讀書雜志》，（清）王念孫著，中華書局，1991年。

《滏水集》，（金）趙秉文撰，文淵閣四庫全書集部（第1190冊）。

《攻媿集》，（南宋）樓鑰撰，四部叢刊初編本。

《國史經籍志》,(明)焦竑撰,叢書集成初編本。

《漢紀》,(東漢)荀悅撰,張烈點校,中華書局,2002年。

《漢書》,(東漢)班固撰,(唐)顏師古注,中華書局,1975年。

《漢書補注》,(清)王先謙撰,中華書局影印,1983年。

《漢書西域傳補注》,(清)徐松撰,《二十五史三編》(第三分冊),嶽麓書社,1994年。

《漢書西域傳地理考證》(清)丁謙撰,《二十五史三編》(第三分冊),嶽麓書社,1994年。

《漢西域圖考》,(清)李光廷撰,《皇朝藩屬輿地叢書》第四集,金匱浦氏静寄東軒石印本,1903年。

《翰苑》,(唐)張楚金撰,《遼海叢書》第4冊,遼瀋書社,1985年,pp. 2509-2529。

《後村題跋》,(南宋)劉克莊撰,商務印書館,1936年。

《後漢紀校注》,(晉)袁宏撰,周天遊校注,天津古籍出版社,1987。

《後漢書》,(劉宋)范曄撰,(唐)李賢注,中華書局,1973年。

《畫品叢書》,于安瀾編,上海人民美術出版社,1982年。

《淮南子校釋》,張雙棣校釋,北京大學出版社,1997年。

《回疆通志》,(清)和寧撰,《中國邊疆叢書》第2輯,臺北:文海出版社,1966年。

《混元聖記》,(宋)謝守灝,《正統道藏》第30冊,藝文印書館,1977年;《道藏》第17冊,文物出版社,1988年。

《嘉慶重修一統志》,清仁宗敕撰,《四部叢刊續編·史部》,上海書店,1984年。

《金樓子》,(梁)蕭繹撰,文淵閣四庫全書子部(第848冊)。

《晉書》,(唐)房玄齡等撰,中華書局,1982年。

《荊楚歲時記》，（梁）宗懍撰，文淵閣四庫全書史部（第589冊）。

《經行記箋注》，（唐）杜環著，張一純箋注，中華書局，1963年。

《舊唐書》，（後晉）劉昫等撰，中華書局，1975年。

《歷代名畫記》，（唐）張彥遠撰，人民美術出版社，1963年。

《歷代名畫記》，（唐）張彥遠撰，文淵閣四庫全書子部（第812冊）。

《梁書》，（唐）姚思廉撰，中華書局，1973年。

《論衡校釋》，（東漢）王充著，黃暉校釋，中華書局，1990年。

《南方草木狀》，（晉）嵇含撰，文淵閣四庫全書史部（第589冊）。

《南齊書》，（梁）蕭子顯撰，中華書局，1972年。

《南史》，（唐）李延壽撰，中華書局，1975年。

《廿二史劄記校證》，（清）趙翼著，王樹民校證，中華書局，1984年。

《欽定皇輿西域圖志》，（清）劉統勳等撰，文淵閣四庫全書史部（第500冊）。

《三國志》，（晉）陳壽撰，（劉宋）裴松之注，中華書局，1975年。

《三國志集解》，盧弼撰，中華書局影印，1982年。

《沙州伊州地志殘卷》，載《敦煌石室地志殘卷考釋》，王仲犖、鄭宜秀整理，上海古籍出版社，1993年，pp.196-207。

《山海經校注》，袁珂校注，巴蜀書社，1993年。

《珊瑚網》，（明）汪砢玉撰，文淵閣四庫全書子部（第818冊）。

《尚書正義》，《十三經註疏》本，中華書局影印，1991年。

《石渠寶笈》（初編），（清）張照、梁詩正等撰，文淵閣四庫全書子部（第824-825冊）。

《石渠寶笈》（續編），臺北故宮博物院編印《秘殿珠林、石渠寶笈續編》，臺北，1971年。

《史記》,(漢)司馬遷撰,中華書局,1975年。

《史記探源》,(清)崔適著,張烈點校,中華書局,1986年。

《釋名疏證補》,(清)王先謙撰集,上海古籍出版社,1984年。

《書畫記》,(清)吳其貞撰,上海人民美術出版社,1963年。

《水經注校釋》,(北魏)酈道元撰,陳橋驛校釋,杭州大學出版社,1999年。

《說郛三種》,(明)陶宗儀等編,上海古籍出版社,1989年。

《說文解字注》,(東漢)許慎撰,(清)段玉裁注,上海古籍出版社,1984年。

《四庫全書總目》,(清)永瑢等撰,中華書局,1983年。

《宋史》,(元)脫脫等撰,中華書局,1977年。

《宋書》,(梁)沈約撰,中華書局,1983年。

《宋文憲公全集》,(明)宋濂撰,中華書局聚珍仿宋本,1920年。

《蘇軾詩集》,(宋)蘇軾撰,(清)王文誥輯注,孔凡禮點校,中華書局,1982年。

《隋書》,(唐)魏徵、令狐德棻撰,中華書局,1982年。

《遂初堂書目》,(南宋)尤袤撰,涵芬樓本《說郛》卷二八,見《說郛三種》。

《孫公談圃》,(宋)孫升述、劉延世錄,文淵閣四庫全書子部(第1037冊)。

《太平寰宇記》,(宋)樂史撰,文淵閣四庫全書史部(第489-470冊)。

《太平御覽》,(宋)李昉等撰,中華書局影印,1985年。

《天下郡國利病書》,(清)顧炎武撰,四部叢刊三編本。

《通典》,(唐)杜佑撰,王文錦等點校,中華書局,1988年。

《通志》,(宋)鄭樵撰,中華書局影印,1987年。

《往五天竺國傳箋釋》,(唐)慧超原著,張毅箋釋,中華書局,1994年。

《魏書》,(北齊)魏收撰,中華書局,1984年。

《文選》,(梁)蕭統編,(唐)李善注,中華書局影印,1983年。

《西域記》，（清）椿園七十一撰，味經堂，1814年。

《西域水道記》，（清）徐松撰，《皇朝藩屬輿地叢書》第四集，金匱浦氏静寄東軒石印本，1903年。

《西州圖經殘卷》，載《敦煌石室地志殘卷考釋》，王仲犖、鄭宜秀整理，上海古籍出版社，1993年，pp. 208-214。

《辛卯侍行記》，（清）陶保廉撰，養樹山房刊，1897年。

《新唐書》，（宋）歐陽修、宋祁撰，中華書局，1975年。

《新校正夢溪筆談》，（宋）沈括撰，胡道静校注，中華書局，1963年。

《續書畫題跋》，（明）郁逢慶編，文淵閣四庫全書子部（第816冊）。

《宣和畫譜》，（宋）闕名撰，文淵閣四庫全書子部（第813冊）。

《學齋占畢》，（宋）史繩祖撰，文淵閣四庫全書子部（第854冊）。

《樂府詩集》，（宋）郭茂倩編撰，中華書局，1979年。

《藝文類聚》，（唐）歐陽詢撰，汪紹楹校，上海古籍出版社，1985年。

《酉陽雜俎》，（唐）段成式撰，方南生點校，中華書局，1981年。

《玉海》，（宋）王應麟撰，文淵閣四庫全書子部（第943冊）。

《玉篇》，（梁）顧野王撰，文淵閣四庫全書經部（第224冊）。

《元和郡縣圖志》，（唐）李吉甫撰，賀次君點校，中華書局，1983年。

《悅生所藏書畫別錄》，闕名撰，黃賓虹、鄧實編《美術叢書》四集第十輯，江蘇古籍出版社，1997年。

《雲烟過眼錄》，（南宋）周密撰，《畫品叢書》，pp. 313-389。

《貞觀公私畫史》，（唐）裴孝源撰，載《畫品叢書》，pp. 23-43。

《戰國策集注彙考》，諸祖耿撰，江蘇古籍出版社，1985年。

《真蹟日錄》，（明）張丑撰，文淵閣四庫全書子部（第817冊）。

《周書》，（唐）令狐德棻等撰，中華書局，1983年。

《資治通鑒》，（宋）司馬光編著，（元）胡三省音註，中華書局，1976年。

《史記會注考證附校補》，[日] 瀧川資言考證、水澤利忠校補，上海古籍出版社，1986年。

漢語文獻（2）

《大慈恩寺三藏法師傳》，（唐）慧立、彥悰著，孫毓棠、謝方點校，中華書局，1983年。

《大唐西域記校注》，（唐）玄奘、辯機著，季羨林等校注，中華書局，1985年。

《法苑珠林》，（唐）道世集，《大正新脩大藏經》T53, No. 2122。

《付法藏因緣經》，（北魏）吉迦夜、曇曜譯，《大正新脩大藏經》T50, No. 2058。

《俱舍論疏》，（唐）法寶撰，《大正新脩大藏經》T41, No. 1822。

《洛陽伽藍記校釋》，（北魏）楊衒之著，周祖謨校釋，中華書局，1963年。

《洛陽伽藍記校注》，（北魏）楊衒之撰，范祥雍校注，上海古籍出版社，1978年。

《釋迦方誌》，（唐）道宣著，范祥雍點校，中華書局，1983年。

《悟空入竺記》（《遊方記抄》二），（唐）圓照撰，《大正新脩大藏經》T51, No. 2089。

《一切經音義》，（唐）慧琳撰，《大正新脩大藏經》T54, No. 2128。

《雜寶藏經》，（北魏）吉迦夜、曇曜譯，《大正新脩大藏經》T4, No. 203。

《增一阿含經》，（前秦）曇摩難提譯（東晉）僧伽提婆修正，《大正新脩大藏經》

T2, No. 125。

《慧超往五天竺國傳（殘卷）箋釋》，[日] 藤田豐八箋釋，北京，1910年。

漢語文獻（3）

岑仲勉"嚈噠國都考"，《西突厥史料補闕及考證》，中華書局，1958年，pp. 202-207。

岑仲勉"歷代西疆路程簡疏"，《中外史地考證》，中華書局，1962年，pp. 688-704。

岑仲勉《漢書西域傳地里校釋》，中華書局，1981年。

岑仲勉"現存的《職貢圖》是梁元帝原本嗎"，《金石論叢》，上海古籍出版社，1981年，pp. 476-483。

岑仲勉《隋唐史》，中華書局，1982年。

陳戈"焉耆尉犁危須都城考"，《西北史地》1985年第2期，pp. 22-31。

陳戈"別失八里（五城）名義考實"，《新疆社會科學》1986年第1期，pp. 60-69。

陳垣"火祆教入中國考"，《陳垣學術論文集》第1集，中華書局，1980年，pp. 303-328。此文原載北京大學《國學季刊》第1卷第1期（1923年）。

陳良佐"從人口推測大月氏、烏孫故地"，《大陸雜誌》第37卷第3期（1968年），pp. 68-92。

陳夢家《漢簡綴述》，中華書局，1980年。

陳夢家"玉門與玉門縣"，《漢簡綴述》，中華書局，1980年，pp. 195-204。

陳慶隆 "蒲陶新考",《大陸雜誌》98～6(1999年), pp. 1-14。

鄧紹輝 "近代新疆石油工業述略",《新疆經濟開發史研究》(下冊), 新疆人民出版社, 1995年, pp. 208-220。

方廣錩 "《浮屠經》考",《國際漢學》第1期, 商務印書館, 1995年, pp. 247-256。

馮承鈞 "迦膩色迦時代之漢質子",《西域南海史地考證論著彙輯》, 中華書局香港分局, 1976年, pp. 96-101。

郭平梁 "匈奴西遷及一些有關問題", 中國社會科學院民族研究所歷史研究室編, "民族史論叢"第1輯, 中華書局, 1986年, pp. 103-113。

郭正忠《中國的權衡度量(三至十四世紀)》, 中國社會科學出版社, 1993年。

韓翔 "焉耆國都、焉耆都督府治所與焉耆鎮城——博格達沁古城調查",《文物》1982年第4期, pp. 8-12。

韓儒林 "潑寒胡戲與潑水節的起源——讀史隨筆",《向達先生紀年論文集》, 新疆人民出版社, 1986年, pp. 100-103。

侯燦 "麴氏高昌王國官制研究",《高昌樓蘭研究論集》, 新疆人民出版社, 1990年, pp. 1-73。

侯燦 "麴氏高昌王國郡縣城考述",《高昌樓蘭研究論集》, 新疆人民出版社, 1990年, pp. 73-84。

黃盛璋 "塔里木河下游聚落與樓蘭古綠洲環境變遷",《亞洲文明》第2集, 安徽教育出版社, 1992年, pp. 21-38。

黃文弼《塔里木盆地考古記》, 科學出版社, 1958年。

黃文弼《黃文弼歷史考古論集》, 文物出版社, 1989年。

黃文弼 "漢西域諸國之分佈及種族問題",《黃文弼歷史考古論集》, 文物出版社，1989 年，pp. 22-36。

黃文弼 "重論古代大夏之位置與移徙"，《黃文弼歷史考古論集》，文物出版社，1989 年，pp. 81-84。

黃文弼 "古代于闐國都之研究"，《黃文弼歷史考古論集》，文物出版社，1989 年，pp. 210-215。

季羨林 "龜茲研究三題"，《燕京學報》新第 10 期（2001 年），北京大學出版社，pp. 57-69。

姜伯勤《敦煌藝術宗教與禮樂文明》，中國社會科學出版社，1996 年。

姜伯勤 "高昌胡天祭祀與敦煌祆祀"，《敦煌藝術宗教與禮樂文明》，中國社會科學出版社，1996 年，pp. 477-505。

金維諾 "'職貢圖'的時代與作者"，《文物》1960 年 7 期，pp. 14-17。

李鐵匠 "古代伊朗的種姓制度"，葉奕良編《伊朗學在中國論文集》第 2 集，北京大學出版社，1998 年，pp. 54-62。

李文瑛 "營盤遺址相關歷史地理學問題考證——從營盤遺址非'注賓城'談起"，《文物》1999 年第 1 期，pp. 43-51。

李吟屏 "古代于闐國都再研究"，《西北史地》1990 年第 3 期，pp. 28-36。

林幹《匈奴通史》，人民出版社，1986 年。

林梅村 "從考古發現看祆教在中國的初傳"，《漢唐西域與中國文明》，文物出版社，1998 年，pp. 102-112。

林梅村 "鍮石入華考"，《古道西風——考古新發現所見中西文化交流》，三聯書店，2000 年，pp. 210-239。

林悟殊《摩尼教及其東漸》，中華書局，1987 年。

林悟殊《波斯拜火教與古代中國》，臺北：新文豐出版公司，1995 年。

盧勳、李根蟠《民族與物質文化史考略》，民族出版社，1991年。

呂思勉《呂思勉讀史札記》，上海古籍出版社，1982年。

馬小鶴 "米國鉢息德城考"，《中亞學刊》第2輯，中華書局，1987年，pp. 65-75。

馬雍 "西漢時期的玉門關和敦煌郡的西境"，《西域史地文物叢考》，文物出版社，1990年，pp. 11-15。

馬雍 "新疆巴里坤、哈密漢唐石刻叢考"，《西域史地文物叢考》，文物出版社，1990年，pp. 16-23。

馬雍 "巴基斯坦北部所見'大魏'使者的巖刻題記"，《西域史地文物叢考》，文物出版社，1990年，pp. 129-137。

孟凡人《北庭史地研究》，新疆人民出版社，1985年。

孟凡人《樓蘭新史》，光明日報出版社，1990年。

孟凡人 "論鄯善國都的方位"，《亞洲文明》第2集，安徽教育出版社，1992年，pp. 94-115。

孟凡人 "于闐國都城方位考"，《西域考察與研究》，新疆人民出版社，1994年，pp. 449-476。

饒宗頤 "蜀布與 Cīnapaṭṭa——論早期中、印、緬之交通"，《梵學集》，上海古籍出版社，1993年，pp. 223-260。

饒宗頤 "中國古代'脅生'的傳說"，《燕京學報》新第3期（1997年），北京大學出版社，pp. 15-28。

榮新江 "吐魯番的歷史與文化"，《吐魯番》，三秦出版社，1987年，pp. 26-85。

榮新江 "所謂'Tumshuqese'文書中的'gyāźdi'"，《內陸アジア言語研究》7（1991年），pp. 1-12。

榮新江 "祆教初傳中國年代考",《國學研究》第 3 卷 (1995 年), pp. 335-353。

宋峴 "弗栗恃薩儻那、蘇剌薩儻那考辨",《亞洲文明》第 3 集,安徽教育出版社, 1995 年, pp. 193-201。

宋峴 "波斯醫藥與古代中國",葉奕良編《伊朗學在中國論文集》第 2 集,北京大學出版社, 1998 年, pp. 91-100。

孫培良 "《山海經》拾證",《人文雜誌叢刊·文史集林》1986 年第 4 期, pp. 137-150。

孫毓棠 "安息與烏弋山離",《文史》第 5 輯 (1978 年), pp. 7-21。

譚吳鐵 "于闐古都新探",《西北史地》1992 年第 3 期, pp. 40-47。

湯用彤《漢魏兩晉南北朝佛教史》,中華書局, 1983 年。

王炳華《吐魯番的古代文明》,新疆人民出版社, 1989 年。

王炳華 "'絲路'考古新收穫",《新疆文物》1991 年第 2 期, pp. 21-41。

王炳華 "從新疆考古資料看中伊文化關係",葉奕良編《伊朗學在中國論文集》第 1 集,北京大學出版社, 1993 年, pp. 94-101。

王炳華 "尼雅考古回顧及新收穫",中日共同尼雅遺迹學術考察隊《中日、日中共同尼雅遺跡學術調查報告書》第 1 卷, 1996 年, pp. 193-206。

王國維 "唐李慈藝授勳告身跋",《觀堂集林》(卷一七),中華書局, 1959 年, pp. 877-881。

王國維 "胡服考",《王國維學術隨筆》,社會科學文獻出版社, 2000 年, pp. 154-165。

王明哲、王炳華《烏孫研究》,新疆人民出版社, 1983 年。

王毓銓 "'民數'與漢代封建政權",《中國史研究》1979 年第 3 期, pp.

61-80。

王仲犖《敦煌石室地志殘卷考釋》，上海古籍出版社，1993年。

汪寧生"漢晉西域與祖國文明"，新疆社會科學院考古研究所編《新疆考古三十年》，新疆人民出版社，1983年，pp. 194-208。

武敏"5世紀前後吐魯番地區的貨幣經濟"，《新疆經濟開發史研究》（上冊），新疆人民出版社，1992年，pp. 219-238。

武敏"新疆近年出土毛織品研究"，《新疆經濟開發史研究》（下冊），新疆人民出版社，1995年，pp. 117-135。

吳其昌"印度釋名"，《燕京學報》第4期（1928年），pp. 717-743。

夏鼐"新疆發現的古代絲織品——綺、錦和刺繡"，《考古學報》1963年第1期，pp. 45-76。

夏鼐"中巴友誼歷史"，《考古》1965年第7期，pp. 357-364。

向達《唐代長安與西域文明》，三聯書店，1957年。

向達"兩關雜考"，《唐代長安與西域文明》，三聯書店，1987年，pp. 373-392。

徐文堪"新疆古屍的新發現與吐火羅人起源研究"，《學術集林》第5卷，上海遠東出版社，1995年，pp. 304-314。

徐文堪"關於吐火羅語與吐火羅人的起源問題"，《亞洲文明》第3集，安徽教育出版社，1995年，pp. 76-93。

徐文堪"'中亞東部銅器和早期鐵器時代民族'國際學術討論會綜述"，《學術集林》第9卷，上海遠東出版社，1996年，pp. 262-279。

徐文堪"一個重大的科學前沿問題——《人類基因的歷史與地理》讀後"，《學術集林》第14卷，上海遠東出版社，1998年，pp. 313-323。

徐時儀"印度的譯名管窺",《華林》第3卷,中華書局,2004年,pp. 61-69。

許序雅《唐代絲綢之路與中亞歷史地理研究》,西北大學出版社,2000年。

薛宗正"務塗谷、金蒲、疏勒考",《新疆文物》1988年第2期,pp. 75-84。

嚴耀中《漢傳密教》,學林出版社,1999年。

殷晴"古代新疆農墾事業的發展",《新疆開發史研究》(上冊),新疆人民出版社,1992年,pp. 5-42。

殷晴"古代新疆商業的發展及商人的活動",《新疆開發史研究》(上冊),新疆人民出版社,1992年,pp. 191-218。

殷晴"新疆古代畜牧業的發展",《新疆開發史研究》(下冊),新疆人民出版社,1995年,pp. 1-32。

殷晴"于闐古都研究——和闐綠洲變遷之探索",《西域史論叢》第3輯,新疆人民出版社,1990年,pp. 133-155。

余太山《嚈噠史研究》,齊魯書社,1986年。

余太山《塞種史研究》,中國社會科學出版社,1992年。

余太山"關於鄯善都城的位置",《西北史地》1991年第2期,pp. 9-16。

余太山《兩漢魏晉南北朝與西域關係史研究》,中國社會科學出版社,1995年。

余太山"第一貴霜考",《中亞學刊》第4輯,北京大學出版社,1995年,pp. 73-96。

余太山《古族新考》,中華書局,2000年。

余太山"嚈噠史若干問題的再研究",《中國社會科學院歷史研究所學刊》第1集,社會科學文獻出版社,2001年,pp. 180-210。

余太山"《水經注》卷二(河水)所見西域水道考釋",《中國社會科學院歷史研究所學刊》第 2 集，2004 年，pp. 193-219。

余太山"隋與西域諸國關係述考"，《文史》第 69 輯（2004 年第 4 期），pp. 49-57。

張承志"王延德西行記與天山硇砂"，《文史》20（1983 年），pp. 89-96。

張星烺《中西交通史資料彙編》第 4 冊，中華書局，1978 年。

章鴻釗《石雅·寶石說》，上海古籍出版社，1993 年。

中國科學院《中國自然地理》編輯委員會《中國自然地理（歷史自然地理）》，科學出版社，1982 年。

鍾廣生《新疆志稿》，《中國方誌叢書》，成文出版社，1968 年。

鍾興麒"漢唐姑墨溫宿地域考"，《新疆文物》1988 年第 4 期，pp. 115-119。

周連寬"漢婼羌國考"，《中亞學刊》第 1 輯，中華書局，1983 年，pp. 81-90。

周連寬《大唐西域記史地研究叢稿》，中華書局，1984 年。

周衛榮"'鍮石'考述"，《文史》第 53 輯（2001 年），pp. 79-89。

周一良《魏晉南北朝史劄記》，中華書局，1985 年。

周振鶴《西漢政區地理》，人民出版社，1987 年。

漢語文獻（4）

A

《達·伽马以前中亞和東亞的基督教》，[德] 克里木凱特著，林悟殊譯，淑馨出版社，1995 年。

《歷史》，[古希臘] 希羅多德著，王以鑄譯，商務印書館，1985 年。

《摩奴法論》，蔣忠新譯，中國社會科學出版社，1986年。

《唐代外來文明》，[美]謝弗著，吳玉貴譯，中國社會科學出版社，1995年。

《西突厥史料》，[法]沙畹著，馮承鈞譯，中華書局，1958年。

《西域之佛教》，[日]羽溪了諦著，賀昌羣譯，商務印書館，1956年。

《中國伊朗編》，[美]勞費爾著，林筠因譯，商務印書館，1964年。

B

[法] 伯希和 "吐火羅語與庫車語"，馮承鈞譯，[法]伯希和、烈維著《吐火羅語考》，中華書局，1957年，pp. 64-135。

[荷] 許理和 "漢代佛教與西域"，吳虛領譯，《國際漢學》第2輯，大象出版社，1998年，pp. 291-310。

[法] 沙畹 "魏略西戎傳箋注"，馮承鈞譯，《西域南海史地考證譯叢七編》，中華書局，1957年，pp. 41-57。

[法] 沙畹 "宋雲行紀箋注"，馮承鈞譯，《西域南海史地考證譯叢六編》，中華書局，1956年，pp. 1-68。

日語文獻

榎一雄 "難兜國に就いての考"，《加藤博士還曆記念東洋史集說》，東京：富山房，1941年，pp. 179-199。

榎一雄 "キダーラ王朝の年代について"，《東洋學報》40~3（1958年），pp. 1-52。

榎一雄 "梁職貢圖について"，《東方學》26（1963年），pp. 31-46。

榎一雄 "滑國に關する梁職貢圖の記事について",《東方學》27（1964年），pp.12-32。

榎一雄 "鄯善の都城の位置とその移動(1-2)",《オリエント》8～1（1965年），pp. 1-14；8～2（1966年），pp. 43-80。

榎一雄 "漢書西域傳の研究——フールスウェ・岑仲勉兩氏の近業を中心として——",《東方學》64（1982年），pp. 130-142。

榎一雄 "史記大宛傳との漢書張騫・李廣利傳關係について",《東洋學報》64～1, 2（1983年），pp. 1-32。

藤田豊八 "西域研究・扞彌 Dandān-Uiliq",《東西交涉史の研究・西域篇》,東京：荻原星文館，1943年，pp. 263-273。

藤田豊八 "佛教傳來に關する魏略の本文につきて",《東西交涉史の研究・西域篇》, 東京：荻原星文館，1943年，pp. 389-406。

藤田豊八 "榻及び毼氀毹につきて",《東西交涉史の研究・南海篇》, 東京：荻原星文館，1943年，pp. 611-627。

船木勝馬 "魏書西域傳考——成立と補綴と復原——",《東洋史學》2,（1951年），pp.56-74。

船木勝馬 "魏書西域傳の復原——魏書西域傳考（二）——",《東洋史學》5（1952年），pp. 1-18。

羽田亨 "景教經典序聽迷詩所經に就いて",《內藤博士還曆祝賀支那學論叢》, 京都：弘文堂，1926年，pp. 117-148。

堀謙德 "西曆第六世紀の波斯",《史學雜誌》19～1（1908年），pp. 40-53。

堀謙德《解說西域記》，國書刊行會，1972年。

フールスウェ, A. F. P. "漢書卷六十一と史記卷百二十三との關係"（榎一雄

和譯),《東方學》47（1974年），pp. 119-133。

伊瀬仙太郎《中國西域經營史研究》，東京：岩南堂，1968年。

北村高"《隋書·西域傳》について——その成立と若干の問題——",《龍谷史壇》78（1980年），pp. 31-45。

駒井義明"縣度",《文化史學》12（1956年），pp. 40-45。

駒井義明"再び'縣度'について",《京都外國語大學研究論叢》1966年第3期，pp. 18-23。

桑原隲藏"張騫の遠征",《東西交通史論叢》，東京：弘文堂，1944年，pp. 1-117。

桑山正進"バーミヤーン私注",《建築史學》2（1984年），pp. 127-150。

桑山正進《カーピシー＝ガンダーラ史研究》，京都大學人文科學研究所，1990年。

桑山正進編《慧超往五天竺國傳研究》，京都大學人文科學研究所，1992年。

松田壽男《古代天山の歷史地理學的研究》（增補版），東京：早稻田大學出版部，1970年。

松田壽男"イラン南道論",《東西文化交流史》，東京：雄山閣，1975年，pp. 217-251。

水谷真成譯注《大唐西域記》,《中國古典文學大系》22，東京：平凡社，1975年。

森雅子"西王母の原像——中國古代神話における地母神の研究——",《史學》56～3（1986年），pp. 61-93。

護雅夫"いわゆる'北丁零'、'西丁零'について",《瀧川博士還曆記念論文集·東洋史篇》，東京：長野中澤印刷，1957年，pp. 57-71。

長澤和俊"拘彌國考",《史觀》100（1979年），pp. 51-67。

長澤和俊"《漢書》西域傳の里數記載について",《早稻田大學大學院文學研究科紀要》25（1979年），pp. 111-128。

長澤和俊"古代西域南道考",護雅夫編《內陸アジア・西アジアの社會と文化》，東京：山川出版社，1983年，pp. 57-77。

小田義久"西域における葬送樣式について",《印度學佛教學研究》11～2（1963年），pp. 182-183。

小川琢治"崑崙と西王母",《支那歷史地理學研究》，東京：弘文堂，1939年，pp. 239-279。

佐藤圭四郎"北魏時代における東西交涉",《東西文化交流史》，東京：雄山閣，1975年，pp. 378-393。

重松俊章"髑髏飲器考",《桑原博士還曆記念東洋史論叢》，京都：弘文堂，1934年，pp. 173-189。

嶋崎昌《隋唐時代の東トウルキスターン研究——高昌國史研究を中心として——》，東京：東京大學出版會，1977年。

嶋崎昌"姑師と車師前・後王國",《隋唐時代の東トウルキスターン研究——高昌國史研究を中心として——》，東京：東京大學出版會，1977年，pp. 3-58。

嶋崎昌"高昌國の城邑について",《隋唐時代の東トウルキスターン研究——高昌國史研究を中心として——》，東京：東京大學出版會，1977年，pp. 113-147。

嶋崎昌"麴氏高昌國官制考",《隋唐時代の東トウルキスターン研究——高昌國史研究を中心として——》，東京：東京大學出版會，1977年，pp. 253-310。

嶋崎昌"《隋書》高昌傳解說",《隋唐時代の東トゥルキスターン研究》,東京 (1977 年), pp. 310-340。

白鳥清"髑髏の盟に就て",《史學雜誌》39～7 (1928 年), pp. 734-735。

白鳥清"髑髏飲器使用の風習と其の傳播 (上、下)",《東洋學報》20～3 (1933 年), pp. 121-145；20～4 (1933 年), pp. 139-155。

白鳥庫吉"亞細亞北族の辮髮に就いて",《白鳥庫吉全集・塞外民族史研究 (下)》(卷五), 東京：岩波, 1970 年, pp. 231-301。

白鳥庫吉"烏孫に就いての考",《白鳥庫吉全集・西域史研究 (上)》(第 6 卷), 東京：岩波, 1970 年, pp. 1-55。

白鳥庫吉"西域史上の新研究・康居考",《白鳥庫吉全集・西域史研究 (上)》(第 6 卷), 東京：岩波, 1970 年, pp. 58-96。

白鳥庫吉"西域史上の新研究・大月氏考",《白鳥庫吉全集・西域史研究 (上)》(第 6 卷), 東京：岩波, 1970 年, pp. 97-227。

白鳥庫吉"罽賓國考",《白鳥庫吉全集・西域史研究 (上)》(第 6 卷), 東京：岩波, 1970 年, pp. 295-359。

白鳥庫吉"塞民族考",《白鳥庫吉全集・西域史研究 (上)》(第 6 卷), 東京：岩波, 1970 年, pp. 361-480。

白鳥庫吉"大宛國の汗血馬",《白鳥庫吉全集・西域史研究 (上)》(第 6 卷), 東京：岩波, 1970 年, pp. 481-488。

白鳥庫吉"プトレマイオスに見えたる葱嶺通過路に就いて",《白鳥庫吉全集・西域史研究 (下)》(第 7 卷), 東京：岩波, 1971 年, pp. 1-41。

白鳥庫吉"粟特國考",《白鳥庫吉全集・西域史研究 (下)》(第 7 卷), 東京：岩波, 1971 年, pp. 43-123。

白鳥庫吉 "大秦國及び拂菻國に就きて"，《白鳥庫吉全集·西域史研究（下）》（第 7 卷），東京：岩波，1971 年，pp. 125-203。

白鳥庫吉 "條支國考"，《白鳥庫吉全集·西域史研究（下）》（第 7 卷），東京：岩波，1971 年，pp. 205-236。

白鳥庫吉 "大秦傳に現はれたる支那思想"，《白鳥庫吉全集·西域史研究（下）》（第 7 卷），東京：岩波，1971 年，pp. 237-302。

白鳥庫吉 "大秦傳より見たる西域の地理"，《白鳥庫吉全集·西域史研究（下）》（第 7 卷），東京：岩波，1971 年，pp. 303-402。

白鳥庫吉 "拂菻問題の新解釋"，《白鳥庫吉全集·西域史研究（下）》（第 7 卷），東京：岩波，1971 年，pp. 403-592。

白鳥庫吉 "大秦の木難珠と印度の如意珠"，《白鳥庫吉全集·西域史研究（下）》（第 7 卷），東京：岩波，1971 年，pp. 597-641。

田邊勝美 "ローマと中國の史書に秘められたクシャノ・ササン朝"，《東洋文化研究所紀要》124（1994 年），pp. 33-101。

內田吟風 "魏書西域傳原文考釋（上、中、下）"，《東洋史研究》29～1（1970 年），pp. 83-106；30～2（1971 年），pp. 82-101；31～3（1972 年），pp. 58-72。

內田吟風 "魏略天竺臨兒傳遺文集錄考證"，《惠谷先生古稀記念：淨土の教思想と文化》，京都：佛教大學，1972 年，pp. 1013-1022。

內田吟風 "吐火羅（Tukhāra）國史考"，《東方學會創立 25 周年記念東方學論集》，東京：東方學會，1972 年，pp. 91-110。

內田吟風 "隋裴矩撰《西域圖記》遺文纂考"，《藤原弘道先生古稀記念史學佛教學論集》，內外印刷株式會社，1973 年，pp. 115-128。

內田吟風"《魏書》卷一百二西域傳譯注稿",內田吟風編《中國正史西域傳の譯注》,龍谷大學文學部,河北印刷株式會社,1980 年,pp. 1-34。

西文文獻

Bailey, H. W. *Indo-Scythian Studies, being Khotanese Texts*, vol. 7. Cambridge, 1985.

Barthold, W. *Turkestan, Down to the Mongol Invasion*. London: E. J. W. Gibb Memorial Trust, Porcupine Press Inc., 1977.

Beal, S. *SI-YU-KI, Buddhist Records of the Western World, translated from the Chinese of Hiuen Tsiang (A. D. 629)*. Delhi: Motilal Banarsidass, 1994.

Bivar, A. D. H. "The Kushano-Sassanian Coin Series." *Journal of the Numismatic Society of India* 18 (1956): pp. 13-42.

Chavannes, E. "Voyage de Song Yun." *Belletin de l'Ecole Française d'Extréme-Orient* 3 (1903): pp. 379-441.

Chavannes, E. "Les pays d'occident d'après le *Wei-lio*." *T'oung Pao 6* (1905): pp. 519-571.

Chavannes, E. "Trois Généraux Chinois de la dynastie des Han Orientaux. Pan Tch'ao (32-102 p. C.); – son fils Pan Yong; – Leang K'in (112 p. C.). Chapitre LXXVII du *Heou Han chou*." *T'oung Pao* 7 (1906): pp. 210-269.

Chavannes, E. "Les pays d'Occident d'après le *Heou Han chou*." *T'oung Pao* 8 (1907): pp. 149-234.

Chmielewski, J. "The Problem of Early Loan-words in Chinese as Illustrated by the Word p'u-t'ao." *Rocznik Orientailistyczny* 22 (1958), pp. 7-45; 24 (1961), pp. 65-86.

Enoki, K. "Yü-ni-chêng and the Site of Lon-lan." *Ural-Altaische Jahrbücher* 33 (1961): pp. 52-65.

Frye, R. N. *The History of Bukhara*. Cambridge, 1954.

Haloun, G. "Zur Üe-tṣï-Frage." *Zeitschrift der Deutschen Morgenländischen Gesellschaft* 41 (1937): pp. 243-318.

Harmatta, J., ed. *History of Civilizations of Central Asia*, vol. 2: *The Development of Sedentary and Nomadic Civilizations: 700 B.C. to A.D. 250*. UNESCO Publishing, 1994.

Herrmann, A. *Die alten Seidenstrassen zwischen China und Syrien*. Berlin, 1910.

Herzfeld, E. "Kushano-Sasanian Coins." *Memoires of the Archaeological Survey of India* 38 (1930).

Hirth, F. *China and the Roman Orient*. Shanghai and Hongkong, 1885.

Hirth, F. "The Mystery of Fu-lin." *Journal of the American Oriental Society* 33 (1913), pp. 193-208.

Hulsewé, A. F. P. "The Authenticity of Shi-chi ch. 123." *T'oung Pao*, 61 (1975), pp. 83-147.

Hulsewé, A. F. P. & M. A. N. Loewe. *China in Central Asia, the Early Stage: 125B. C.-A.D.23*. Leiden, 1979.

Huntingford, G. W. B. *The Periplus of the Erythraean Sea*. London: Hakluyt Society, 1980.

Jones, H. L., tr. *The Geography of Strabo, with an English translation.* 8 vols. London, 1916-1936.

Kent, R. G. *Old Persian, Grammar, Text, Lexicon.* New Haven, 1953.

Leslie, D. D. and K. H. J. Gardiner. *The Roman Empire in Chinese Sources.* Roma, 1996.

Laufer, B. *The Beginnings of Porcelain in China.* Chicago, 1917.

Ma Yong. "A Study on 'Skull-Made Drinking Vessel'." *Religious and Lay Symbolism in the Altaic World and other Papers*, Wiesbaden, 1989, pp. 184-190.

Marquart, J. *Die Chronologie der alttürkischen Inschriften.* Leipzig, 1898.

Marquart, J. *Ērānšahr nach der Geographie des Ps. Moses Xorenaci.* Berlin, 1901.

Markwart, J. *Wehrot und Arang.* Leiden, 1938.

Martin, M. F. C. "Coins of Kidāra and the Little Kuṣāṇa." *Journal of the Royal Asiatic Society of Bengal*, Letters, vol. 3, 1937, No. 2 = *Numismatic Supplement*, No. 47, pp. 23-50.

Miller, R. A. *Accounts of Western Nations in the History of the Northern Chou Dynasty.* Berkeley and Los Angeles: University of California Press, 1959.

Petech, L. *Northern India According to the Shui-Ching-Chu.* Roma, 1950.

Rackham, H. tr., Pliny, *Natural History, with an English translation.* London, 1949.

Specht, Ed. "Études sur l'Asie central d'après les historiens chinois." *Journal Asiatiqua* 8~2 (1883): pp. 317-350.

Stein, A. *Ancient Khotan, Detailed Report of Archaeological Explorations in Chinese Turkestan*, vol. 1. Oxford, 1907.

Stein, A. *Serindia*, vol. 1. Oxford, 1921.

Stevenson, E. L. tr. & ed., *Geography of Claudius Ptolemy*. New York, 1932.

Tarn, W. W. *The Greek in Bactria and India*. London: Cambridge, 1951.

Tomaschek, W. *Die Centralasiatische Studien I, Sogdiana*. Sitzungsberichte der Wiener Akademie der Wissenschaften 87, 1877.

Yarshater, E. ed. *The Cambridge History of Iran*, vol. 3 (1), (2): *The Seleucid, Parthian and Sasanian Periods*, CUP: 1983.

索引

【說明】本索引收入兩漢魏晉南北朝正史西域傳出現的主要專名，按漢語拼音順序排列，數字爲本書頁碼。

阿惡 151, 272
阿弗太汗 161, 216, 318, 335, 356, 441
阿副使且 164, 220, 240, 342
阿鈎羌 219, 240, 319, 320, 341, 354, 356, 372, 375, 378, 443, 444, 449, 469, 471
阿蘭 155, 298, 299, 357, 358, 430, 431
阿蘭聊 155, 298, 299, 430
阿羅得布 368
阿蠻 36, 132, 158, 205, 299
阿末黎 358
安都 163, 219, 239, 319, 339, 340
安敦 34, 494
安谷 158, 340, 369
安國 30, 116, 338, 504, 508, 547, 556, 557, 562, 565, 569, 590
安息 2, 3, 19, 23, 24, 30, 31, 34, 36, 77, 104, 113, 114, 126, 128, 129, 131, 132, 134, 157, 158, 163, 173, 174, 185, 186, 205, 219, 222, 228, 231, 232, 233, 235, 239, 248, 249, 250, 252, 295, 296, 300, 319, 334, 338, 339, 355, 356, 362, 364, 366, 377, 378, 397, 412, 413, 421, 429, 430, 431, 443, 444, 445, 446, 447, 448, 450, 464, 470, 471, 472, 473, 486, 493, 494, 505, 517, 527, 528, 537, 545
奧鞬 155, 188, 189, 294
巴則布 368
拔底延 114, 164, 343, 467

拔豆 117, 164, 221, 319, 343, 354, 356, 361, 362, 375, 443
白草 299, 357, 433, 472
白疊 116, 117, 369, 370, 439, 449
白附子 365
白龍堆 92, 94, 96, 234, 321, 400, 432
白山 101, 102, 103, 104, 105, 106, 221, 222, 241, 555, 557, 558, 55
白題 44, 53, 56, 59, 60, 62, 66, 73, 74, 75, 134, 161, 209, 210, 332, 337, 338, 345, 355, 356, 377, 428
百丈佛圖 341, 345, 482
薄羅 162, 218, 337
薄茅 156, 186, 187, 218, 293, 319, 337
薄提 161, 220, 240, 332, 338, 342, 428
薄知 161, 216, 318, 333, 334, 356, 428
卑鞮侯井 149
卑伽至 161
卑陸國 130, 152, 196, 197, 233, 249, 250, 266, 267, 279, 280, 399, 437, 438, 507, 530
卑陸後國 130, 149, 197, 248, 249, 266, 267, 279, 280, 399, 437, 438, 505, 507, 508, 530
卑品 152, 178, 258
卑闐 149, 188, 189, 190, 294, 430, 466
北海 49, 231, 528, 592
北河 233, 287, 288, 289
北山 65, 175, 202, 226, 228, 239, 248, 251, 252, 266, 267, 274, 275, 276, 277, 282, 284, 288, 438, 471, 527, 530, 587
北天竺 44, 48, 53, 57, 58, 61, 62, 66, 239, 345
北烏伊別 156, 300
北胥鞬 147
賁命 290
比盧旃 483
畢伽至（卑伽至）161
畢國 556, 557
畢陸 37, 149, 279, 604
蓽撥 366
碧 33, 374
璧流離 373, 374
鑌鐵 109, 376
波路 88, 91, 92, 163, 210, 211, 219, 220, 317, 319, 320, 341, 344, 377, 443
波羅 161, 217, 318
波羅婆步鄣 377
波羅斯 77, 78
波羅陁 77, 78
波斯 3, 44, 53, 55, 56, 57, 60, 62, 66, 67, 68, 69, 70, 73, 74, 75, 76, 77, 78, 93, 98, 108, 110, 112, 113, 115, 126, 134, 140, 157, 160, 209, 215, 220, 222, 223, 231, 238, 239, 240, 263, 295, 296, 318, 329, 330, 331, 332, 334, 337, 338, 339, 342, 344, 345, 355, 359, 360, 361, 362, 364, 365, 366, 367, 369, 370, 371, 372, 373, 374, 375, 376, 378, 379, 408, 413, 414,

421, 442, 443, 445, 462, 465, 470,
474, 475, 484, 485, 488, 490, 493,
494, 503, 505, 511, 512, 513, 515,
516, 556, 562, 563, 565, 569, 577

波斯錦 67, 69, 70, 369

波知 100, 118, 165, 241, 344, 443, 468,
487

鉢和 100, 118, 165, 241, 343, 344, 428,
462, 468

鉢盧勒 163, 344, 471

曹國 116, 556, 561, 562, 565

漕國 115, 556, 560, 563, 565

閻吾陸 147

朝烏 364

車離 35, 36, 153, 298, 470

車渠 109, 111, 375, 379

車師 4, 30, 37, 67, 69, 87, 88, 101, 130,
131, 133, 134, 144, 146, 147, 148,
149, 150, 152, 160, 176, 195, 196,
197, 198, 199, 200, 202, 203, 207,
208, 210, 212, 221, 228, 236, 248,
249, 250, 251, 252, 267, 268, 269,
270, 271, 272, 273, 274, 277, 278,
279, 280, 281, 282, 291, 292, 296,
297, 317, 324, 325, 328, 334, 378,
399, 400, 401, 402, 403, 404, 405,
406, 409, 416, 417, 420, 437, 438,
439, 440, 453, 459, 460, 467, 469,
471, 484, 505, 506, 507, 508, 509,

526, 527, 529, 530, 531, 536, 541, 542,
543, 546, 558, 576, 588, 589, 596, 597,
598, 599, 602, 604, 605, 606, 607, 608

車師都尉國 130, 248, 249, 252, 267, 268,
269, 399, 437, 438, 507, 529, 597

車師後城長國 130, 131, 248, 249, 250, 252,
267, 269, 280, 399, 437, 438, 506, 530

車師後國 130, 133, 134, 150, 152, 200, 208,
248, 251, 268, 269, 270, 273, 278, 279,
281, 325, 399, 401, 402, 403, 404, 406,
437, 438, 440, 484, 505, 507, 508, 529,
530, 608

車師柳谷 146, 199, 270, 271, 273, 440

車師前國 130, 133, 144, 176, 195, 196, 197,
198, 199, 200, 203, 207, 208, 250, 267,
268, 270, 272, 273, 278, 279, 282, 291,
324, 399, 401, 402, 404, 405, 406, 437,
438, 439, 460, 467, 505, 506, 507, 508, 558

車延 144, 146

檉柳 357

絺 369

遲散 158, 159, 368

赤螭 363

赤谷 142, 143, 193, 194, 213, 282, 287, 288,
328, 430, 466, 467, 545

赤沙 287, 289

赤麖皮 109, 365

雌黃 104, 106, 109, 111, 371

蔥嶺（蔥嶺）1, 2, 3, 4, 5, 88, 90, 97, 98,

106, 107, 108, 113, 115, 123, 124, 125,
142, 143, 147, 151, 152, 175, 202, 210,
211, 222, 226, 227, 228, 230, 233, 237,
240, 241, 248, 249, 250, 251, 252, 257,
265, 288, 292, 293, 295, 300, 316, 317,
322, 328, 329, 341, 343, 344, 355, 360,
412, 427, 430, 431, 435, 445, 450, 451,
452, 453, 467, 475, 490, 509, 514, 515,
527, 530, 531, 538, 555, 559, 560, 565,
587, 588, 589, 590, 591, 592, 601, 605, 606

蔥嶺河 123, 125, 228, 230, 527

翠爵 364

達利水 97, 242

大貝 363

大狗 361, 528

大馬爵 364, 532

大鳥（大雀）109, 112, 301, 330, 364, 473,
494, 528, 529, 532, 537

大鳥卵 109, 112, 330, 364, 473, 494

大秦 3, 30, 31, 32, 33, 34, 36, 126, 132, 134,
157, 158, 159, 163, 219, 231, 232, 235,
236, 239, 295, 299, 319, 332, 339, 340,
355, 357, 358, 361, 362, 363, 364, 365,
366, 367, 368, 369, 370, 371, 372, 373,
374, 375, 376, 377, 379, 421, 441, 442,
444, 445, 448, 463, 465, 469, 470, 471,
472, 473, 486, 494, 495, 511, 512

大宛 1, 2, 9, 10, 11, 12, 14, 15, 16, 17, 18,
19, 20, 21, 22, 23, 24, 31, 39, 103, 122,

123, 129, 131, 133, 134, 139, 140,
141, 142, 143, 144, 145, 146, 148,
151, 152, 154, 155, 157, 172, 173,
174, 175, 185, 188, 189, 190, 191,
206, 209, 215, 226, 227, 228, 229,
230, 231, 232, 233, 247, 248, 250,
252, 255, 258, 269, 284, 292, 293,
294, 295, 296, 300, 317, 329, 334,
355, 356, 360, 362, 364, 369, 370,
377, 378, 397, 398, 412, 413, 414,
415, 421, 427, 428, 429, 430, 431,
433, 440, 443, 444, 445, 446, 449,
450, 451, 452, 453, 459, 463, 464,
465, 466, 467, 470, 471, 473, 486,
487, 488, 491, 492, 493, 494, 503,
509, 513, 515, 516, 517, 526, 527,
528, 529, 533, 535, 536, 537, 542,
544, 545, 546, 573, 576, 578, 580,
585, 586, 595, 596, 601, 605

大夏 2, 20, 21, 23, 24, 37, 129, 130, 131,
140, 141, 146, 147, 153, 156, 173,
174, 186, 187, 227, 231, 232, 248,
249, 252, 293, 294, 296, 319, 333,
334, 337, 397, 413, 414, 415, 428,
429, 430, 431, 446, 447, 450, 458,
459, 464, 482, 487, 492, 509, 526,
528, 529, 57

大雪山 240, 241, 344, 428

大益 154, 296

大月氏 2, 19, 20, 21, 23, 24, 35, 37, 113, 114, 129, 130, 131, 132, 133, 140, 141, 147, 152, 153, 162, 173, 185, 186, 189, 190, 191, 201, 205, 218, 219, 228, 231, 233, 239, 248, 250, 252, 265, 266, 284, 294, 298, 317, 319, 320, 330, 333, 334, 337, 338, 345, 361, 373, 377, 397, 398, 401, 402, 407, 408, 413, 414, 415, 420, 428, 429, 430, 431, 445, 446, 447, 449, 450, 451, 452, 458, 459, 466, 471, 482, 490, 491, 493, 505, 509, 517, 526, 527, 528, 578

大澤 93, 107, 108, 231, 258, 292, 528, 580

瑇瑁 34, 374, 494, 537

丹渠 143, 198, 199, 233, 280, 440

單桓 37, 130, 143, 196, 197, 248, 249, 252, 266, 267, 280, 281, 399, 403, 439, 505, 507, 508, 526, 531, 599, 604

德若 132, 142, 204, 262, 264, 401, 402, 407, 433

狄提 365

貂 49, 67, 69, 363, 431

疊伏羅 164, 220, 240, 319, 343, 354, 358, 362, 368, 443

東離 34, 35, 36, 133, 134, 153, 206, 298, 361, 362, 470

東且彌 37, 130, 133, 143, 198, 207, 233, 272, 273, 274, 275, 276, 277, 278, 280, 325, 399, 401, 402, 405, 406, 437, 438,
460, 468, 507, 508, 529, 604

凍凌山 237, 323

都密 156, 293, 294

兜勒 156, 297

兜納 365

度代布 369

短人國 301

兑虛 143, 198, 233, 272, 273, 274, 278, 438, 468

敦薨 146, 259, 288, 581

敦煌（燉煌、焞煌）12, 13, 15, 16, 18, 20, 21, 29, 92, 127, 202, 211, 221, 222, 223, 227, 229, 230, 235, 236, 267, 321, 326, 335, 405, 406, 413, 417, 418, 437, 439, 528, 533, 535, 542, 548, 549, 550, 557, 558, 564, 565, 567, 589, 603

多勿當 164, 221, 343

惡師 142

貳師城 16, 516, 533

貳師馬 360, 516

發陸布 368

番兜 157, 185, 295, 532

番渠類 149, 197, 279, 438, 530

蕃內 155, 188, 193, 194, 532

汎慄 76, 78, 161, 332, 345

范陽 163, 220, 240, 342

方國使圖 3, 39, 59, 60, 61, 79, 81, 420

緋持布 368

緋持渠布 368
封牛 362, 437, 528
弗敵沙 162, 218, 239, 319, 337, 428, 468
弗那伏且 164, 221, 343
伏醜 164, 342, 465
伏盧尼 161, 215, 239, 318, 332, 333, 362, 364, 373, 375, 465, 563
拂壥（撝懔）78（78）
浮屠（浮圖）97, 99, 100, 152, 481, 482, 483, 484
浮屠經 481, 482
符拔 362
附墨 155, 188, 189, 294
附子 109, 365
副貨 164, 220, 240, 319, 342, 354, 356, 360, 361, 443, 469
復立 37, 281, 403, 482, 599, 602
富樓沙 163, 219, 319, 341, 345, 482
覆盆浮圖 97, 99, 100, 483
伽倍 88, 93, 118, 162, 210, 217, 218, 317, 319, 334, 336, 337, 344, 428, 468
伽不單 162, 217, 318, 336, 355, 356, 441
伽色尼 161, 216, 318, 333, 356, 371, 441
扜彌 37, 148, 604
高昌 43, 48, 53, 57, 58, 59, 66, 67, 97, 101, 102, 104, 134, 144, 166, 202, 221, 271, 274, 275, 276, 277, 354, 355, 356, 358, 359, 360, 364, 367, 369, 371, 377, 419, 421, 439, 444, 449, 450, 453, 460, 461,

463, 464, 468, 469, 483, 484, 485, 489, 492, 493, 509, 510, 511, 512, 514, 555, 557, 558, 565, 566, 567, 604, 606, 607
高昌壁 202, 439, 460, 468
高附 37, 133, 153, 156, 186, 187, 218, 293, 294, 297, 298, 319, 337, 428, 448, 528
孤胡 151, 271, 531
姑墨 37, 67, 90, 106, 129, 133, 148, 179, 180, 192, 193, 194, 195, 206, 213, 214, 252, 255, 259, 260, 261, 277, 283, 285, 286, 287, 288, 289, 317, 322, 327, 328, 331, 371, 376, 398, 405, 417, 436, 437, 470, 505, 506, 507, 508, 529, 599, 601, 602, 603, 604, 606, 607
姑師 144, 149, 152, 173, 227, 267, 269, 278, 438, 467, 573
古貝布 370, 461
媽塞王 157, 297, 338, 601
媽水 20, 23, 24, 157, 173, 174, 227, 231, 294, 297, 408, 409, 413, 446, 470, 471, 528, 601
貴山 144, 146, 189, 190, 215, 294, 329, 467, 528
貴霜 5, 112, 146, 153, 156, 162, 163, 186, 218, 293, 297, 298, 330, 337, 402, 407, 428, 429, 449, 452, 462,

482, 528, 584, 587, 588, 589, 590, 591, 592, 593

海西（國）30, 32, 35, 36, 157, 362, 370, 376, 377, 472, 473, 534

駭雞犀 33

漢樓河 240, 342

漢南山 123, 125, 227, 228

漢越王 154

呵跋檀 44, 56, 66, 71, 72, 134, 165, 336, 462

訶黎勒 359

何國 116, 556, 561, 562, 565

和檳 157, 158, 205, 295

和墨 147, 156, 186, 217, 293, 336

氍 109, 370

呼得 301, 363

呼犍 151, 181, 211, 212, 262, 263, 323, 416, 438, 468

呼似密 161, 216, 318, 335, 356, 362, 373, 375, 441

狐胡 37, 130, 131, 146, 150, 199, 251, 252, 270, 271, 281, 291, 399, 403, 440, 507, 508, 526, 531, 599

胡粉 104, 377

胡椒 109, 366

胡蜜丹 56, 72, 73, 134, 162, 337, 462

胡桐 357

虎珀 373

虎魄 33, 373

護澡 156, 186, 187, 218, 293, 337

滑國 44, 54, 55, 56, 57, 59, 60, 66, 67, 68, 69, 70, 72, 73, 74, 76, 77, 134, 164, 165, 209, 331, 332, 337, 338, 343, 344, 354, 361, 362, 420, 421, 442, 462, 463, 466, 484, 485, 514, 518

檴 358, 440

驩潛 154, 296

桓且 147

黃金塗 33, 368

火浣布 33, 368

火齊 109, 375

火神（火祆神）67, 70, 110, 112, 484, 485

積石 123, 158, 159, 228, 527, 531

計戍水 101, 241, 242

寄多羅 162, 163, 239, 320, 345, 449, 482

罽賓 37, 67, 92, 117, 118, 128, 132, 141, 145, 152, 153, 163, 183, 184, 185, 204, 220, 234, 252, 259, 260, 261, 262, 266, 295, 319, 331, 341, 342, 344, 354, 355, 356, 357, 358, 361, 362, 363, 364, 366, 369, 371, 372, 373, 375, 376, 377, 378, 397, 414, 429, 440, 441, 444, 447, 448, 458, 464, 469, 494, 505, 528, 532, 533, 569, 578, 579

罽城 155, 188, 189, 294

罽陵伽 164, 221, 343

罽帳 369

迦畢試 587, 591

迦舍羅 288, 300
葭葦 357
駱駝 35, 68, 361, 438, 443, 470
堅沙 156, 298
監氏 23, 24, 140, 162, 185, 186, 218, 220, 239, 294, 333, 334, 337, 338, 429, 466
鞬都 152, 179, 258
薑 366
絳地金織帳 369
交河 40, 144, 145, 199, 200, 207, 212, 250, 251, 267, 268, 269, 270, 271, 273, 275, 276, 278, 279, 280, 282, 324, 378, 438, 439, 467, 510, 558
劫國（劫日）30, 131, 143, 197, 198, 233, 252, 266, 267, 275, 279, 280, 399, 440, 505, 507, 508, 526, 530
捷枝 144, 292, 434, 435, 449
竭石 37, 165, 300, 604
金帶 35, 376, 377
金附 150, 296
金剛 109, 372, 373, 375
金縷罽 33, 367
金縷繡 33, 367
金滿 202
金蒲 150, 202, 296
金塗布 368
金微山 238
精絕 37, 128, 132, 145, 152, 176, 177, 178, 179, 202, 203, 211, 251, 253, 254, 255, 258, 281, 289, 290, 322, 398, 403, 433, 505, 507, 526, 573, 575, 577, 578, 579, 580, 581, 599, 601, 604
麖皮 104, 365
九穀 354, 439, 463
鷲鳥 76, 77, 331, 364
拘彌 30, 132, 134, 148, 202, 203, 255, 277, 401, 402, 581, 589, 600, 601, 603
居延 12, 13, 15, 144
句盤 67, 159, 331
捐毒 37, 129, 142, 151, 152, 185, 190, 191, 193, 250, 252, 265, 282, 283, 292, 293, 398, 414, 419, 434, 458, 491, 526, 578, 604
康國 70, 115, 116, 555, 556, 560, 561, 562, 565, 568, 569
康居 2, 23, 24, 93, 107, 108, 113, 114, 115, 127, 129, 130, 131, 133, 134, 140, 141, 149, 155, 156, 173, 188, 189, 193, 201, 209, 215, 217, 222, 228, 231, 233, 238, 248, 249, 250, 252, 284, 285, 294, 298, 299, 300, 301, 338, 358, 360, 361, 365, 397, 398, 413, 罽 414, 430, 431, 446, 447, 448, 449, 450, 451, 452, 459, 464, 466, 471, 490, 505, 509, 516, 517, 526, 527, 528, 532, 542, 544, 545, 546, 548, 561, 562
渴槃陁 87, 100, 118, 165, 240, 241, 343, 344, 482

孔雀（孔爵）104, 229, 230, 267, 290, 364, 374, 528
獪胡 301, 418, 419, 487
昆彌 193, 400, 430, 466, 504, 513, 517, 527, 540, 542, 550, 551, 598
昆莫 19, 20, 21, 22, 23, 123, 415, 421, 446, 459, 487, 495, 503, 504, 513
崑崙（昆侖）123, 124, 175, 226, 228, 232, 256, 260, 529, 530
藍氏 140, 205, 294, 334
藍市 24, 140, 173, 174, 205, 206, 293, 294, 334, 446
琅玕 33, 74, 374, 469
牢蘭 573
勒山 236
雷翥海 338
黎軒（犂軒、犂鞬）19, 32, 131, 157, 158, 239, 252, 295, 339, 340, 413, 431, 450, 473, 494
離珠 372
禮維特 153
埒婁 145, 576, 577
臨兒 153, 299, 481
綾 33, 109, 116, 367
流黃 238, 274, 275, 277, 371, 372, 473
流離 373, 374
琉璃（瑠璃）33, 71, 109, 372, 373, 374, 445, 469, 528
柳國 299, 431

柳中 203, 204, 205, 206, 207, 208, 255, 269, 270, 272, 273, 275, 276, 278, 405, 557, 566, 602
樓蘭 37, 92, 93, 94, 123, 145, 173, 195, 199, 210, 227, 234, 253, 267, 269, 282, 288, 321, 400, 405, 432, 433, 453, 467, 489, 514, 539, 573, 574, 575, 576, 578, 584, 585, 604
盧城 149, 183, 265
盧監氏 162, 218, 220, 239, 333, 334, 337, 338
輪臺（侖頭）12, 13, 104, 144, 145, 195, 229, 230, 252, 279, 289, 292, 434, 449, 536, 537, 538, 576, 577, 595
驢分 158, 300, 368
麻 97, 106, 354, 355, 442
瑪瑙（馬腦）76, 77, 109, 374, 375
樠 234, 357
滿犂 37, 149, 265, 300, 604
氂牛 361
沒誰 164, 220, 342
玫瑰（玫珝）76, 77, 374, 375
蒙奇 156, 297
迷密 160, 214, 238, 318, 328, 329, 371, 375, 376, 561
米國 116, 555, 560, 561, 562
明月珠 33, 372
明珠 40, 372, 537
鳴鹽枕 377

摩尼珠 372, 465

末國 44, 54, 56, 75, 76, 95, 98, 134, 176, 177, 178, 202, 211, 249, 251, 253, 254, 321, 332, 345, 356, 361, 398, 407, 429, 433, 462, 464, 580, 581, 607

莫獻 69

墨山 150, 228, 229, 288, 468, 530, 531

牟知 161, 216, 318, 335, 377, 441

木鹿 157, 165, 205, 338, 345, 429

沐猴 363, 528

苜蓿（目宿）55, 341, 356, 357, 366, 428, 440, 528

穆國 116, 556, 562, 563, 565

那色波 116, 161, 336, 555, 561

南河 233, 288,

南河城 142, 206, 207, 291

南金 375

南山 77, 123, 125, 175, 202, 226, 227, 228, 231, 232, 247, 248, 251, 252, 253, 256, 257, 259, 418, 526, 527, 528, 530

南天竺 164, 220, 319, 342, 354, 356, 358, 367, 372, 373, 375, 443, 465

難兜 183, 184, 206, 252, 265, 266, 398, 444, 464, 527

難兜靡 21, 142

鐃沙 104, 371, 372

內咄 142, 197, 280, 339

鳥飛谷 144, 190, 191, 293

寧彌 5, 148, 203, 255, 581

忸密 108, 110, 113, 160, 214, 215, 216, 217, 318, 329, 335, 336

諾色波羅 161, 217, 318, 336, 355, 356, 441

排特 153, 295, 368, 369

潘兜 528, 532

潘賀那 238, 328

磐起 154, 297, 298

盤越 154, 298

沛隸 35, 153

皮山 37, 128, 132, 150, 159, 179, 180, 181, 184, 192, 203, 204, 205, 211, 234, 237, 251, 255, 259, 260, 261, 262, 264, 266, 281, 285, 322, 323, 324, 398, 403, 433, 505, 506, 507, 526, 527, 599, 601, 604, 607

辟毒鼠 363

辟支佛 97, 99, 483

漂沙 148, 204, 263, 264, 402, 433

鏺汗 106, 107, 555, 557, 559, 560, 561, 565

婆羅門 76, 77, 78, 102, 165, 331, 332, 421, 485, 486, 565

破洛那 87, 88, 217, 317, 336, 557

頗黎 374

撲挑（濮達、樸挑）154, , 295

蒲昌海 123, 125, 175, 202, 228, 253, 288, 527, 573

蒲類 130, 133, 134, 149, 197, 207, 233,

索引 | 645

235, 236, 237, 248, 249, 251, 252, 266, 267, 271, 272, 274, 281, 297, 360, 361, 399, 401, 402, 406, 416, 417, 437, 438, 444, 460, 468, 505, 507, 508, 526, 529, 530, 540, 565
蒲類海 236, 237, 565
蒲類後國 130, 197, 248, 249, 251, 267, 272, 399, 437, 438, 505, 508, 529
蒲犁 128, 133, 149, 181, 182, 183, 189, 191, 192, 204, 205, 206, 251, 260, 261, 262, 263, 264, 265, 284, 300, 398, 415, 416, 433, 434, 437, 438, 459, 507, 508, 526
蒲陸 37, 149, 272, 604
蒲山 159, 211, 237, 317, 322, 323, 324, 607
蒲陶（蒲萄、蒲桃）39, 55, 102, 116, 298, 356, 359, 427, 428, 429, 430, 433, 439, 440, 441, 464, 465, 474, 528, 537
蒲陶酒（蒲桃酒、蒲萄酒）102, 116, 356, 427, 428, 429, 439, 441, 464, 474
漆 358, 440, 444, 528
祁連 19, 20, 21, 115, 227, 228, 230, 231, 413, 528, 540, 541
岐沙 288
奇沙 164, 220, 342
琦石 371
千年棗 109, 359
乾當 152, 196, 197, 233, 278, 279, 438
乾陀（乾陀羅、乾陁羅）100, 118, 152,

162, 163, 239, 341, 344, 345, 449, 482
鉗敦 162, 218, 319, 337, 428, 468
且蘭 158, 300
且彌 37, 130, 133, 143, 148, 197, 198, 207, 212, 233, 252, 266, 267, 272, 273, 274, 275, 276, 277, 278, 280, 281, 317, 325, 399, 401, 402, 405, 406, 437, 438, 460, 468, 506, 507, 508, 529, 530, 604, 607
且末 37, 48, 75, 76, 92, 95, 96, 97, 98, 128, 132, 147, 176, 177, 178, 202, 211, 249, 251, 252, 253, 254, 256, 257, 281, 282, 289, 290, 317, 321, 322, 332, 345, 355, 356, 377, 398, 403, 432, 433, 464, 505, 507, 508, 530, 580, 581, 599, 607
且末河 253
且渠 505, 507, 606
秦海 235
琴國 37, 143, 300, 604
青碧 33, 374
青木 109, 366
龜茲（屈茨）4, 5, 37, 44, 53, 55, 56, 58, 62, 66, 67, 68, 74, 75, 87, 94, 97, 98, 102, 104, 105, 106, 129, 133, 134, 144, 145, 146, 179, 188, 194, 195, 206, 208, 212, 213, 222, 236, 238, 241, 252, 253, 254, 255, 260, 261, 276, 277, 278, 283, 284, 285, 286, 287, 288, 289, 290, 291, 301, 317, 325, 326, 327, 328, 331, 360, 361, 362, 364, 365, 367, 370, 371, 372,

374, 375, 376, 377, 378, 398, 401, 405,
417, 421, 433, 436, 437, 444, 452, 453,
461, 468, 469, 470, 472, 473, 474, 475,
482, 489, 493, 505, 506, 507, 508, 512,
514, 527, 541, 555, 557, 558, 559, 565,
576, 577, 585, 586, 589, 595, 596, 597,
598, 600, 601, 602, 603, 604, 605, 606,
607, 608

璆琳 373, 374

渠勒 37, 128, 143, 152, 179, 251, 255,
257, 258, 259, 281, 398, 403, 433, 526,
530, 581, 599, 601, 604

渠類 149, 197, 279, 438, 526, 530

渠犁 129, 143, 175, 177, 178, 195, 200,
229, 230, 248, 249, 252, 253, 254, 289,
290, 292, 354, 398, 434, 435, 449, 507,
529, 543, 595

渠莎 37, 146, 212, 319, 324, 604

氍毹 104, 109, 116, 367

去胡來王 5, 143, 166, 175, 178, 256, 257,
263, 418, 574, 598

權於摩（權烏摩）159, 212, 319, 323, 324

雀離佛圖 341, 345

戎盧 37, 128, 145, 152, 177, 178, 179, 251,
254, 257, 258, 259, 281, 398, 403, 433,
526, 575, 578, 580, 581, 599, 604

弱水 30, 31, 40, 232, 486, 494, 529

婼羌 5, 128, 130, 142, 143, 175, 176, 178,
227, 248, 249, 251, 253, 255, 256, 257,

258, 263, 266, 398, 418, 431, 432, 444,
526, 574

塞人 24, 140, 142, 145, 146, 151, 152, 153,
157, 297, 339, 490, 578, 601

塞種 21, 22, 139, 140, 141, 142, 143, 144,
147, 148, 149, 151, 152, 277, 414, 415,
416, 418, 419, 434, 458, 459, 490, 491,
531, 578, 581

三池 234, 241, 487, 527, 531, 532

色知顯 161, 215, 318, 333, 356, 441

瑟瑟 109, 116, 374

沙勒 114, 165, 344

沙奇 35, 153, 206, 298

莎車 37, 74, 88, 129, 133, 134, 141, 145,
146, 147, 148, 160, 180, 181, 182, 189,
191, 192, 203, 204, 205, 206, 210, 211,
212, 217, 219, 228, 248, 251, 259, 260,
261, 262, 264, 265, 281, 284, 285, 288,
297, 317, 320, 324, 336, 340, 341, 370,
376, 398, 403, 417, 421, 433, 437, 505,
506, 507, 508, 509, 527, 546, 547, 578,
586, 596, 597, 598, 599, 600, 601, 602,
603, 604, 606, 607

山國 37, 130, 150, 159, 176, 180, 181, 184,
192, 196, 199, 204, 205, 211, 228, 235,
237, 248, 249, 251, 252, 253, 259, 260,
261, 282, 288, 290, 291, 322, 323, 324,
376, 398, 399, 433, 435, 468, 505, 507,
508, 526, 527, 530, 531, 602, 603, 604

珊瑚 33, 65, 76, 109, 239, 372, 373, 465, 469, 528
善見 117, 118, 163, 220, 319, 341, 342
鄯善 5, 37, 87, 88, 90, 92, 93, 94, 95, 96, 97, 98, 128, 132, 142, 145, 152, 159, 166, 175, 176, 177, 202, 203, 210, 211, 221, 228, 234, 247, 249, 251, 252, 253, 256, 267, 281, 282, 290, 317, 319, 320, 321, 357, 360, 361, 370, 377, 398, 403, 405, 417, 431, 432, 433, 435, 437, 444, 453, 463, 467, 470, 489, 493, 505, 506, 507, 508, 527, 543, 546, 555, 559, 565, 573, 574, 575, 576, 577, 578, 585, 596, 597, 599, 600, 601, 602, 603, 604, 605, 606, 607
賒彌 100, 118, 165, 241, 344, 428, 468, 471, 486
身毒 19, 74, 131, 151, 152, 153, 174, 206, 232, 233, 260, 296, 297, 298, 362, 413, 429, 431, 446, 450, 465, 483, 492, 493
神龜 110, 113, 329, 363
賸監氏 162
師子（獅子）30, 31, 44, 48, 53, 57, 58, 61, 62, 66, 67, 69, 76, 104, 106, 107, 109, 114, 115, 238, 239, 328, 362, 441, 462, 472, 515, 529, 537, 568
石國 37, 300, 555, 557, 560, 604
石蜜 109, 359, 366, 367, 465
史國 116, 555, 556, 560, 561, 568, 569

首拔 97, 101, 105, 237, 323, 370
疏勒（踈勒）37, 67, 68, 87, 104, 106, 129, 133, 141, 142, 143, 145, 154, 165, 182, 183, 191, 192, 193, 204, 206, 213, 214, 215, 228, 248, 252, 260, 261, 263, 264, 265, 267, 282, 283, 284, 285, 288, 299, 300, 317, 328, 329, 331, 398, 401, 402, 403, 404, 405, 408, 409, 414, 417, 433, 437, 449, 452, 458, 471, 482, 493, 503, 504, 505, 506, 507, 508, 509, 526, 527, 531, 555, 558, 559, 565, 577, 578, 589, 590, 591, 601, 602, 603, 604, 605, 606, 607
疏榆 149, 197, 207, 233, 271, 272, 438, 468
鼠皮 298, 365
屬繇 154, 297
樹枝水 97, 101, 242, 323
雙靡 156, 165, 186, 217, 293, 319, 337, 428, 528
水精（水晶）33, 73, 109, 374, 469
水羊毳 33, 370
水銀 109, 376
思陶 158, 159, 300
斯賓 36, 132, 158, 205, 299
汜復 158, 159, 300, 368
蘇合 33, 109, 365
蘇利 110, 160, 222, 223, 330, 465
蘇薤 154, 155, 294
蘇籭 155, 188, 189, 294

索引 | 647

粟特 87, 93, 107, 108, 134, 160, 215, 231, 298, 329, 430, 441, 449

粟弋 133, 134, 154, 294, 297, 355, 356, 358, 360, 361, 430, 441, 459, 464

孫胡 531

它乾 290

毦氈（氀氈）109, 367

檀 341, 358, 359, 440, 465, 575

檀特山 241, 470

桃拔 362, 441

桃槐 129, 143, 190, 249, 250, 252, 293, 398, 526, 531

天篤 151, 259, 260, 296

天山 3, 123, 124, 131, 149, 175, 196, 197, 198, 207, 212, 228, 230, 231, 233, 234, 238, 241, 251, 266, 267, 268, 270, 271, 272, 273, 275, 276, 278, 280, 281, 325, 360, 404, 413, 437, 439, 440, 447, 449, 453, 460, 467, 488, 490, 491, 492, 513, 530, 536, 585, 586

天神 67, 68, 70, 102, 110, 112, 474, 483, 484, 485, 568

天竺 34, 35, 37, 44, 48, 53, 57, 58, 61, 62, 66, 92, 133, 151, 162, 164, 206, 220, 233, 239, 241, 296, 298, 319, 342, 344, 345, 354, 356, 358, 362, 366, 367, 370, 371, 372, 373, 374, 375, 376, 429, 443, 448, 465, 470, 481, 483

條枝（條支）19, 24, 30, 31, 93, 108, 110, 114, 131, 132, 157, 173, 184, 185, 204, 205, 219, 231, 232, 235, 236, 239, 248, 249, 252, 295, 319, 329, 332, 334, 339, 340, 355, 362, 364, 369, 371, 378, 397, 413, 431, 450, 465, 471, 473, 486, 529, 533, 494

鐵門 290

鍮石 109, 376

吐呼羅（吐火羅）156, 161, 220, 221, 240, 319, 334, 338, 342, 354, 360, 361, 428, 492, 556, 560, 561, 565, 577, 579

橐它 361, 432, 470

王舍城 114, 164, 467, 568, 569

危須 37, 129, 195, 196, 199, 252, 282, 290, 291, 399, 400, 435, 505, 506, 507, 508, 527, 531, 602, 603, 604

微木 365

尉犁（尉黎）96, 104, 129, 144, 176, 177, 195, 196, 199, 213, 252, 253, 282, 290, 291, 326, 399, 401, 435, 436, 506, 507, 508, 509, 531, 559, 603, 604, 606, 608

尉頭 37, 129, 130, 131, 133, 144, 191, 192, 193, 194, 195, 206, 213, 252, 260, 282, 283, 284, 287, 317, 327, 398, 437, 438, 459, 491, 506, 507, 526, 602, 603, 604, 606, 607

蔚搜 113, 163, 222, 338

溫那沙 93, 107, 108, 160, 231

溫色布 369

溫宿 37, 129, 133, 142, 193, 194, 195, 206, 213, 214, 252, 260, 282, 283, 285, 286, 287, 288, 289, 317, 327, 369, 377, 398, 405, 417, 436, 437, 505, 506, 507, 508, 527, 599, 602, 603, 604, 606, 607

烏秅 128, 132, 142, 159, 160, 180, 181, 184, 204, 212, 234, 251, 259, 260, 261, 262, 263, 264, 265, 266, 323, 324, 357, 360, 361, 398, 402, 433, 468, 469, 526, 531

烏萇（烏場）100, 118, 165, 241, 344, 355, 356, 443, 470, 482, 486, 512

烏遲散 158, 159, 368

烏丹 158, 368

烏壘 129, 142, 146, 175, 176, 177, 178, 179, 180, 181, 182, 183, 184, 185, 186, 187, 188, 189, 190, 191, 192, 193, 194, 195, 196, 197, 198, 199, 200, 201, 204, 248, 249, 250, 251, 252, 265, 270, 275, 276, 278, 280, 283, 289, 398, 434, 435, 505, 507, 529, 543, 558, 601

烏利 117

烏那曷 116, 556, 562, 563

烏耆 103

烏孫 3, 18, 20, 21, 22, 23, 75, 87, 88, 123, 125, 129, 130, 131, 133, 140, 141, 142, 143, 144, 146, 156, 173, 188, 193, 194, 195, 213, 214, 228, 234, 238, 250, 252, 269, 271, 277, 280, 281, 282, 283, 285, 287, 288, 289, 291, 300, 317, 328, 357, 360, 397, 398, 粵 400, 408, 413, 414, 415, 421, 423, 429, 430, 431, 432, 434, 437, 446, 447, 450, 451, 453, 458, 459, 463, 466, 467, 470, 471, 487, 488, 490, 491, 495, 503, 504, 506, 507, 508, 509, 513, 514, 516, 517, 527, 528, 534, 536, 540, 541, 542, 544, 545, 546, 548, 549, 550, 551, 586, 596, 598

烏貪訾離 37, 130, 131, 150, 196, 248, 249, 251, 252, 266, 267, 270, 280, 281, 399, 403, 439, 507, 508, 599

烏伊別 156, 300

烏弋山離 24, 128, 132, 153, 184, 185, 204, 205, 252, 259, 260, 266, 295, 354, 355, 362, 369, 372, 375, 377, 397, 440, 444, 448, 469, 484

無雷 128, 133, 149, 182, 183, 205, 206, 251, 261, 262, 264, 265, 266, 398, 415, 416, 433, 459, 491, 526, 531

無食子 109, 359

五船 147

五穀 32, 67, 97, 109, 116, 341, 354, 355, 356, 377, 378, 428, 429, 433, 434, 440, 441, 442, 443, 463, 528

五色斗帳 369

五色桃布 369

勿悉 164, 240, 343

務塗 152, 200, 208, 250, 268, 269, 273,

275, 278, 438, 484
西城 144, 179, 180, 203, 204, 255, 256, 506
西海 77, 87, 228, 230, 231, 235, 236, 255, 297, 529, 565, 573
西且彌 37, 130, 143, 197, 233, 252, 266, 267, 272, 273, 275, 278, 281, 325, 399, 437, 438, 468, 506, 507, 508, 530, 604
西王母 30, 31, 232, 239, 486, 487, 494, 529
西夜 37, 128, 132, 148, 149, 150, 181, 182, 189, 204, 211, 251, 260, 261, 262, 263, 264, 323, 357, 398, 401, 402, 407, 415, 416, 418, 433, 434, 451, 459, 472, 506, 526, 600, 604
肦頓（盼頓）156, 186, 218, 293, 337, 428, 528
悉居半 118, 159, 160, 211, 212, 319, 323, 324, 343, 434, 468, 606, 607
悉萬斤 160, 214, 215, 216, 217, 220, 238, 240, 318, 329, 333, 336, 342, 362, 561
犀牛 362, 441, 529
細布 33, 370
細氈 104, 370
賢督 158, 159, 300
縣度（懸度、懸渡）181, 184, 201, 204, 234, 240, 249, 259, 260, 261, 262, 341, 415, 448, 459, 471, 527, 531, 532, 538
香附子 109, 365
象牙 34, 375, 494
小安國 116, 556, 562, 565

小步馬 360, 433
小金附 296
小宛 37, 128, 143, 145, 176, 177, 178, 249, 251, 253, 256, 257, 258, 281, 398, 403, 433, 507, 508, 529, 580, 599, 601, 604
小月氏 118, 163, 219, 227, 319, 341, 345, 449, 482, 528
匈奴 2, 18, 19, 20, 21, 22, 24, 37, 73, 74, 107, 108, 115, 123, 124, 125, 141, 146, 148, 151, 164, 172, 173, 174, 226, 227, 228, 231, 236, 237, 238, 250, 267, 269, 271, 272, 279, 280, 281, 297, 301, 332, 345, 400, 403, 404, 405, 413, 414, 417, 429, 430, 432, 435, 438, 439, 445, 446, 447, 451, 458, 466, 471, 472, 487, 491, 493, 506, 508, 513, 526, 527, 528, 536, 537, 538, 540, 541, 543, 544, 546, 548, 551, 574, 576, 578, 584, 585, 586, 596, 597, 598, 599, 600, 602, 603, 608
雄黃 371
休密 93, 147, 156, 162, 186, 217, 293, 336, 337, 428, 528
休循（休脩）37, 129, 141, 142, 144, 185, 186, 189, 190, 250, 252, 266, 293, 398, 414, 419, 434, 458, 491, 526, 578, 604
宿利 108, 110, 113, 160, 215, 238, 318, 329, 330
玄熊 362
薰陸（薰六）109, 365

循鮮 145, 152, 184, 295, 532, 578
焉耆 29, 37, 67, 87, 94, 101, 102, 103, 104, 105, 129, 130, 133, 134, 142, 146, 196, 199, 200, 206, 207, 208, 212, 213, 221, 222, 234, 235, 236, 241, 250, 252, 259, 267, 268, 269, 270, 273, 275, 277, 282, 283, 290, 291, 292, 319, 325, 326, 331, 355, 356, 357, 360, 361, 363, 371, 399, 401, 402, 403, 404, 405, 406, 408, 409, 418, 419, 421, 435, 436, 444, 449, 452, 461, 468, 473, 474, 483, 484, 487, 490, 493, 505, 506, 507, 508, 514, 530, 531, 551, 555, 557, 558, 565, 581, 585, 589, 597, 602, 603, 604, 605, 606, 607
延城 74, 75, 104, 105, 114, 144, 164, 195, 279, 289, 343, 467, 558
閻浮謁 162, 218, 319, 337, 428, 468
嚴國（巖國）133, 155, 298, 365, 431
鹽綠 104, 109, 371
鹽奇水 240, 343
鹽水 228, 229, 230, 467, 516
鹽澤 123, 125, 173, 175, 195, 202, 227, 228, 229, 230, 231, 256, 269, 467, 527, 557, 566, 573
奄蔡（庵蔡）19, 93, 107, 108, 129, 131, 133, 134, 140, 141, 160, 173, 188, 215, 228, 231, 233, 248, 249, 252, 294, 298, 299, 301, 357, 358, 363, 397, 413, 414, 415, 430, 431, 450, 459, 527, 528, 532

衍敦 152, 190, 191, 292
羊刺 359
陽關 1, 17, 18, 19, 123, 124, 125, 127, 175, 176, 181, 186, 187, 188, 189, 201, 202, 210, 227, 228, 233, 234, 247, 248, 249, 250, 252, 256, 257, 261, 289, 319, 321, 418, 435, 451, 527, 530
夜光璧 33, 373
夜光珠 372
業波（業波羅）162, 163, 344
嚥噠（嚥噠）94, 114, 115, 118, 134, 161, 163, 164, 209, 210, 222, 238, 331, 337, 338, 343, 344, 345, 360, 361, 408, 420, 421, 442, 453, 461, 462, 466, 467, 470, 471, 485, 493, 503, 505, 513, 514, 515, 586
伊列 156, 300, 547
伊吾 30, 147, 202, 236, 237, 354, 355, 356, 371, 565, 566, 567
伊循 142, 432, 574, 596
依耐 37, 128, 149, 182, 183, 252, 262, 263, 265, 284, 398, 415, 433, 437, 459, 526, 604
移支 133, 144, 297, 401, 402, 406, 417, 438, 460
億若 37, 142, 262, 604
泑澤 288, 573
優鉢曇花 76, 331, 359
扜零 145, 177, 257

扜泥 92, 145, 176, 211, 252, 253, 320, 321, 467

于大谷 143, 197, 198, 212, 233, 272, 273, 325, 438, 468

于賴 150, 270

于婁 150, 196, 270, 280, 281, 439

于羅 36, 132, 158, 205, 299

于闐（于寘、于窴）30, 37, 45, 53, 54, 57, 58, 59, 61, 62, 66, 67, 68, 94, 97, 98, 99, 100, 104, 114, 115, 123, 125, 128, 132, 134, 144, 148, 178, 179, 180, 194, 203, 211, 212, 222, 228, 230, 231, 232, 237, 242, 251, 254, 255, 256, 257, 259, 260, 261, 264, 269, 281, 285, 317, 321, 322, 323, 331, 343, 354, 355, 356, 360, 361, 370, 377, 398, 401, 402, 403, 404, 405, 407, 409, 419, 421, 433, 444, 449, 452, 461, 464, 467, 468, 469, 470, 472, 483, 493, 505, 506, 507, 508, 509, 512, 518, 527, 555, 558, 559, 565, 573, 576, 581, 582, 588, 589, 599, 601, 602, 603, 605, 606, 607

于闐河 230

扜彌（扞彌、扜罙）128, 148, 177, 178, 179, 180, 203, 211, 251, 254, 255, 258, 259, 277, 285, 289, 292, 322, 398, 402, 433, 483, 505, 506, 507, 508, 509, 527, 581, 585, 586, 595, 596, 598, 607, 608

禺氏（禺知）141

榆令 37, 144, 300, 604

窳匿 155, 188, 189, 294

玉河 237, 370

玉門 17, 18, 88, 123, 124, 125, 132, 175, 202, 210, 211, 212, 227, 228, 233, 247, 316, 317, 321, 451, 527, 530

玉門關 1, 17, 18, 19, 236, 534, 537, 585

郁成 12, 13, 142, 146, 296, 516, 533, 535

郁立（郁立師）37, 130, 142, 150, 197, 200, 248, 249, 250, 252, 266, 267, 269, 279, 280, 281, 399, 403, 439, 505, 507, 508, 526, 599

郁悉滿 238

鬱金 109, 366

員渠 101, 102, 142, 196, 207, 212, 290, 291, 292, 325, 326, 558

月氏 2, 19, 20, 21, 22, 23, 24, 35, 37, 88, 90, 113, 114, 115, 118, 124, 129, 130, 131, 132, 133, 140, 141, 144, 147, 152, 153, 162, 163, 173, 185, 186, 189, 190, 191, 201, 205, 206, 218, 219, 227, 228, 230, 231, 233, 237, 239, 248, 250, 252, 265, 266, 284, 294, 297, 298, 300, 316, 317, 319, 320, 330, 333, 334, 337, 338, 341, 345, 361, 373, 377, 397, 398, 401, 402, 407, 408, 409, 413, 414, 415, 418, 420, 428, 429, 430, 431, 445, 446, 447, 449, 450, 451, 452, 458, 459, 466, 471, 472, 482, 490, 491, 493, 504, 505, 509,

517, 526, 527, 528, 578, 590, 591

悅般 87, 117, 160, 214, 238, 301, 317, 328, 372, 408, 442, 453, 461, 473, 490, 492

越匿地（樂越匿地）155, 188, 430

芸膠 366

雲尼山 239, 332

雜寶 375, 575, 591

雜色綾 33, 367

贊摩寺 97, 483

早伽至 161, 217, 318, 336, 356, 441

澤散 158, 159, 300, 368

旃那 164, 221, 343

旃檀 358, 591

遮留谷 290

折薛莫孫 118, 162, 217, 218, 319, 337, 344, 428, 468

者舌 87, 88, 93, 162, 217, 237, 316, 328, 336, 557

者至拔 160, 214, 238, 318, 328, 362, 376

真白珠 372

真檀 358, 359, 465

真珠 76, 77, 109, 288, 372

楨中 37, 145, 299, 577, 604

職貢圖（貢職圖）39, 40, 41, 42, 43, 44, 45, 46, 47, 48, 49, 50, 51, 52, 54, 55, 56, 57, 58, 60, 61, 62, 63, 64, 65, 70, 78, 81, 209

中天竺 44, 48, 53, 57, 58, 61, 62, 66

周古柯 44, 53, 56, 62, 66, 70, 71, 134, 151, 159, 323, 462

朱丹 33, 374

朱居 118, 159, 343, 421, 434, 468, 482

子合 128, 132, 151, 159, 181, 182, 204, 211, 212, 251, 259, 261, 262, 263, 264, 265, 285, 323, 324, 370, 401, 402, 407, 416, 433, 434, 438, 459, 468, 601

後記

　　按照原來的計劃，我應在本研究的基礎上爲兩漢魏晉南北朝正史"西域傳"作一簡注，事實上也作了一些努力，但最終還是放棄了；眞所謂學不躐等，綆短者不可以汲深。

　　本書寫作過程中得到陳高華、陳健文、李憑、林悟殊、陸水林、孟凡人、聶靜潔、榮新江、王邦維、徐文堪、楊泓、揚之水、張小貴、張澤咸諸位先生的指點和幫助，謹誌於此。

　　囿於習慣，本書的標點方式等與通行者有所不同，能得到中華書局編輯部理解和寬容，也在此表示由衷的感謝。

　　本課題研究得到國家社會科學基金的資助；本書的出版則得到美國賓夕法尼亞大學梅維恆教授（Prof. Victor H. Mair）資助；此誌。

2002 年 7 月 10 日

再版後記

　　自從涉足古代中亞史這一領域，我就不斷在有關的正史"西域傳"中尋詞摘句。直覺告訴我，這樣做不無危險。但是，將對"西域傳"的全面考察提前，又勢所難能。我不得不一邊摸索具體的課題，一邊就"西域傳"作一些劄記。從根本上說，本書便是整理這些劄記的結果。

　　另外，在我看來，突厥興起在古代中亞上劃一時代，而我一向習慣於蜷縮在先突厥時期，因而對正史"西域傳"的關注很少越過《周書·異域傳》。直到後來正式考慮爲兩漢魏晉南北朝正史"西域傳"作一簡注時，纔發現我沒有就《隋書·西域傳》作過劄記。這次重印，在糾正幾處明顯錯誤的同時，對個別篇章作了調整，主要是將一篇"《隋書·西域傳》的若干問題"插入了附卷，臨渴掘井，聊勝於無而已！

　　本書初版於 2003 年，蒙原出版單位中華書局許可重印，特此鳴謝。

2011 年 10 月 15 日

余太山主要出版物目録

一、專著

1《嚈噠史研究》，齊魯書社，1986年9月。
2《塞種史研究》，中國社會科學出版社，1992年2月。
3《兩漢魏晉南北朝與西域關係史研究》，中國社會科學出版社，1995年6月。
4《古族新考》，中華書局，2000年6月。
5《兩漢魏晉南北朝正史西域傳研究》，中華書局，2003年11月。
6《兩漢魏晉南北朝正史西域傳要注》，中華書局，2005年3月。
7《早期絲綢之路文獻研究》，上海人民出版社，2009年5月。

二、論文

1《魏書·嚈噠傳》考釋，《文史》第20輯（1983年），pp. 258-263。
2《魏書·粟特國傳》辨考，《文史》第21輯（1983年），pp. 57-70。

3 嚈噠史研究中的若干問題,《中亞學刊》第 1 輯(1983 年),中華書局,pp. 91-115。

4 《魏書‧小月氏、大月氏傳史實辨考》,《學習與思考(中國社會科學研究生院學報)》1984 年第 3 期,pp. 64-69。

5 關於頭羅曼和摩醯邏矩羅,《南亞研究》1984 年第 3 期,pp. 9-15。

6 嚈噠史二題,《中華文史論叢》1985 年第 2 期,pp. 189-204。

7 關於嚈噠的覆亡,《西北史地》1985 年第 4 期,pp. 38-43。

8 柔然與西域關係述考,《新疆社會科學》1985 年第 4 期,pp. 67-77,80-81。

9 柔然、阿瓦爾同族論質疑——兼說阿瓦爾即悅般,《文史》第 24 輯(1985 年),pp. 97-113。

10 條支、黎軒、大秦和有關的西域地理,《中國史研究》1985 年第 2 期,pp. 57-74。

11 關於董琬、高明西使的若干問題,《文史》第 27 輯(1986 年),pp. 31-46。

12 馬雍《西域史地文物叢考》編後,《新疆社會科學》1986 年第 4 期,pp. 124-126。

13 嚈噠的族名、族源和族屬,《文史》第 28 輯(1987 年),pp. 109-125。

14 《太伯里史》所載嚈噠史料箋證(宋峴漢譯),《中亞學刊》第 2 輯(1987 年),中華書局,pp. 51-64。

15 烏孫考,《西北史地》1988 年第 1 期,pp. 30-37。

16 奄蔡、阿蘭考,《西北民族研究》1988 年第 1 期,pp. 102-110,114。

17 《漢書‧西域傳》所見塞種,《新疆社會科學》1989 年第 1 期,pp. 67-78。

18 匈奴、鮮卑與西域關係述考,《西北民族研究》1989 年第 1 期,pp. 153-171。

19 大夏和大月氏綜考，《中亞學刊》第 3 輯（1990 年），中華書局，pp. 17-46。

20 匈奴、Huns 同族論質疑，《文史》第 33 輯（1990 年），pp. 57-73。

21 Who were Toramana and Mihirakula? *Asia-Pacific Studies* 1990, pp. 95-108.

22 塞種考，《西域研究》，1991 年第 1 期，pp. 19-33。

23 大宛和康居綜考，《西北民族研究》1991 年第 1 期，pp. 17-45。

24 關於鄯善都城的位置，《西北史地》1991 年第 2 期，pp. 9-16。

25 安息與烏弋山離考，《敦煌學輯刊》1991 年第 2 期，pp. 82-90。

26 罽賓考，《西域研究》1992 年第 1 期，pp. 46-61。

27 關於 Huns 族源的臆測，《文史》第 34 期（1992 年），pp. 286-288。

28 張騫西使新考，《西域研究》1993 年第 1 期，pp. 40-46。

29 東漢與西域關係述考，《西北民族研究》1993 年第 2 期，pp. 19-39。

30 西漢與西域關係述考，《西北民族研究》1994 年第 1 期，pp. 9-24；第 2 期，pp. 125-150。

31 兩漢西域戊己校尉考，《史林》1994 年第 1 期，pp. 8-11，7。

32 貴霜的族名、族源和族屬，《文史》第 38 輯（1994 年），pp. 18-28。

33 漢魏通西域路線及其變遷，《西域研究》，1994 年第 1 期，pp. 14-20。

34 前秦、後涼與西域關係述考，《中國邊疆史地研究》1994 年第 4 期，pp. 68-73。

35 西涼、北涼與西域關係述考，《西北史地》1994 年第 3 期，pp. 1-5。

36 第一貴霜考，《中亞學刊》第 4 輯（1995 年），北京大學出版社，pp. 73-96。

37 新疆出土文書劄記：I. 吐魯番出土文書所見"緣禾"、"建平"年號，II. 關於"李柏文書"，《西域研究》1995 年第 1 期，pp. 77-81。

38 前涼與西域關係述考，《中國史研究》1995 年第 2 期，pp. 139-144。

39 兩漢西域都護考,《學術集林》卷五,上海遠東出版社,1995 年,pp. 214-242。

40 兩漢魏晉南北朝時期西域的綠洲大國稱霸現象,《西北史地》1995 年第 4 期,pp. 1-7。

41《榎一雄著作集》第 1—3 卷《中亞史》(書評),《敦煌吐魯番研究》第一卷(1995 年),北京大學出版社,1996 年,pp. 381-389。

42 南北朝與西域關係述考,《西北民族研究》,1996 年第 1 期,pp. 1-32。

43《後漢書·西域傳》與《魏略·西戎傳》的關係,《西域研究》1996 年第 3 期,pp. 47-51。

44 說大夏的遷徙——兼考允姓之戎,《夏文化研究論集》,中華書局,1996 年,pp. 176-196。

45《魏書·西域傳》原文考,《學術集林》卷八,上海遠東出版社,1996 年,pp. 210-236。

46 允姓之戎考——兼說大夏的西徙,《中國國際漢學研討會論文集》,中國社會科學出版社,1996 年,pp. 673-711。

47 關於兩漢魏晉南北朝正史"西域傳"的體例,《西北師大學報》1997 年第 1 期,pp. 17-22, 92。

48 兩漢魏晉南北朝時期西域南北道綠洲諸國的"兩屬"現象——兼說貴霜史的一個問題,《中國邊疆史地研究》1997 年第 2 期,pp. 1-5。

49《史記·大宛列傳》與《漢書·張騫李廣利傳、西域傳》的關係,《學術集林》卷一一,上海遠東出版社,1997 年,pp. 162-179。

50 曹魏、西晉與西域關係述考,《文史》第 43 輯(1997 年),pp. 61-71。

51 有虞氏的遷徙——兼說陶唐氏的若干問題,《炎黃文化研究(炎黃春秋增刊)》第 4 期（1997 年），炎黃春秋雜誌社，pp. 52-59，67；第 5 期（1998 年），pp. 62-66，75。

52 兩漢魏晉南北朝正史"西域傳"所見西域族名、國名、王治名，《慶祝楊向奎先生教研六十年論文集》，河北教育出版社，1998 年，pp. 238-251。

53 《梁書·西北諸戎傳》與《梁職貢圖》，《燕京學報》新 5 期，北京大學出版社，1998 年，pp. 93-123。

54 昆吾考，《中華文史論叢》第 58 輯（1999 年），上海古籍出版社，pp. 245-257。

55 評斯坦因《西域考古圖記》漢譯本，中華人民共和國新聞出版署主辦《中國出版》1999 年第 4 期，中心插頁（廣西師範大學出版社隆重推出《西域考古圖記》5 卷，原著：[英] 奧雷爾·斯坦因，翻譯：中國社會科學院考古研究所主持）。

56 兩漢魏晉南北朝正史西域傳的里數，《文史》第 47 輯（1999 年第 2 期），pp. 31-48；第 48 輯（1999 年第 3 期），pp. 129-141。

57 讀蔡鴻生《唐代九姓胡與突厥文化》，《書品》1999 年第 4 期，pp. 29-34。

58 關於甘英西使，《國際漢學》第 3 輯，大象出版社，1999 年，pp. 257-263。

59 犬方、鬼方、舌方與獫狁、匈奴同源說，《歐亞學刊》第 1 輯，中華書局，1999 年，pp. 7-28。

60 中國史籍關於希瓦和布哈拉的早期記載，《九州》第 2 輯，商務印書館，1999 年，pp. 157-160。

61 荀悅《漢紀》所見西域資料輯錄與考釋，《中亞學刊》第 5 輯，新疆人民出版社，2000 年，pp. 216-238。

62 馬雍遺作目錄，《中國史研究動態》2000 年第 3 期，pp. 26-29。

63 樓蘭、鄯善、精絕等的名義——兼說玄奘自于闐東歸路線,《西域研究》2000 年第 2 期, pp. 32-37。

64 義渠考,《文史》第 50 輯（2000 年第 1 期）, pp. 153-158。

65 漢晉正史"西域傳"所見西域諸國的地望,《歐亞學刊》第 2 輯, 中華書局, 2000 年, pp. 37-72。

66 嚈噠史若干問題的再研究,《中國社會科學院歷史研究所學刊》第 1 集, 社會科學文獻出版社, 2001 年, pp. 180-210。

67 讀華濤《西域歷史研究（八至十世紀）》,《書品》2001 年第 4 期, pp. 35-39。

68 兩漢魏晉南北朝正史"西域傳"所見西域山水,《史林》2001 年第 3 期, pp. 50-56。

69 兩漢魏晉南北朝正史"西域傳"所見西域諸國的宗教、神話傳說和東西文化交流,《西北民族研究》2001 年第 3 期, pp. 115-127。

70 兩漢魏晉南北朝正史"西域傳"所見西域農業、手工業和商業,《吐魯番學研究》2001 年第 1 期, pp. 116-123;第 2 期, pp. 104-111。

71 兩漢魏晉南北朝正史"西域傳"所見西域諸國的制度和習慣法,《西北民族研究》, 2001 年第 4 期 pp. 5-14。

72 兩漢魏晉南北朝正史"西域傳"所見西域人口,《中華文史論叢》第 67 輯（2001 年第 3 期）, 上海古籍出版社, pp. 62-76。

73 兩漢魏晉南北朝正史"西域傳"所見西域諸國的人種和語言、文字,《中國史研究》2002 年第 1 期, pp. 51-57。

74 兩漢魏晉南北朝正史"西域傳"所見西域諸國的社會生活,《西域研究》2002 年第 1 期, pp. 56-65。

75 兩漢魏晉南北朝正史"西域傳"所見西域諸國物産,《揖芬集——張政烺先生九十周年華辰紀念文集》,社會科學文獻出版社,2002年5月,pp. 437-453。

76 南北朝正史西域傳所見西域諸國的地望,《歐亞學刊》第3輯,中華書局,2002年4月,pp. 163-183。

77 魚國淵源臆說,《史林》2002年第3期,pp. 16-20。又載山西省北朝文化研究中心主編《4-6世紀的北中國與歐亞大陸》,科學出版社,2006年,pp. 140-147。

78 有關嚈噠史的笈多印度銘文——譯注與考釋(劉欣如譯注),《西北民族論叢》第1輯,中國社會科學出版社,2002年12月,pp. 44-66。

79 新發現的臘跋闍柯銘文和《後漢書·西域傳》有關閻膏珍的記載,《新疆文物》2003年第3—4輯,pp. 43-47。

80 兩漢魏晉南北朝正史"西域傳"的認知和闡述系統,《西北民族論叢》第2輯,中國社會科學出版社,2003年12月,pp. 43-47。

81《史記·大宛列傳》要注,《暨南史學》第2輯,2003年,pp. 56-79。

82《水經注》卷二(河水)所見西域水道考釋,《中國社會科學院歷史研究所學刊》第2集,2004年4月,pp. 193-219。

83《梁書·西北諸戎傳》要注,《西北民族研究》,2004年第2期,pp. 93-104。

84《後漢書·西域傳》和《魏略·西戎傳》有關大秦國桑蠶絲記載淺析,《西域研究》2004年第2期,pp. 14-16。

85《周書·異域傳下》要注,《吐魯番學研究》2003年第2期,pp. 54-72。

86《後漢書·西域傳》要注,《歐亞學刊》第4輯,中華書局,2004年6月,

pp. 261-312。

87《隋書·西域傳》的若干問題,《新疆師範大學學報》2004 年第 3 期, pp. 50-54。

88 渠搜考, 中國社會科學院歷史研究所編《古史文存·先秦卷》, 社會科學文獻出版社, 2004 年 11 月, pp. 331-344。

89 隋與西域諸國關係述考,《文史》第 69 輯 (2004 年第 4 期), pp. 49-57。

90《漢書·西域傳上》要注, "中國社會科學院歷史研究所學刊"第 3 集, 2004 年 10 月, pp. 125-178。

91《隋書·西域傳》要注,《暨南史學》第 3 輯, 2004 年, pp. 92-123。

92 漢文史籍有關羅馬帝國的記載,《文史》第 71 輯 (2005 年第 2 期), pp. 31-96。

93 匈奴的崛起,《歐亞學刊》第 5 輯, 中華書局, 2005 年 6 月, pp. 1-7。

94 裴矩《西域圖記》所見敦煌至西海的"三道",《西域研究》2005 年第 4 期, pp. 16-24。

95 兩漢魏晉南北朝正史西域傳有關早期 SOGDIANA 的記載,《粟特人在中國——歷史、考古、語言的新探索》(《法國漢學》第 10 輯), 中華書局, 2005 年 12 月, pp. 276-302。

96《通典·邊防七·西戎三》要注,《文史》第 74 輯 (2006 年第 1 期), pp. 139-160。(與李錦繡合作)

97《魏略·西戎傳》要注,《中國邊疆史地研究》2006 年第 2 期, pp. 43-61。

98《魏書·西域傳》(原文) 要注,《西北民族論叢》第 4 輯, 中國社會科學出版社, 2004 年, pp. 24-75。

99 宋雲行紀要注,《蒙元史暨民族史論集——紀念翁獨健先生誕辰一百周年》,

社會科學文獻出版社，2006年，pp. 565-591。

100 兩漢魏晉南北朝正史關於東西陸上交通路線的記載，《中國古代史論叢——黎虎教授古稀紀念》，世界知識出版社，2006年，pp. 242-251。

101 關於法顯的入竺求法路線——兼說智猛和曇無竭的入竺行，《歐亞學刊》第6輯（古代內陸歐亞與中國文化國際學術研討會論文集卷上），中華書局，2007年6月，pp. 138-154。

102 劉文鎖著《沙海古卷釋稿》序，中華書局，2007年7月，pp. 1-3。

103 《漢書・西域傳下》要注，《中國社會科學院歷史研究所學刊》第4集，2007年8月，pp. 187-233。

104 伊西多爾《帕提亞驛程志》譯介與研究，《西域研究》2007年第4期，pp. 5-16。

105 《穆天子傳》所見東西交通路線，《傳統中國研究集刊》第3輯，上海人民出版社，2007年，pp. 192-206。

106 希羅多德《歷史》關於草原之路的記載，《傳統中國研究集刊》第4輯，上海人民出版社，2008年，pp. 11-23。

107 宋雲、惠生西使的若干問題——兼說那連提黎耶舍、闍那崛多和達摩笈多的來華路線，《中國社會科學院歷史研究所學刊》第5集，2008年4月，pp. 25-45。

108 馬小鶴著《摩尼教與古代西域史研究》序。中國人民大學出版社，2008年10月，pp. 1-2。

109 托勒密《地理志》所見絲綢之路的記載，《歐亞學刊》第8輯，中華書局2008年12月，pp. 85-98。

110 《那先比丘經》所見"大秦"及其他，《歐亞學刊》第9輯，中華書局2009年12月，pp. 109-114。

111 "History of the Yeda Tribe (Hephthalites): Further Issues." *Eurasian Studies* I. The Commercial Press, 2011, pp. 66-119.

112 Αλοχον 錢幣和嚈噠的族屬,《中國史研究》2011 年第 1 輯, pp. 5-16。

113 《絲瓷之路——古代中外關係史研究》發刊詞,《絲瓷之路——古代中外關係史研究》創刊號, 商務印書館, 2011 年, pp. i-iii。

114 關於驪軒問題的劄記,《絲瓷之路——古代中外關係史研究》創刊號, 商務印書館, 2011 年, pp. 235-244。

115 吐火羅問題,《歐亞學刊》(國際版) 第 1 期 (總第 11 期), 商務印書館, 2011 年, pp. 259-285。

116 貴霜的淵源,《中國社會科學院歷史研究所學刊》第 7 集, 2011 年 10 月, pp. 237-247

117 貴霜王朝的創始人——丘就卻,《歐亞學刊》第 10 輯, 中華書局 2012 年 9 月, pp. 51-68。

118 關於突厥可汗致拜占庭皇帝書,《絲瓷之路——古代中外關係史研究》第 2 輯, 商務印書館, 2012 年, pp. 155-164。

图书在版编目（CIP）数据

兩漢魏晉南北朝正史西域傳研究/余太山著.—北京：商務印書館，2013（2019.9重印）
ISBN 978-7-100-09900-4

Ⅰ.①兩… Ⅱ.①余… Ⅲ.①西域－地方史－研究－漢代 ②西域－地方史－研究－魏晉南北朝時代 Ⅳ.①K294.5

中國版本圖書館CIP數據核字（2013）第072253號

經中華書局授權許可使用

權利保留，侵權必究。

兩漢魏晉南北朝正史西域傳研究
（上下冊）

余太山　著

商　務　印　書　館　出　版
（北京王府井大街36號　郵政編碼 100710）
商　務　印　書　館　發　行
三河市尚藝印裝有限公司印刷
ISBN 978-7-100-09900-4

2013年5月第1版　　開本 880×1230　1/32
2019年9月第2次印刷　　印張 21　1/8

定價：58.00元